国際公共政策叢書13

都市政策

竹内佐和子

日本経済評論社

都市政策／目次

第1章　都市政策の転換——政策介入からシステムアプローチへ

1　新しい都市政策

なぜ新しい都市政策が必要なのか。二〇〇六年三月に世界銀行本部で開かれたアーバンフォーラムでは、総裁のウォルフビッツ始め参加した専門家たちが、都市政策の重要性をしきりに強調した。貧困層や犯罪の増大、スラム化、河川や水環境の悪化、住宅不足などの社会問題が今日ますます都市に集中する傾向がある。都市環境への投資の不足は、将来の経済発展の道筋をそぐ危険性があるというのがその理由である。

経済発展が進んだ先進国の都市でも、都市型犯罪の増大やインフラの老朽化問題を背景に、安全で安心な生活を求める市民の声が高まっている。先進国では健康志向のためミネラルウォーターや上質の水への関心が増している。

アジア地域は近年の急激な経済の成長に伴い、エネルギー消費量が急激に増大し、硫黄酸化物や窒素酸化物などの大気汚染物質の排出量が増加している。浄水処理の過程でもかなり高度な処理をしないと除去できないような複雑な汚染物質が指摘されるようになり、これらに対応しようとすると処理プロセスに膨大な投資コストがかかる。途上国では、テロリスクなども高まり、水中に含まれるウィルス対策なども議論されるようになった。一定の予算制約のもとで経営される公的システムの下であっても、高レベルな環境の質の維持が求められるようになっている。

こういった要求に今後の都市政策は、どう対処していくのか。こういった新しいテーマは、従来議論されていたような鉄道や道路などの国家的な幹線網の整備といったテーマに比べると、十分に検討されてこなかった。新しい時代に対応した都市政策のコンセプトとは何か、サステイナブルな都市への投資がどのような効果を生むのか、国境を越えた環境モニタリングにどの程度の投資が必要なのかといった方法論の開発にはやっと手がつけられたばかりである。

都市政策をこのような多元的な観点から議論するようになった背景には、公共政策全般にわたる条件の変化があったと考えられる。戦後の公共政策は、経済成長の促進と格差是正というところにウェイトがあったため、政策目標を農村地域の貧困削減や国家的なレベルの幹線網の整備に焦点があてられていた。

それに対して、最近の都市政策は、都市内の交通渋滞や都市のスラム化、高齢化対応といった新しい社会現象の高まりに引っ張られる形になっている。その結果、都市政策の手法も、政府の直接的な政策介入を推進する形から、地方政府のガバナンスや民間部門の成長促進、ボトムアップ的な市民参加の方法を模索するなど、より多元的な政策手段を追求するようになっている。住宅問題にしても環境問題にしても、国が公的資金で都市インフラを整備していく方法から、民間部門やNPOの参加など多元的なパートナーを拡大する政策へと変化しつつある。

これらの多様な価値観を反映して、都市政策の研究テーマには、社会ニーズに焦点をあてたアプローチ、分野横断的な政策パッケージを重視するアプローチ、公的部門と民間部門の協力型のアプローチ、そしてNGOなど非政府部門の活動をつなぐリンケージ重視などさまざまな論点が組み込まれている。また、コミュニティの形成、リーダーシップ、サステイナビリティーを重視したエネルギー環境問題への対応、景観歴史性の保護など新しい論点を扱うようになっている。

政治的側面から見ると、これらの変化の背景には、地方分権やボトムアップ的な政策手法などより民主主義的な方法を重視する傾向が強まったことと、公的部門の財政力の低下、つまり、税収を通じた国の資金調達能力が低下していることが影響を及ぼしている。国家資金だけに依存すると、予算制約によって、問題の解決のスピードが遅れる場合もあることが認識されるようになっている。

都市政策の重要性をさらに拡大させているのが経済面の変化である。グローバルな経済活動の流れによって、生産拠点は世界中に分散し、モノ・情報の国際的な移動効率が拡大している。他方で、オフィスや住宅は、情報や交通アクセスのいい一定のエリアに集積する傾向がある。生産システムはコストが安い地域へと分散する一方で、人々はますます便利な地域に集積して住む傾向がある。つまり、生産システムの分散化傾向とオフィスや住宅の集積傾向が、グローバリゼーションに伴って同時に進むプロセスが進行している。

この流れに沿って考えると、都市政策において二つの軸が必要になってくる。一つは、現場対応型の政策決定システムであり、もうひとつは都市インフラの効率的運営方法を国際的視野から考えるためのシステムである。現場対応型の政策体系とは、中央政府の重要性を下げて、地方政府の重要性を増大させていく方向、いわゆる地域分散型の方向である。二つ目は、システム的アプローチの導入である。都市政策には、インフラ運営をより効率的にしていくための方法や、問題解決に向かう機動的な方法の導入が必要である。

今日、都市の運営システムや都市成長モデルを作るには、多くの利害関係者を意識して多様な答えを用意しなければならなくなっている。そのためには、社会がどう変化していくかといった将来のシナリオ作り、マクロ政策の流れ、都市の成長性と都市のインフラの関係、プロジェクトに対する資金調達の方法、技術の選択、マイノリティーへの対応など、さまざまな政策手段とそれらの説得力を高めるための一貫した政策理念が必要になっている。

この結果、都市政策の策定には、異なる分野の専門家による協働作業が必要になり、一人の建築家や政治家が計画全体を実行する単純な構造から遠ざかる方向にある。むしろ、異なる利害をもつ関係者が水平的に利害を調整しながら、分野横断的なシステムを作っていく組織論の重要性が高まる傾向にある。このシステムこそが、都市の公共財であり、この公共財の運営が、都市政策の考察対象になりつつある。

こういった都市の運営システムを「システム理論」といった視点から検討しようという傾向は、コロンビア大学のジョージ・コリンズ（George R. COLLINS）の「システムとしての都市」という本の中にも端的に描かれている。この本の導入部分、つまり、監修者の「まえがき」によると、かなりの数の建築家や都市計画家が「システム理論」と呼ばれる一般的な方法を使い始めているそうである。

以下、システムアプローチについてしばらく考えてみよう。

2　システムアプローチとは何か

都市政策にシステムアプローチが必要な理由は、大規模なスケールの都市プロジェクトの遂行には、物的インフラの技術的設計よりも、それ以外の経済的・社会的・政治的要素が関わるようになっているからである。都市空間で起こってくるさまざまな現象を予測するには、技術論やマクロ政策を各論として並べるのではなく、都市の将来像を描きながら、プロジェクト全体の筋書き、問題設定からプロジェクトの進行、完成にいたるまでの流れを一つの方向性に沿って作り出す必要がある。

そこで用いられる方法論にはいくつかの流れがある。

①政策的アプローチ(1)　国や地方公共団体の政策の介入プロセスの中で一貫性をもたせる方法
②法律的アプローチ　都市計画法など都市を取り巻く法律的枠組みや規制、および規制の変更から生じるインパクトを考慮する方法
③都市計画的アプローチ　鉄道や道路の路線の引き方、都市内の住宅やオフィスの密集地と人の流れ、緑地や農地の分布などを地図上で設定していく方法
④経済的アプローチ　生産活動と消費活動のなかで都市のインフラシステムがもたらす費用対効果を測る方法

以上のように、都市のシステムアプローチの基本的な特徴は、都市の政策を道路、住宅、交通網の整備などの個別政策によってではなく、様々な利益主体を想定して、より多元的で統合的な影響を考慮したプロジェクトとして遂行しようという点にある。さらにいえば、全体論（マクロ）と部分（ミクロ）の間の相互依存性を意識して、それらをネットワークや組織の中に組み込んでいくことにある。この部分がシステムであり、都市を「全体」と定義すると、「部分」は都市を構成する要素であり、システムはその相互の関連性を重視した組織、あるいはソフトな設計プロセスと考えることができる。

ちなみに、オックスフォード辞典では、システムは以下のように定義されている。

・物体の組織、あるいは統合したグループ
・完全なまとまりを形成するような、相互依存する物事の結合、集合体。全体はあるプランに従い、規則的に配置された部分から構成されるもの
・物理学→なんらかの特殊な力学の法則
・生物学→動物の体内の一部の器官、または有機的統一体としての動物体
・科学→物事のグループ、組、集合。自然あるいは人工的に結合した複合した統一体

こういった考え方を都市のシステムに援用すると、都市というのはハードとソフトの二つのシステムによって成り立っていると解釈することができる。

（1）システム論から見た費用対便益の難しさ

都市政策の中では、インプットアウトプットを結びつける関数型のアプローチがよく用いられる。費用対便益という方法論もその一つであり、都市への投資規模をどのように決定したらいいかという問題を扱うときに頻繁に引用される。ただし、費用対便益というときには費用のほうは積み上げられるが、便益のほうについては、将来の需要をどう顕在化させるかという点がかなり難しい。また投資便益が顕在化するには時間がかかることもその測定を困難にする。

たとえば、便益については、都市圏の人口増や高齢化に伴う公共サービス需要や潜在的需要を考

慮するとかなりのぶれが生じる可能性がある。特に、都市の公共サービスに対しては、一国のマクロ指標とはかなり異なった動きをする。

こういった予測方法を組みこむと、都市政策には、民間の開発主体を組み込んだ新しい都市機能や経営モデルを組み込む必要が生じる。したがって、システム的アプローチとは、都市開発の目的関数の中に、需要サイドの動きを入れ込んだ経営モデルのことだと解釈することができる。

また、システムアプローチには、都市に対する人々の期待値を個別的にではなく、全体として顕在化させる方法論も組み込まれる。これには、合意形成のプロセス、公共サービスへの料金徴収水準の決定などさまざまなケースが存在する。

次の図1－1は都市開発目標に関するシステム論的思考を示したものである。

・目的及びそれらの間におけるトレード・オフ関係の定義（出力・目的関数の設定）
・様々な目的を達成するための、代替的手法の仮定及び実験（システムを表現するモデルの設定、及び設定したモデルに基づくシミュレーション）
・各代替的手法による予想される結果の確認（シミュレーション結果の吟味及び考察）
・予想される結果が好ましく思われる代替案の選択

図1－1

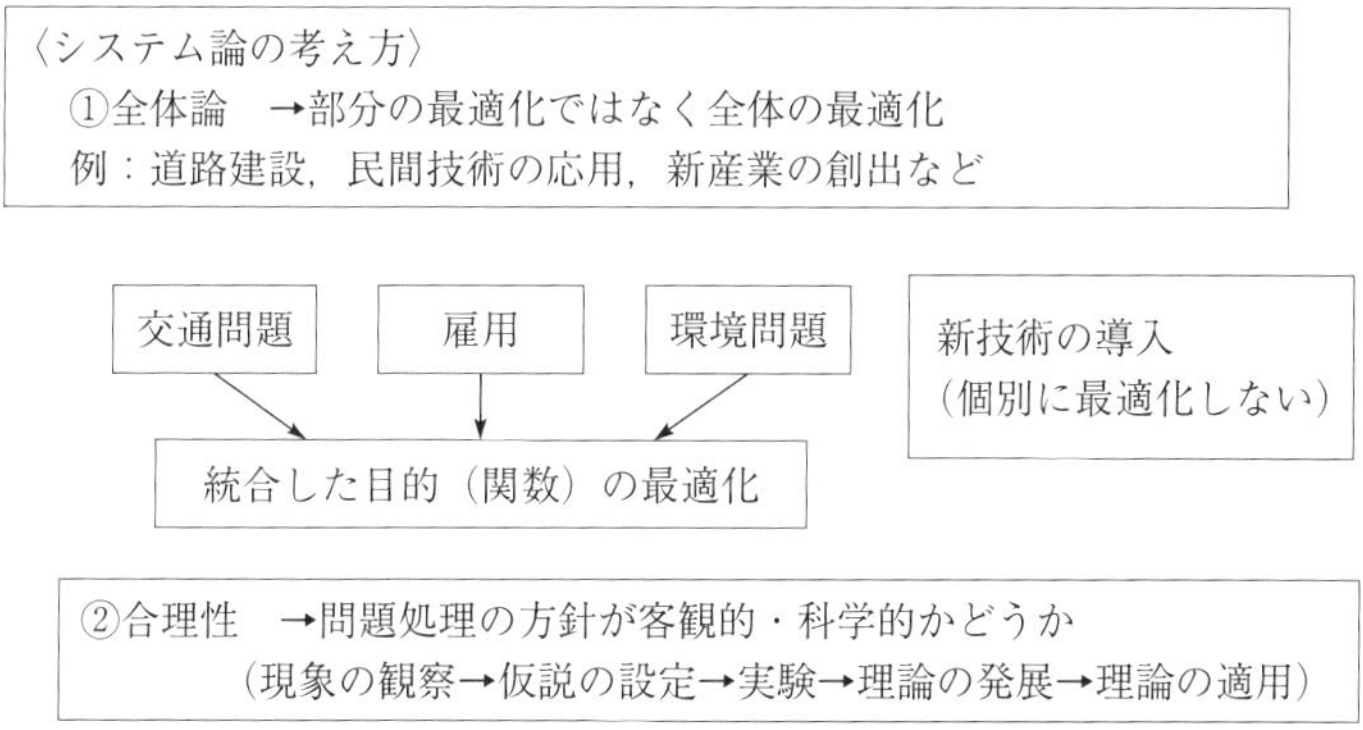

（2）民間企業から見た外部経済の議論

都市インフラへの投資という問題は、従来民間企業の投資活動の枠内には入っていなかったテーマである。例えば、都市の共有空間に設置されているさまざまなネットワーク、鉄道、道路、ごみ処理ネットワーク、水道サービス、福祉・医療サービスなどは私的部門の責任範囲の外だと長い間考えられてきた。民間企業は、そういった公共財を賄うコストは、公共料金や税金など公的資金のフローを通じてまかなわれるべきものだと認識してきた。たしかに、こういった公共サービスや公共財は、公的部門が主体となって供給すべきであり、民間企業が生産活動の中で、直接費用として負担するものではなかった。しかし、二一世紀の環境負荷が民間活動から生じているということから、都市インフラの整備に関連する投資やコストを、生産と消費のプロセスの中にどのように組み込むか、汚染者の責任や費用の内部化の方法を明確にすることが次の課題として浮上しつつある。

これらは外部経済とは何かという議論に結びつく。外部経済とは、ある経済主体の行動が、他の経済主体に影響を及ぼす財である。外部性は、さらに金銭的（市場的）外部性と技術的外部性に分類される。

金銭的外部性とは、ある経済主体の行動が市場を通じて波及する効果のことであり、技術的外部性とは、ある経済主体の行動が市場を通じないで他の経済主体に影響を与えることである。前者の例としては鉄道の開発利益によって土地価格が上昇（金銭的外部経済）するといった問題や、後者の例としては公害問題（技術的外部不経済）などがある。

経済学で論じられる完全競争市場では、需要曲線と限界費用曲線（供給曲線）が交わった点で均衡価格が決まり、そのときの資源配分の状態が最も望ましいとされる。このときの限界費用曲線は、経済主体が資源を用いることによって発生する費用を自分で負担をするという前提のもとに構築されている。ところが技術的外部性（以下では外部不経済を例として考える）が存在するとなると、その経済主体が発生させる費用は、自己が負担する費用以外に他の経済主体に負担させる費用を発生させることになる。例えば公害の場合、生産に要する原材料費などは自己の負担となるが、その生産による大気汚染や水質汚濁の費用は、自己では負担せず、地域住民の迷惑という形で費用を他の経済主体に負担させることになる。

このように、他の経済主体に負担させる費用を外部費用といい、自己が負担する限界費用のことを私的限界費用、これにこの外部費用を加えたものを社会的限界費用という。市場メカニズムに任せておくと、市場は私的限界費用に基づいて価格を決定することになり、本来の社会的限界費用が考慮されず、長期的には経済メカニズムが働かなくなる。外部経済を発生させるものについては、これまで補助金が多く投入されてきた。

都市インフラは外部性の強い投資である。たとえば、不動産価格やオフィスの賃貸価格は、鉄道や通信回線の整備度合いによって影響を受ける。インフラ投資不足ゆえに起こる道路渋滞などは外部不経済の例にあたるが、補助金という形での公的介入では十分な成果は得られない場合も多い。

最近では、ネットワーク外部性が注目されることが多い。これは「同じ財・サービスを消費する個人の数が多ければ多いほど、その財・サービスの消費から得られる効用が高まる効果」をさす。ネットワーク外部性とは、電話などのネットワーク型サービスにおいて、加入者数が増えれば増えるほど、一利用者の便益が増加するという現象である。

例えばＩＰ電話網への最初の加入者の便益はゼロだが、二人目の加入者は、一人目の加入者と通信ができるという便益があるため、この便益を加入費用と比較して、加入するかどうかを決定することができる。しかしながら二人目の加入が一人目の加入者に与える便益は考慮されないため、ここにネットワーク外部性が存在する。

新規加入者にとっての便益は既存加入者の数に依存するために、加入者数の少ない間はなかなか普及しないが、加入者数がある閾値を超えると一気に普及するといった現象が発生する。都市には住民が集積しているため、ネットワーク外部性の度合いが高く出る。こういった都市インフラへの投資効果は、民間企業活動の売り上げのように、投資対効果が個別に表れず、費用負担の体系がない。

ポール・クルーグマンらが提示した空間経済学は、複数の立地点の間に輸送費用がかかるモデルを入れ込み、企業行動を説明しようとしたものである(2)。これは、人口や産業が集積すると、それによって企業活動になんらかの収穫逓増(3)状態が生じることに着目している。ここに、連関効果という概念を持ち込み、知識のスピルオーバー、熟練労働の厚みなどを構成要素に含めている。これらの連関効果が都市への人口集中度、産業集積など空間集積による収穫逓増をもたらし、都市の空間規模を変化させる。

一方、外部経済として取り扱われる要因のなかでは、環境要因も大きい。従来、ごみ処理や排水処理など環境への負荷を低減させる仕事は、税金など公的主体によって徴収される財源を用いて処理されてきた。しかし、新しい都市政策では、こういった公共サービス費用を消費活動や生産活動のなかに積極的に組み込むプロセスが進行している。

一方生産者側から見ると、環境コストが生産コストや流通コストに組み込まれると価格の上昇をもたらし、売上の規模にマイナスの影響が出るという理由で拒否される場合が多い。しかし、今日、メーカー側でも環境コストを内部化する動きが活発化し、環境負荷を下げるための努力を行うようになっている。公共サービスの負担分をこれからの都市のシステムのなかにどう組み込んでいくかという視点は、都市システム論の主要な論点の一つである。

これまでの日本の都市政策は、中央政府がつくる政策方針や地方自治体が設定する都市計画に大きく依存していた。しかし、これからは、民間活動のなかに有効な公的投資活動を組み込んでいく作業が必須条件になる。

3　企業集積度の研究

市場メカニズムだけに頼ると、都市に必要な財やサービスの量を満足するだけの社会インフラの投資が拡大せず、長期的には都市空間への投資不足と、高い輸送コストを強いられることになる。この点から、都市にはどのようなインプットが必要か考えてみよう。

都市を企業のようにとらえると（City Corporation）、都市には企業内ＬＡＮのような情報システムが必要であり、病気の場合の手当てをするサービス、郵便サービス、日々の資材調達から始まって、生産から販売までの流れを処理するサービスシステムが必要である。

クルーグマンが空間経済学で提起する課題もこの流れに含まれる。ある企業にとって市場ポテンシャルを拡大するには、材料と販売網を支える社会基盤が必要である。都市のインフラが充実すれば、規模の経済により累積的に取引メリットが拡大し、収穫逓増を享受することができる。

これと関連して、本書では産業の技術集積を調査する方法論も紹介することにした。次のような方法で産業の集積状況を調査すると、都市政策を決定するための一定の方向性が得られる。

①新しく入ってきた小さい企業と、古くからいる大企業のバランス
②技術力を活かした企業の集積状況（医療機器・家電・建設・ビルメンテナンスなど）
③技術開発系企業のウェイト（メディア・環境・コンテンツ・医薬品開発など）
④試作加工における高水準の技術の集積状況

また、立地のポテンシャルについては、

①空港への近さ
②外資系企業の国内拠点の数
③促進センター的な役割ができる組織の有無
④情報産業と技術者をつなぐクロスポイントの有無

などの定性的なポイントの検討が必要である。

4　都市と企業の社会的責任論

数年前に、食品産業と環境問題といったテーマを取り上げた国際会議に招かれて出席したことがある。フランスのある銀行の社会的責任投資グループが主催した会議だった。

食品産業の活動の流れは、生産者がつくった農産物を流通業者が買い取り、その単位生産コストに見合うように価格を設定して消費者に売る。最終的な成果は価格を低く抑えつつ、市場の売り上げを増大させることである。

これに対して、企業の社会的責任という概念を含めると、生産から消費活動のなかで考慮すべき要因が変わってくる。たとえば、生産システムの中で、生産者の生活水準の維持や安定、農薬などの使用、環境問題との関わり、子供の労働力の有無など、考慮すべき要因の中に多くの社会的要因が加わる。特に、途上国では、農産物の価格が不安定である上に、低価格で輸出を拡大させるために低賃金労働が発生しやすい。

こういった情報を生産者側、消費者側で共有できれば、最適な生産・流通システムを築くにはなんらかの付加的な費用負担が必要であり、最小費用を前提とする従来の経済学の枠組みでは少々不十分であることがわかってくる。また、消費者は単に価格を参考にして商品を買う購買者から、商品の生産者情報や環境要因を理解して購買をするように期待される。

最近は安全性や生産地情報を気にする消費者が増大し、情報の質如何で消費者の支払い意欲が変化する可能性が増大している。そうなると、安全性や生産プロセスを組み入れた社会的な公正価値が、価格情報よりも優先することになる。このように情報の組み込み方、トレーサビリティーは、生産者と流通業者がともに考えなければならない課題になっている。特に、市民の安全志向と食品の安全を結びつける流通問題は都市政策の中心課題である。

持続可能な発展というテーマを組み入れて考えると、現在の生産と消費活動は必ずしも全体最適を目指して動いているものとはいえなくなる。新しい都市政策には、資源の開発、生産、流通、販売の各段階の社会的問題をすべて考慮して、最終消費者が負担すべき金額を明確にしなければならない。

ここで、一つの改善例を紹介しよう。インドの憲法では子供は一四歳までは労働してはいけないと規定され、その間、教育を受ける権利があるということになっている。しかし、インドの輸出品の八五%を占めるじゅうたんの製造地（UTTAR PRADESH）では、製造工程が手作業でかつ多数の小さな工場で生産されるために、子供がどのくらい働いているかは知ることもできない劣悪な労働状況だった。また、人口が集中しているうえに約一億六〇〇〇万人の住民が貧困線以下の生活を強いられていた。

そこで欧州最大規模を誇るＩＫＥＡという家具メーカーはユニセフと協同して、新しい社会プロジェクトを開始した。ＩＫＥＡはインドで約一二〇の現地生産者と取引きを行い、じゅうたんや織維製品の製造を行っていた。そこで、子供の労働の有無や労働状態をチェックする指導員を設け、子供のために教育の場所をつくり、同時に教育費の支給をした。教育内容にはじゅうたんや繊維製品の製造に関わる知識教育を組み込んで、将来現場の指導員になれるような実践的な知識も提供するプログラムを実施した。ＩＫＥＡは一九九八年から三年ごとに五〇〇〇万円を拠出してこのプログラムを進めている。企業が、生産活動を社会的価値の創出と結び付けようとしたプログラムの例である。

こういった企業活動は、同時に生産の現場と消費の現場をつなぐ国際的連携作業にもなっている。持続可能な発展というアプローチは、いいかえれば、都市住民の厚生を増大させるために、多元的でシステム的な解決方法を探すことである。生産者の生活の安定や、農場の状態、河川の水質、土壌の汚染物質など、人間の生活に必要な最低条件を、国境を越えた形で維持していこうとする作業は都市政策に必要な視点である。

将来、都市政策に持続可能な発展のアプローチを入れ込むことができれば、価格というシグナル以外の情報の流れができあがり、単なる「市場メカニズム」の限界を明らかにすることができる。これにより、企業は、生産者、あるいは消費者と都市環境の関係を考えることが容易になるだろう。

（1）　都市政策の新しいパラダイム

都市政策担当者の中では、市場拡大型のグローバル化は受け入れがたいと主張する声が上がっている。アイルランドのダブリンを訪ねたときに、政府高官は、インフラ不足をしきりに嘆いていた。

外国投資の誘致政策を急激に進めたために、外国企業が急激に都市部に流入し、物流が一気に拡大し、高速道路は渋滞し、大気汚染など都市環境の悪化が都市住民にとって深刻になった。都市インフラの整備が間に合わず、物価の上昇が激しいために、市民の生活環境が悪化しているのだという。

この例に限らず、日常生活に必要な都市空間の快適さとグローバリゼーションのバランスという要素は今後の政策の重要な判断基準になるだろう。地域コミュニティの形成、福祉や介護分野のサービスの提供、ごみ処理方法の改善、医療サービスの改善など、都市生活者の生活水準は都市自治体が提供するサービスにますます依存するようになっている。

しかし、都市住民の生活の質的スペック、安全性の確保、持続可能な発展に必要なモデルの構築は、行政側の責任なのか、それとも民間側の努力目標なのか、こういった問いかけに対する答えはまだ用意されていない。都市計画や、土地利用計画などの計画論的なアプローチでは、都市の住民や都市空間のユーザーが求める価値を十分反映できない。

こういった複雑な問題を考慮すると、これからの都市政策については、以下のような政策パラダイムの変化を視野にいれておく必要があろう。

①エネルギー消費を抑える方法の開発

（エネルギー消費を制御できる技術の利用、電力・ガスの最適化、分散型都市システムへ、集中と分散の問題）

②都市内公共輸送・近距離交通網重視
（時間価値の拡大、交通手段のインターコネクション、航空網の利便性）
③環境サービス重視、廃棄物処理・リサイクル、上下水道システムなど環境ビジネスの技術水準および経営能力
④住宅向けサービスの向上、医療・福祉サービスの人的サービスの拡大、時間コストのない医療サービス
⑤流通システム（生産者と直結）と情報の流通
⑥地場産業重視、職人データベースの開発
⑦人材育成・教育機能、リーダーネットワーク
⑧高度な情報システムとネットワーク・ビジネス（通信、放送、音楽など）
⑨都市型産業群と戦略産業の設定、付加価値創出機能

伝統的社会インフラ整備から新しい社会資本の維持・管理へ移行するには、ハード面、ソフト面を含めたマネジメント戦略が必要になる。これには次のような経営的な課題がある。

①公共サービス・ゾーンと分野横断的なシナジーを重視した経営
②広域開発モデル（中心部と郊外の一体的運営）

③地域限定型ネットワークサービスの運営
④都市開発・運営のコンセプトと建物の開発・運営
⑤雇用創出と国際的労働条件の変化
⑥自治体と都市経営組織の連携、計画の柔軟性、選択性の拡大
⑦社会的責任論の活用

さらに、これからの都市開発には、先進技術の応用という技術革新を組み込む作業が必要になる。携帯電話とインターネットが、固定電話によるコミュニケーションの重要性を変質させたように、現在開発されている技術は既存の産業を大きく変える可能性がある。だからこそ、民間企業の開発努力を最大限活用しながら、それを都市インフラ整備のパートナーとして組む込むことが必須条件になる。これからの情報技術や医療技術の普及により、都市空間のサービス規準は格段に上がっていくだろう。

従来のハード面の整備という言葉に代わって、「豊かさ、地域ストック、地域資源循環、ヒューマンスケール、住民との対話、職人の復活、改革意欲、斬新性、分散型構造」といったキーワードは都市政策のなかでさらに重要視されるだろう。

二一世紀の都市政策の形成モデルでは、公的機関の計画力と民間主体の機動力をどう組織化していくかといったテーマが必要になる。そういった戦略を練るためのヒントとして上記の図を加えて

図1－2　都市政策の計画決定システムと決定主体

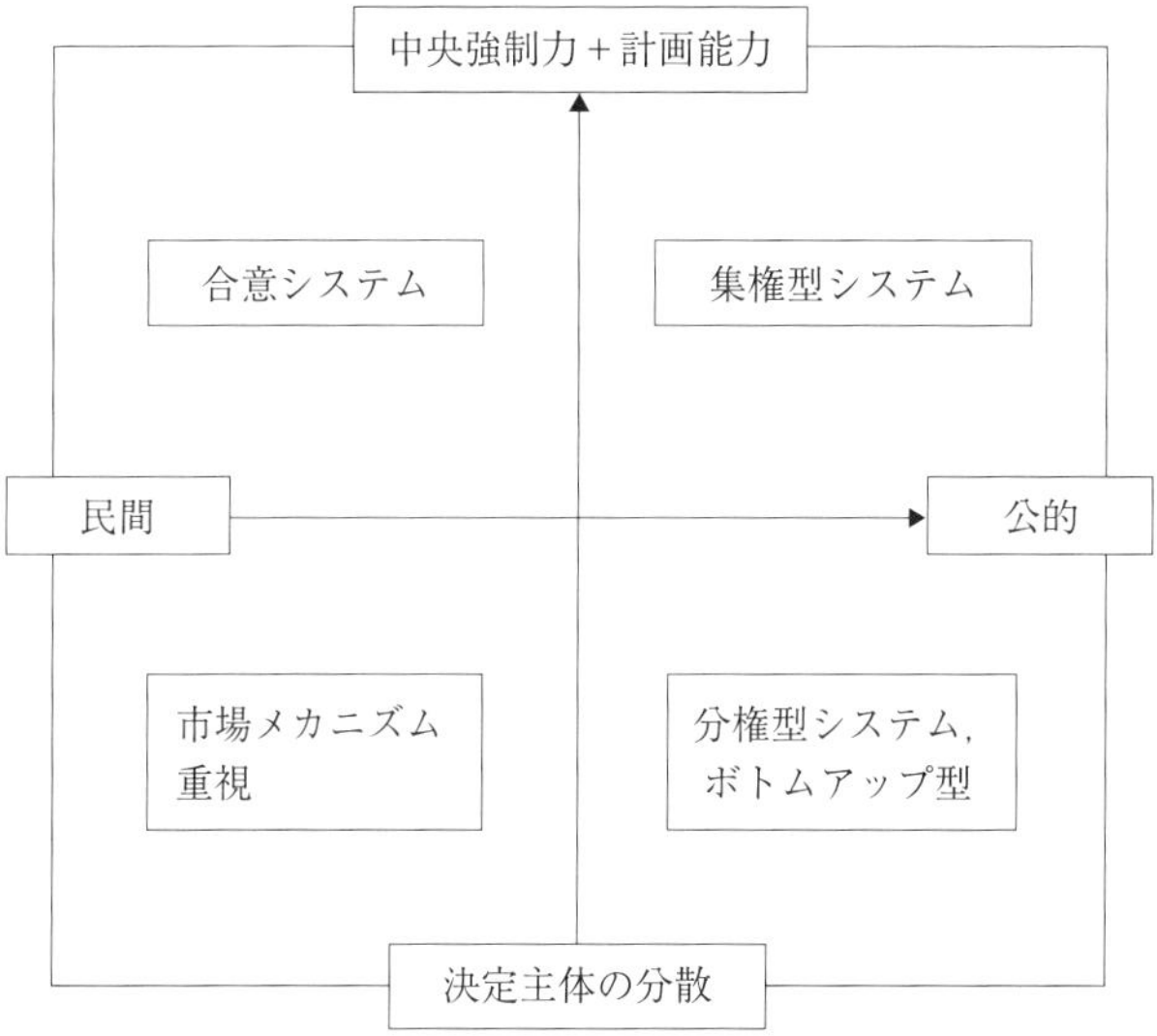

おこう。縦軸は都市政策の決定システム分散型のシステムの強さ、横軸は民間主導か、公的機関の主導型かという点を示す。これらの中から最適な組み合わせを模索すればいい。地域性や文化性を加味した新しい都市ガバナンスの仕組みづくりが都市政策の方向性を決めることになる。

注

（1）　アプローチとは、思考モデルあるいは指針のことである。

（2）　クルーグマン他著、小出博之訳[2000]。

（3）　収穫逓増とは、取引規模や利用者が拡大すると、コストが低減し、利益率が拡大するような現象を言う。ソフトウェア業界などに見られる。R＆Dコストは一定だが、製造コストは利用者の拡大とともに低減していく。

第2章　都市問題解決への糸口と開発理念の模索

1　都市の定義とその「理念」

都市空間は、ごく大まかに言えば、外形的特徴によって構成されている空間である。たとえば、建築‐建造物（人工的・社会的要件）が集積している場所といった概念で表現される。このように定義すると、都市は必ずしも行政区域を指すわけではなく、エリアやゾーン、中心市街地などさまざまな集積空間により構成されることになる。

都市は、その集積パターンによってさまざまな社会問題を引き起こしてきた。一つの例は、異常な地価の高騰である。一九九〇年代の後半、東京や大阪の都心部の地価の高騰により都市圏のサラリーマンの土地・住宅に対する不満は高まり、地価と住宅問題は内政上の最重要課題になった。当時、地価の沈静策の検討は十分ではなく、土地の有効利用と大量供給が必要だという考え方から、宅地・床の供給拡大政策を中心とする量的緩和政策が採られた(1)。

一方で、一九八九年一二月に成立した「土地臨調答申」及び「総合土地対策要綱」、またそれを受けて作成された「土地基本法」を見ると、①公共の福祉の優先（第二条）、②適正かつ計画に従った利用（第三条）、③投機的取引の抑制（第四条）、④価値の増加に伴う利益に応じた適切な負担（受益者負担）（第五条）の四つが「基本理念」として掲げられ、量的なコントロールだけではなく、土地の公共財的な側面をどう担保していくかという議論が展開されている。

しかし、都市インフラへの投資の重要性や都市空間の質がもたらす波及効果については、十分論及されることなく、むしろ不動産市場の沈静化策がやや先行したようである。その結果、都市空間が人々の生活や「公共の福祉」にどのように貢献できるのか、土地の値上がりなどの開発利益をどのように社会還元するのか、そういった公共的側面について十分な検討を加えるところにまではいたらなかったようである。

つまり、日本では、都市政策と不動産対策が混在した状態で、都市再開発が推進され、都市空間の質に関する一定の価値判断と選択のプロセスを十分経過する余裕がなかったようである。いまなお、都市空間の質的貧しさは解消されず、空中には電線が舞い、雑多な景色が多く存在している。一方で、そのアンチテーゼとして、歴史的な街並みを維持しようと都市空間の価値の再評価作業が行われ、また近代的に開発された地域であっても集合空間の創造について検討作業が続いている。

都市空間は人口構造や技術環境(2)、社会的価値観の相互作用により、形が変化し、その空間の変化が企業活動や人々の価値観に強い影響を及ぼす。コミニケーション、エネルギー技術、エンターテインメントなどさまざまな都市環境が、技術開発の方向や個人の生活、投資活動を変化させる。都市空間は、都市景観として独立して存在しているのではなく、産業社会の発展の副産物であると同時に人々の人生への夢を託す入れ物になったりする。

本章では、そういった都市問題がもつ多元的な側面を考えながら、都市問題と近代都市計画思想の変遷を垣間見ることにしよう。ここではまず、近代都市計画に大きな影響を及ぼしたハワードの田園都市思想とジェイコブスの都市論が説かれた経緯を検討し、それが現代の都市問題にどのように通じているのか再検討したい。

(1) 都市政策の理念型

都市空間で実現すべき「公共性」の内容は対象とする範囲によっていくらでも変わる。ただし、都市が公共性とか共有空間と結びついて用いられていることはさまざまな記述から類推できる。(3)

そこで、都市の公共性を考えるために、いくつかの理念を取り上げよう。フランス都市法の基礎にある生活的再開発重視の考え方としては、社会史家ミシェル・ペロの指摘がある。彼は、一九世紀のパリの労働者の都市に対する根本的要求として、①開かれた都市をもつこと、②都心部にとどまること、③公共スペースを自由に通行し、利用できること、この三つがあると指摘している。このような都市への愛着から、都市という「場」が、住民にとって単なる個別の生活の場ではなく、一つの地域コミュニティであり、相互扶助に支えられた生活の場そのものであったことを推測させる。その後、オースマンによる大規模なパリ市の改造が行われたが、一八六〇年代の「住民追い出し再開発」に対する反対運動や「都市への権利」の要求の背景には、都市と街区への強い愛着心が存在していたと考えられる。

このようにヨーロッパの先進諸国では、人間の居住と生活にとって必要な条件と都市像を相互に結び付けてきたように見える。ヨーロッパと日本とでは、都市の歴史やそれをめぐる社会経済的な環境は異なるものの、人間の居住と生活にとって必要な望ましい都市像という点に関しては同様の問題提起をしてきたと思われる。これらの都市像の理想型から、いくつかの要件を抽出すると次のようなものがあげられる。

第一に、人間の尊厳と人格の発展・向上を図る場としての都市空間が形成されなければならない。「都市は物的な入れ物・機能ではなく、人間らしく生き生きとして暮らしてゆくためのトータルな環境として創造していく」場であることが望ましい。

第二に、社会的公平の実現である。都市再開発の計画や事業によって何人も不当な利得を得ず、また何人も不当な損害を受けてはならないということである。特定の企業や個人だけが都市空間の利益を享受し、地域に居住する住民が追い出されたり、生活の途を失うような再開発は社会的公平の理念に反するものである。都市の中の限られた土地を公共的・計画的に利用するための都市政策が決定的に重要である。

第三に、都市社会や都市文化は、様々なコミュニティの存在によって、はじめて活気ある形で維持される。したがって、都市計画は、その地域の培ってきた固有な社会や地域固有の問題を手がかりにして、そこに住む住民が主体的に進めるべきものである。

第四に、都市は、それを取り巻く田園や森林・水辺空間等の自然環境、さらに地球全体の生態系の中で存在している。近年、都市化現象が進むにつれて、大気・気候・水・土地・緑・動物などの体系が変化し、生態系が不安定な都市が増大している。自然の生態系を尊重するエコロジカルな都市づくりもまた都市再生のひとつの条件である。

2　近代都市計画思想の変遷(4)(1)——田園都市

(1)　都市問題の発生

この節では、これらの発想が歴史的にどのように構築されていったのかを検討するために、都市問題の発生が都市の思想とどう結びついていったのか検討してみよう。

都市問題が最も早く表れたのは産業革命が進んだイギリスだった。産業革命により手作業から機械的作業への移行が進み、軽工業から重工業へ産業の中心が移るにつれて、都市近郊に工場が建設されるようになり、農村から都市部への労働力流入が起こった。特に、ロンドンやマンチェスターなどの大都市に低賃金の未熟練労働者が集中する現象が起こった。

当時は土地利用計画やゾーニングが定められていなかったため、都市の中に工場が無秩序に立地し、林立する煙突からは黒煙やガスが噴出し、工場廃水は家庭の汚水と共に低地に溜り、悪臭を放ったそうである。また交通機関が未発達であったため、住宅は工場の近くに立地せざるを得ず、労働者は劣悪な環境の中で生活することを強いられた。農村は衰退し、都市部では急激な人口増加に伴って、住居環境は劣悪になり、加えて上下水道の基盤整備が遅れていたので、公衆衛生面で多くの問題が発生した。

このような事態を鑑み、一八四二年にはチャドウィック・レポートが発表され、湿気・不潔・狭小な過密居住の実態、不衛生・悪い換気条件が労働者の早死の原因であること、上下水の整備や道路拡張を行い、過密抑制規制を行うことなどが提案された。これと同時に、政府も労働者の住環境改善に乗り出し、一八四一年にはロンドン市内の労働者住宅の建設に着手、一八五一年には住宅の衛生水準向上のための最初の住居法であるシャフツベリー法を制定させた。

一八九八年、これらの様々な都市問題へのアプローチを経て、エベネザー・ハワードは『明日——真の改革にいたる平和な道』という著書を出版し、田園都市（garden city）の理念と具体化の方策を示した。

（2）ハワードの田園都市構想(5)

エベネザー・ハワード（Ebenezar Howard）は、都市と田園の持つそれぞれの利点を抽出した「田園都市」を発表して近代都市計画の概念を作った。その後、彼の理念はコミュニティやニュータウンなどの考え方に大きな影響を及ぼした。

この構想が考えられた背景には、当時の都市問題がある。都市の生活には、比較的豊富な雇用機会があり、先端的な刺激や娯楽があり、賃金は田園地域に比べて高い。一方で高い地価や物価、長い通勤時間によってその良さが相殺される傾向にある。また人間関係から見ると、都市内では十分な助け合いがないため「孤立した群衆」("isolation of crowds")が生まれやすく、疎外感を味わうことも多い。

一方、田園部は美しい風景や公園、豊かな森、新鮮な空気に満ちているが、賃金は安く、大雨に見舞われたり、旱魃の時には飲み水にさえ事欠くという厳しい自然環境に直面している。

このように都市と田園にはそれぞれ利点があるが、人間社会の理想としては、便利さと自然の美しさを同時に享受するべきである。自然の美しさは芸術活動のひらめきの源泉となり、新たな活力や知恵を生み、産業の発達を促進する。つまり都市は田園生活との融合により新たな文明を生み出すことができる。ハワードはこのように形で田園都市の必要性を説き、その実施に向けた開発手法を示した。

「田園都市」(6)とは、一言でいえば、健康的な生活と経済の発展を同時に追及するために設計された街である。規模は社会生活を十分に営むことができる大きさとし、村落地帯に取り囲まれ、土地はすべて公的所有であるか、もしくはコミュニティに管理委託される。

ハワードの初期の考え方は、ベラミー(7)のユートピア小説に啓発されたそうで、「技術進歩は人間

図2-1

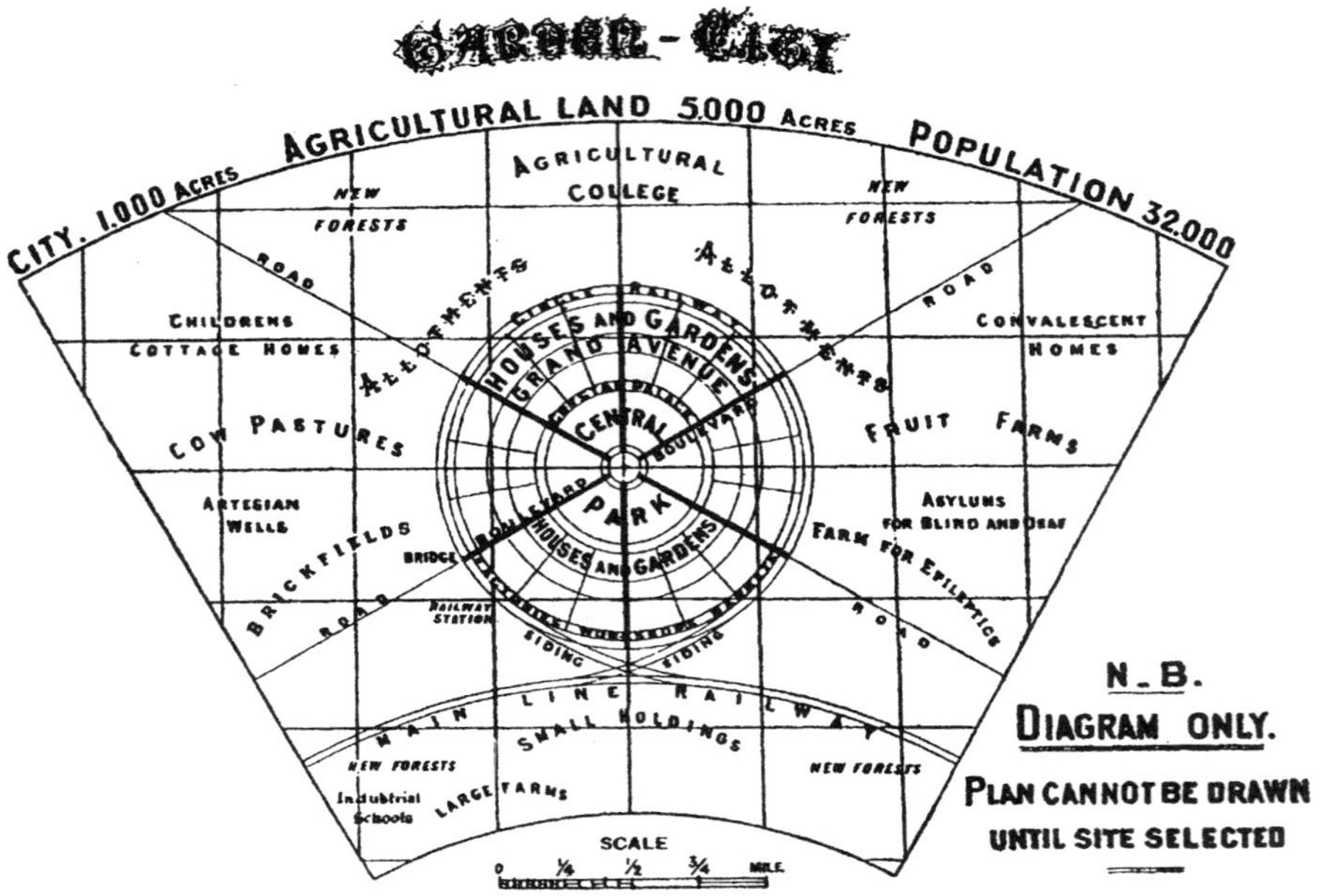

GARDEN CITY AND RURAL BELT

図２－２

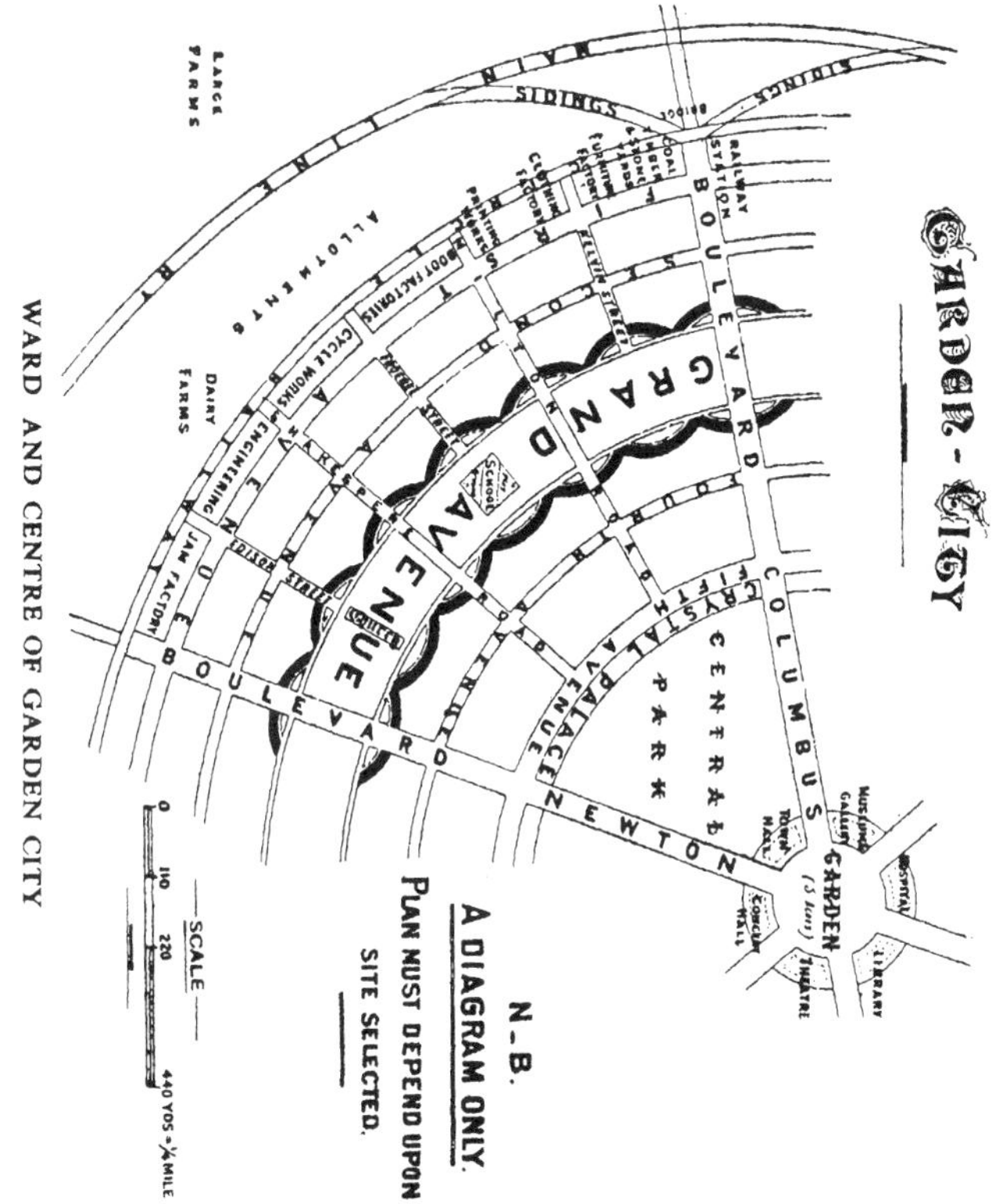
WARD AND CENTRE
GARDEN-CITY
GRAND AVENUE
BOULEVARD
CENTRAL PARK
CRYSTAL PALACE
FIFTH AVENUE
COLUMBUS
NEWTON
MAIN LINE RY
SIDINGS
RAILWAY STATION
ALLOTMENTS
LARGE FARMS
DAIRY FARMS
CYCLE WORKS
BOOT FACTORIES
ENGINEERING
JAM FACTORY
SCHOOL
TOWN HALL
CONCERT HALL
THEATRE
LIBRARY
HOSPITAL
GARDEN
N.B.
A DIAGRAM ONLY.
PLAN MUST DEPEND UPON
SITE SELECTED.
SCALE
0
110
220
440 YDS = ¼ MILE
WARD AND CENTRE OF GARDEN CITY

をその面目を失わせる労役から開放する、人間は生まれつき共同的であり、平等論者である」というものだった。つまり、科学技術の進歩を活用することと、大衆社会の運営によって、理想社会を実現できると信じていた。そのため、『明日の田園都市』を出版した後、田園都市開発のための株式会社を起こし、出資者を集めて一九〇五年にロンドン郊外に最初の田園都市レッチワークスを実現させて自ら住んだ。これがきっかけで、建築学者でない人物が都市の開発を考え、建築家がその理論の技術的な援助をするという新たな都市デザインの構図が出来上がった。

田園都市の都市構造は、人口規模は三万二〇〇〇人、面積は二四〇〇ヘクタール、中心部の四〇〇ヘクタールの周辺に農地が配置される。市街地の中心には、円形広場、美術館、図書館などの公共施設がおかれ、その周辺に水晶宮（クリスタル・パレス）というガラスのアーケードが作られ、ここは買い物やレクリエーションに用いられる。その周辺に住宅地、工場、菜園・農場などが外延に向って順番に配置されていく構造をとっている。

都市の供給エネルギーは電気であり、食品については都市の周辺から農産物が届けられ、自給自足体制が実現される。ロンドンのような大都市の周辺にこういった中規模な都市を配置し、鉄道ネットワークによりつなげば、大都市のスプロール化を回避できると考えた。いわば多極分散型の都市構造の提案である。この考え方は、その後、ニュータウン構想[8]の土台になった。

（3）田園都市の運営方法

『明日の田園都市』では、都市の運営方法や資本の調達方法についても描かれている。運営組織は、田園都市の中央評議会[9]および各種委員会[10]であり、最初の初期投資分は自治体が設立した株式会社が発行する担保付債券を通じて資金を調達する。この資金は、土地の取得および整備、インフラ、街路、公共施設の整備に充てられる。

一方、田園都市の歳入としては、建物敷地の賃貸契約により住民が支払う地代があり、この収入が地主である中央評議会に入る。評議会は受け取った金額を、まず担保債券の利払いにあて、次に債券の償還にあて、第三に残金のすべてを公有基金に入れて公共目的に供する。

土地は、信託財産管理人に帰属し、債券の償還が終わったら全コミュニティにかわってかれらが信託財産として持つ。地代が上昇した場合にはその上昇分は個人の所有物にはならずに、地代を下げるための財源に充てられる。

田園都市の経済性は次の通りである。

・ロンドンなどのように敷地に既存の建物や建築物が存在せず、建物を購入したり、事業中断の補償費用を支払ったり、法定費用などの関連支出がほとんど存在しないこと。
・古い都市に現代的なアイデアを調和させようとするときの各種支出を節約できること。
・道路の敷設などのエンジニアリング作業に最新の機械を導入できること。
・自治体の管理運営という問題を一本のスキームに基づいて処理できること。

維持費には、(D)学校維持管理等、(E)市役所、(F)図書館、(G)美術館、(H)公園、(I)下水処理、(L)債務返済用積立金、(M)敷地所在の自治体に支払う税金用の残金、そのほか、上水道、照明、路面電車などが含まれる。これらの維持費も住民によって、まかなわれる。

これらの仕組みは、その後欧米で普及したＰＰＰ（Public Private Partnership）方式の下敷きになった。

3　近代都市計画思想の変遷[11](2)——ジェイコブスの都市論[12]

ジェーン・ジェイコブスは、多様性こそが大都市の重要な性質であり、多様性自身が更なる多様性を生み出すという前提にたって、各々の領域や文化を守りながら、いかにして都市が十分な多様性を生み出せるかということに焦点をあてた。

ジェイコブスが提唱した都市の多様性を生み出すのに不可欠な四つの物理的な条件は以下の通りである。

①　都市内の地域は、二つ以上、できれば三つ以上の主要な機能を果たさなければならない。

これは、異なる時間に異なる目的のためにある場所を訪れる人々が、多くの施設を共同で利用できるようにするためである。

② 多くの街区は短くなければならない。すなわち、道を歩いていて他の通りにぶつかり、角を曲がる機会が頻繁になければならない。

③ 地域には様々な築年数、状態の建物が混在しているべきである。この混在は、公平に分布していなければならない。

④ 人々がそこにいる理由が居住であれ就労であれ、人口密度はある程度高くなければならない。

以下で、この四つの条件について詳しく解説しよう。

・条件①

地域が単一の機能に偏ってしまうことによる危険性は次のように説明できる。"The Death and Life of Great American Cities" の初版が発行された一九六一年当時、マンハッタンには、ウォール・ストリートに隣接して様々な業種の企業や市役所、連邦政府機関などが存在し、約四〇万人が雇用されていた。狭い地域にこれだけの労働が集約されていれば、他者とのコミュニケーションもとりやすく、業務地域としての発展が望めたはずである。しかし、レストランや店舗が少なく、文化施設に至っては皆無だったため、企業は、オフィス以外の機能を備えたミッドタウンに次々と移転し、

図２－３

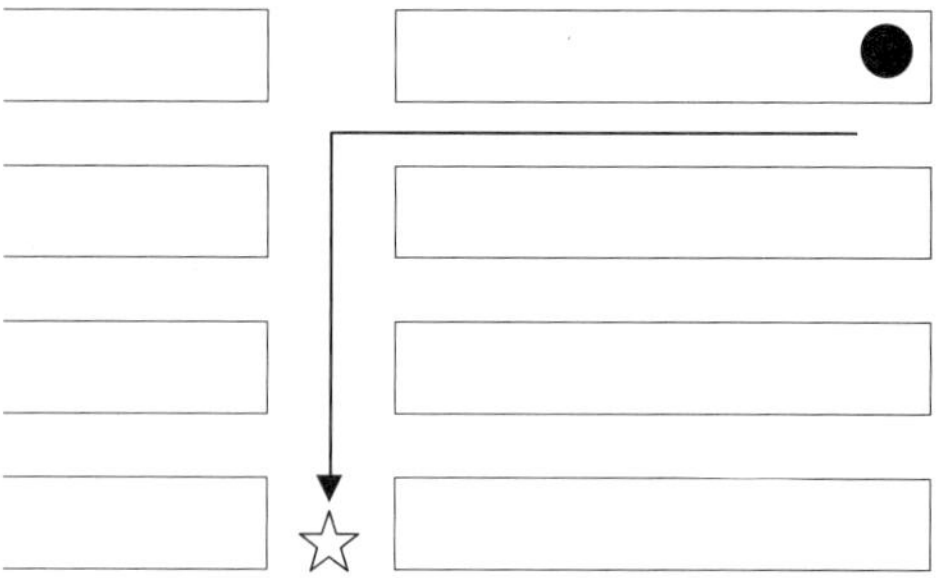

企業との会合が必要な法律事務所、銀行もダウンタウンを出ていき、企業の本社機能の集積が失われてしまった。

このような現象が起こった理由として、地域がオフィス機能に特化しすぎたため、小売やレストランなどの店舗の採算が取れなくなり、結果的に業務地域としての質が低下するという都市衰退の悪循環を指摘できる。もうひとつは、地域の昼間人口が多いのに、地域の小売店舗の採算性はなぜ低下するのかという点である。マンハッタンのような業務地域の店舗では、昼食時（昼休み）には地域の就業者が店舗を訪れるため大変に混雑するが、その混雑が続くのはせいぜい二、三時間で、午後二時頃にはどの店にも客の姿はほとんどない。しかも昼間の混雑が見られるのも当然平日のみだから、店舗は週に十数時間の営業で利益を出さなければならない。結局、オフィスがあるだけでは、商業系の店舗は十分な採算性を上げられないということである。

こういった状況を改善するための方法として、住宅を建設する方法や企業誘致をする案もあるが、それに代わる案として、平日昼間の混雑時とそれ以外の閑散時のアンバランスを改善するため、

図2－4

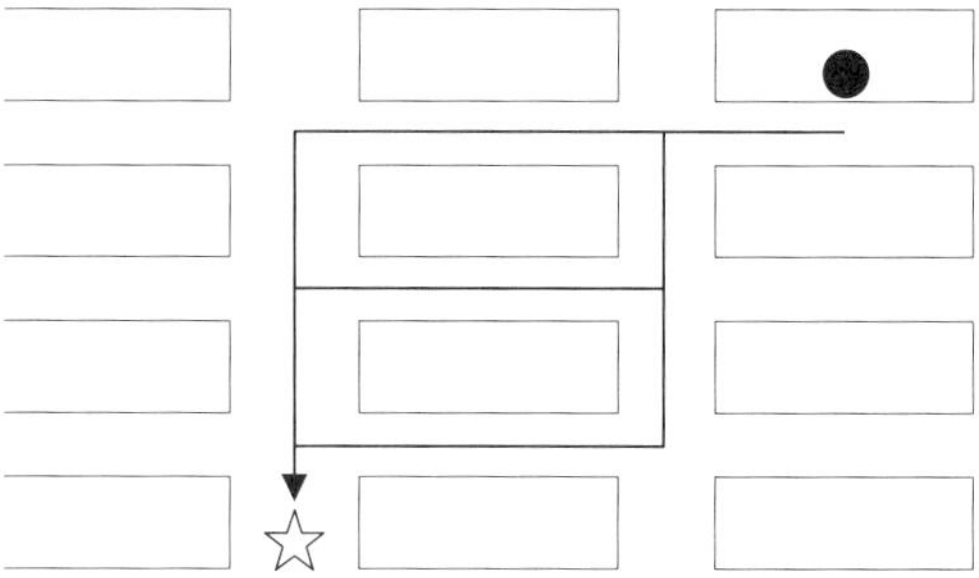

週末への来訪者を誘致するアトラクション機能の創出を提案した。

・条件②

街区を短くするメリットは、人との出会いの確率の改善である。●地点に住む人が☆印方面（都心）に出かけると、この人は毎日同じルート（実線）を通る。隣の通り沿いに住む人々も、同じように毎日同じ最短距離のルートを通る。その結果、距離から見れば近くに住んでいる人同士でも日常的な交流はほとんどなく、近隣との付き合いや助け合いも起きない。店舗は、ある一本の通りに住む人々の購買力だけでは採算が取れないから、なるべく多くの通りから人が集まる場所に店を構える。上の図2－3で言えば、例えば☆印の方面である。ただ、一つの街区が長いと、利便性（顧客からの距離）に関わらず店舗は統合されてしまうことが起こりやすく、つまらない地区になりやすい。

一方、上の図2－4のように短い街区で構成される地域では、●地点に住む人が☆印方面（都心）に出かける場合のルートの数は格段に増える。縦の通りを一本加えるだけで、人々は長く単調な通りを歩く必要がなくなる。近隣同士の交流も生まれ、店舗も点在することで、それぞれの通りは特徴を持つようになり、多様性が生じる。

・条件③

都市が成長するためには、築年数が長く、しかも安価で利用できる古い建物が必要である。都市に新築の建物しかないと、都市部には新築ビルの高い賃料やビル建設のコストを支払える企業のみが集まってしまう。大企業や銀行、あるいは手厚い補助を受けている美術館などの文化施設はいいが、日常生活を便利にする個人商店や、芸術活動を裏で支えるスタジオ、ギャラリーなどが都市部から排除されてしまう。また、古い建物しかないのも魅力がない。したがって、新しい建物と古い建物が適度に共存することで、より多様な企業や店舗が地域に立地し、都市の多様性につながる。

・条件④

都市における人の集積と、多様性の間には何かしら関係がある。一般に都市計画や住宅計画の理論では、高い居住密度は悪いものと解釈される。しかし、都市では、高密度とスラム化とは必ずしも同じではない。例えばサンフランシスコでは、住居系地域の割合が高く、かつ居住密度が高いNorth Beach-Telegraph Hillという地域は大恐慌や第二次世界大戦の後も安定した住宅地であった。むしろ、サンフランシスコのWestern Addition地域のように徐々に居住者人口が減り、広範囲にわたって空き地が広がっているような地域は深刻なスラム問題を抱える場合がある。「高密度（high densities）」と「超過密（overcrowding）」は混同されやすい。高密度というのは、単位面積あたりの土地に多くの住居があり、土地が高度利用されているということである。一方、超過密とは住居の部屋数に対して過剰な人が住んでいることを言う。この二つに関する明確な数字上の根拠はないが、この二つを十分区別しなければいけない。

十分な住戸に十分な人が住めば（すなわち高密度の場合は）、多様性が生まれ、住民も独自性のある地域に愛着を持つようになり、長年その地域に住み続ける。一方、「貧困」の代名詞にもなる超過密の中には、住居内で超過密であっても地域全体では低密度という場合もある。そのような地域では上下水道などのインフラ整備も進みにくく、空地率が高いと道路利用の効率が悪い。むしろ、高密度の場合には道路以外の公園などのオープンスペースを確保することが望ましい。

都市に集積（土地の高度利用と高い建物被率）が必要であるという考えは、一九六一年当時はすぐに賛同を得られなかったが、ハワードがロンドンのスラム問題を見て田園都市構想を提唱してから、都市と集積は切り離せない関係になった。このような状況から、ジェイコブスは集積がもたらす問題点を認識する一方で、集積を形成する必要性を説いた。この考えは、次節以降で説明するコンパクト・シティの概念にも影響を与えている。

4　大都市の衰退と再生――インナー・シティ問題

ロンドンやニューヨークなどの現代の大都市は、一九七〇年代に入って都市の危機に直面した。この危機は一般にインナー・シティ問題[13]と呼ばれている。インナー・シティ問題とは、都心部と郊外部の中間地帯（インナー・エリア）で観察される問題のことである。

この問題を公式に認知し、それに対処するための政策を据えた国はイギリスである。ロンドンのインナー・シティ問題は、イギリスの多くの都市で暴動、放火事件が発生したことによって顕在化した。その背景には、工場立地政策の転換がある。第二次世界大戦後に都心からの工場・オフィスを分散させる政策を強く推進したことにより、一九六〇年代半ば以降、工業雇用者は減少し、それにつれて商業雇用者も減少した。一方、都心部周辺には半・未熟練労働者、移民、高齢者が滞留し、低所得者層の人口割合が増大した。やがて、都市部に近い地域にインナー・シティーが形成された。その特徴として次の四点を指摘している。

①経済基盤の低下（高い失業率、居住者の技能と雇用機会の不均衡、労働力需要の不足）
②建造物の老朽化（住宅の老朽化、基本的な設備にかける劣悪な住宅の残存、公有地を中心とする広大な空閑地の残存）

③社会問題（高い失業率と低賃金による貧困層の密集、コミュニティ意識の減退、犯罪・暴力多発など、住民全体に影響する地域環境の劣悪化）

④少数民族の増加

ニューヨークにおいても、インナー・エリアが抱える問題として雇用減少、人口減少、物的衰退・環境悪化、マイノリティの人種の集中というロンドンと同様な特徴が指摘された。ひとつの要因は財政悪化である。一九七〇年代に入ってニューヨークでは人口や雇用が減少し、工場・商店・オフィスが減少する傾向が強まった。人口の減少は、白人や若年・中年層が郊外へ脱出したことによって顕在化し、都心には有色人種や高齢者層が滞留するという形が進行した。工場・オフィス等の減少は失業率の増大をもたらし、サービス業関連の雇用は都心部で増加したものの、これは失業者を吸収するには至らなかった。一九七五年、ニューヨーク市の財政は破産状態に近い状態に陥り、これが住宅不足、その他の社会問題（都心部の犯罪増加、都市の環境悪化等）を一層悪化させ、スラム形成が当時多く見られた。

以上の事例から、世界有数の大都市であっても無策のままでは都市の安定的な成長は望めないということがわかる。都市活動の衰退は、都市空間の快適性が損なわれ、雇用・人口が郊外へ流出することによってあっという間に進行するということを経験した。

したがって、都市の多様性と集積メリットの活用については今後十分検討する必要がある。二〇世紀初頭にハワードが指摘したような過剰な集積による劣悪な住環境や労働環境がもたらす問題は医学・疫学の発達により、先進国では解決されつつある。しかし、人間的な生活、快適な都市環境を実現している都市が未だ少ないことに関心を持つべきだろう。物質的には満たされているかのように見える現代でも、市民はもっと質の高い付加価値が大きい生活の実現に高い意欲を持ち続けている。その要求を読み取って、単なる効率性の追求ではなく、快適性を高めるための都市開発の思想が必要なのである。

注

（1） 一九八三年四月の経済対策閣僚会議における「都市に対する民間活力の導入」の決定によって、民間活力の活用による都市再開発問題が俎上にのぼり、これを受けて国は、「規制の緩和等による都市再開発の促進方策」（一九八三年七月）の中で、①都市計画・建築規制の緩和等による都市再開発の促進（高度利用を促進すべき地域についての一般的規制緩和、広義の再開発についての個別的規制緩和など）、②国公有地等の活用による都市開発の推進、③規制の緩和等による宅地開発の促進（線引きの見直し及び開発許可の規模要件の引き下げ、宅地開発等指導要綱の行き過ぎ是正）の三つの政策を打ち出し、民間活力の活用に乗り出した。

（2） 技術環境とは、マクロ環境の重要な一部分であり、他の部分と相互に関連し、影響を及ぼしあう環境のことである。それには、新しい製品・工程・材料を生み出すプロセス、社会のあらゆる側面に直接影響を与える（コミュニケーション、エネルギー、エンターテイメントなどが入る。世界貿易や競争のルール、新しい知識の創造（科学）と、その知識の応用によって新しい製品・工程・材料を生み出す活動（技術）、それを有する機関・組織、によって構成される。藤末健三［2004］。

（3）財団法人 日本住宅総合センター［1998］、海道清信［2001］など。
（4）日笠端、日端康雄編［2000］。
（5）Ｅ・ハワード［1968］。
（6）土屋和夫、会田武文共著［1996］。
（7）Edward Bellamy, 社会改革家。
（8）ニュータウン事業とは、都市計画において市街地を予定していない地域を対象として、新たに市街地を整備拡張する事業である。主に未開発の山林が対象用地となる。
（9）敷地のレイアウトについての全体計画、学校、道路、公園など、それぞれの部にまわされる金額の決定、全体としての統一性と調和を保つための、必要最低限の部門監督と統括手段の提供。
（10）(A)公共管理部門、(B)エンジニアリング部門、(C)社会目的部門。
（11）日笠端、日端康雄編［2000］。
（12）J. Jacobs［1992］.
（13）高橋勇悦［1992］、大方潤一郎［1984］一三七巻、三一～三八頁。

第3章　都市の集積と知的クラスター

1　知的クラスターとエリア集積

都市空間は、一つの単位ではなく、エリアやゾーン、中心市街地などさまざまな地理的範囲のモザイクによって構成される空間である。東京圏、特に中心エリアは、東京一極集中現象に巻き込まれ、また地価の高騰を経験した場所である。その都市空間を歩いてみると、新たな都市再生の波にのって魅力を吹き返そうとしているエリアがある。新たな都心回帰の動きは、新たな都市空間を創造することになるのだろうか。

都市政策は、単に行政の仕事ではなく、個々の企業、人間の自由な決定に任せつつ、その中の相互作用をある評価軸に従って意識的に作り出すプロセスである。産業発展は歴史的に築かれてきた町の文化を崩壊させることもあるが、外から入ってきた知識や刺激が都市の産業循環を再生させるきっかけとなる場合もある。こういった、旧秩序と新秩序の組み合わせや、スムースな移行をデザインすることも都市政策の領域であり、その秩序の変化と価値観の変化をどう捉えるかという点が新たな「都市政策」を考えるきっかけになる。

この移行プロセスにとって大切なのは都市の公共財、つまり共有空間の利用である。都市内部では道路や通信ネットワーク、公園など共有空間が多い。こういった共有空間（コモンズとも言われる）の活用の方法には、個人、企業、ディベロッパー、行政、金融機関などさまざまユーザーが関わる。これらの多くのパートナーが暗黙のうちに、都市の公共財を使いながら、より快適な生活を実現しようとする。この関係性のなかに、どういったメッセージを埋め込んでいくか、あるいは価値判断を組み込んでいくかということが、「都市資産」の価値を決定する要素になる。

このパートナー間の価値連動性を把握し、組織化し、都市の投資家と運営者を結び付ける組織や運営形態を考えることが「都市経営」である。そこで、この章では、「都市経営」という言葉を価値創造を含めた都市政策の領域として定義づけることにしよう。このように定義することにより、都市政策とは、単に行政手段を論じるのではなく、都市資産への投資フレームワークを設定していくプロセスであるという点を明確にすることができる。この資産には、ネットワークや人材、技術などの無形な資産と同時に有形のインフラ資産も含まれる。この二つが都市の資産を形成している。

（1）多元化した都市構造と集積要因

次に、経済地理学の発想を用いて、都市の資産あるいは都市の経営資源は何かということを検討してみよう。経済地理学は、ある一定の都市空間に企業と労働力が集積していくプロセスを明らかにする学問である。この学問領域は「地理的連関、それが作り出す経済の空間的秩序あるいは構造を研究する科学[1]」と説明されている。

ここで理論的支柱として用いられるのが外部経済の理論である（マーシャルの三大原則）。外部経済とは、次の三つの場合に発生する効果のことである。

①同一産業の企業数社が一ヵ所に集中し同質的な労働市場を形作る場合の効果
②さまざまな非貿易投入財（サービスなど）が安価で提供される（輸送費削減など）場合の効果
③産業が集中し、技術の波及効果が促進される場合の効果

要約すれば、労働市場、サービス、技術が、複数企業になんらかの波及効果を発生させている状態を外部経済が存在しているという。

この三つの要因は、これまで製造業の発展を説明するときに多く用いられてきた。しかし、製造業だけではなく、都市空間の中の知的ストックや都市機能を〝規模の経済と取引費用の低下〟によって説明する際にも役立つ。

生産規模が拡大すると、輸送・移動などの取引費用を支払ってでも取引を拡大し、規模の経済を生かすように企業は行動する。この段階で取引コストを節約するには、多種類の企業向けサービス

と、調達したい製品が近くにある場所に立地することが望ましい。こう考えると、規模の経済と取引費用の低下要因によって、サービス産業の発展の流れが促される。つまり、都市が成長していくと、製造業からサービス産業への経済の流れが発生し、またそのサービス費用が安価であればまた製造業の発展を促すという好循環が発生する。そのバランスが悪いと、逆に悪循環を引き起こし、両方の産業ともに発展が止まってしまう。

この過程で、各経済主体は、相互に近接することにより相手の取引費用を削減できると気づくので、お互いに近接性のメリットを見出す。そうなると相互取引が発生しやすくなる。この相互作用が経済主体の立地行動の外部経済効果であり、これが都市の形成に影響を及ぼす(2)。

これを都市分析に用いた代表的なアプローチが、クルーグマンの空間経済学、イタリアのクラスター論、マイケル・ポーターの競争戦略論などである。

クルーグマンモデル(3)は、都市の集積理論に生物学的な種の生成理論をあてはめたものである。都市の自然発生的メカニズムに着目し、都市の不均衡な発展が起こるのは、経済学の枠組みにはない規模の経済と輸送費の格差が増大するからであり、生産要素が動くときの輸送費削減インセンティブが企業を集積させる要因だと考えた。

クルーグマンの自己組織化モデルによれば、都市はランダムとカオスが同時に予期せざる秩序へ発展していく複雑系の概念によって解明できる。都市の成長パターンはハリケーン、胚の成長などのように均質な状態から大規模なものが表れるプロセスに似ていると考えた。

イタリアのクラスター論はバッグやセラミックタイルなど同一業種の職人たちが一定地域に集積する例を取り上げる。クラスター内では、技術の波及効果が発生し、その効果は買い手との対等な交渉を行う商業機能を共有化することによって増大する。また、顧客の共有化により職人の間で仕事を分け合うことが可能になり、それがより品質保証やデザインの向上に貢献する。

つまり、クルーグマンモデルが市場主義であるのに対して、イタリアのクラスター論は規模の利益だけではなくそこに生み出される社会的連帯性や共同体意識をクラスター論の基礎にすえている。

これらの理論を見ていくと、都市の集積要因は人件費などのコストではなく、技術開発や人材など見えない価値（知的資産価値）に移行していることがわかる。

2　エリア集積の特徴と「知識経済化」の流れ

インターネットが普及し始めた頃、いつでもどこでも情報が取れるという情報流通の普遍化[4][5]により、都市の過密から人びとが開放されると考えられた。通信コストとパソコンなどの情報通信に必要な機器の価格が下がり、リアルタイムで世界が結ばれれば、距離に依存しない経済活動が可能になる。その結果、経済活動の拠点は、距離に依存しない「分散型ネットワーク社会」によって構成されると考えられた。

ところが実際には米国のシリコンバレーや、日本の渋谷や秋葉原に見られるようにＩＴ産業は一部地域へ集積するようになっている。旧国土庁が二〇〇〇年に行ったアンケート調査によれば、企業は、経営意思決定部門や公報・渉外部門を都心に集中させる傾向がさらに強まっている。その重要な要因として、ネットでは入手不能な企業間情報の入手容易性を挙げている(6)。

このような集積のパラドックスが起こる原因の一つは、質の異なる多様な情報の存在である。一般に情報化というと情報の質は一律に捉えられる傾向がある。しかし日々流通し利用する情報は、大きく分けると、言葉や文章・数式・図表などによって表出することが可能な情報と、個人的洞察や経験から得られるもの、すなわち言語・数式・図表で表現することが困難な情報の二種類がある。前者は情報技術により普遍化されたが、後者は人間同士のフェイス・トゥ・フェイス(以下、F to F)の交流のみから入手可能な情報である。情報は、他の情報との関係性の中で意味づけされたときに重要性が高まる傾向があり、F to Fから得られる情報では、その傾向がより強まる。

このように考えると情報化が進展する中でも、都市への産業集積が進むことは何ら不思議ではない。むしろ、知識経済化が進むと集積はますます進むであろう。そして集積が進むことにより、情報のみならず人的資本も都市部に蓄積され、濃密な集積が形成されるようになる。さらに濃密な集積は人々が交わすコンタクトの頻度を高め、学習機会の増加につながる。その結果、分業・専門化の水準が高まり、人的資本への投資が促進され、それと同時に、多様な専門性の統合を円滑化することにより新知識の創出・蓄積が促進される。こういう循環的な効果を生み出す。

こういった情報の質の変化と結びついた「知識経済化」の流れは、東京などの大都市圏では顕著に起きている。ある独立系大手ＩＳＰ（インターネット・サービス・プロバイダー）の自社バックボーンネットワークの成長と容量の変化を見てみると[7]、過去一〇年でバックボーン容量が飛躍的に増加した。つまり、東京は国内の他都市に比べ、域内で行き交う情報量が圧倒的に多いこと、これにより、より対等で水平的な交流による活発な情報交換が増大しつつあることがわかる。

就業構造の変化も起き始めている。総務省の「事業所・企業統計調査報告」によれば、東京地域で一九九六年から二〇〇一年の間の雇用純増数の多い業種は、ソフトウェア、情報サービス・調査、法律事務所などの事業向け専門サービス、映画・ビデオ作成といった業種だった。法務、会計、コンサルティングといったプロフェッショナル・サービスの規模拡大は、専門化された人的資本の蓄積によるものである。これは、知識経済化の進展を示す一つの指標と言えよう。社会学者Ｓ・サッセン（S. Sassen）は、「グローバルシティの要件とは、世界的に事業を展開する大企業の神経系的な専門的業務を提供する組織が集積している」ことであると指摘している。

以上のような知識経済化の流れと、エリアの産業集積がどんな関係があるのか。次節以降では、知的クラスター理論の基礎となる二つの理論を改めて検討してみよう。

3　マイケル・ポーターのクラスター理論[8]

グローバル化した経済の中では、立地戦略が企業の成長に大きな影響を与える。この視点から企業の競争優位と国家戦略について説明したのがマイケル・ポーターのクラスター理論である。マイケル・ポーターは、まず、企業をオープンシステムの体系と考え、環境に適応する複数の相互に関連した活動の集まりとして扱った。一九八五年にバリューチェーン（価値連鎖）という概念を導入し、企業活動が生み出す付加価値（最終的にユーザーから支払われる対価）の構造を体系化した。

企業のバリューチェーンを材料の購買、製造、出荷、販売・マーケティング、サービスという五つの主な活動に分類し、それに管理、人事・労務、技術開発、調達という四つの支援活動を組み合わせた。このバリューチェーンが競争優位を持つためには、いくつかのグループ資源を持つ必要がある。

その資源の一つが、イノベーションネットワークである。先端的技術開発および技術開発者と開発支援者間の関係が発展すると、取引関係や顧客の共有化により、企業クラスターが形成されやすくなる（シリコンバレーなど）。企業は開発ネットワークが存在する場所に立地すれば、競合他社に対して優位な関係に立つことができる。ポーターは、この立地メリット論を国家戦略論のレベルに組み込み、開発費用の分配により企業の優位性にさらに影響を及ぼすプロセスを示そうとした。つまり技術開発が加速するに従い、基礎研究の応用を支援する国家型イノベーションシステムと立地論が企業競争力の形成要因になる。

企業間の競争においては、ある地域にすでに存在する生産資源の相対的な優位が企業立地の決定的な要因であると長らく考えられてきた。しかし、経済がグローバル化により投入資源数が増大すると、競争における生産要素の比重が低下してくる。

日本の貿易構造を見ても、天然資源が乏しく生産要素という点では比較的不利だったが、こういった条件のもとでも飛躍的に輸出が伸びた。これは、既存の資源だけでは、経済発展のプロセスを説明できないひとつの例である。

クラスターとは、ある特定の分野に属し、相互に関連した、企業と機関からなる地理的に近接した集団である。クラスターがもたらす優位性により、立地の重要性はさらに明確になる。

以下のダイヤモンド・モデル（図３-１）は生産性の向上をもたらす立地要因、すなわち競争優位の源泉を分析するフレームワークである。この分析フレームは、立地要因を四つの要素群に分け、互いに関連しあうことで生産性が高められるという前提に立っている。

①要素条件（投入資源条件）

このグループには、各立地の持つ輸送インフラや各種規制などが含まれる。この要素は、先進国の企業の競争優位に決定的な影響を与える。特定分野に特化した大学の研究機関やソフトウェア産業への資金提供に特化したベンチャーキャピタル集積が含まれる。

②企業戦略及び競争環境

一定エリアの中の地元産業群の競合パターンや、競争の激しさを決定付けるルールやインセンティブ、規範などがこれにあたる。戦略及び競争の環境は大きく分けて、投資環境と、現

図3－1　ダイヤモンド・モデル

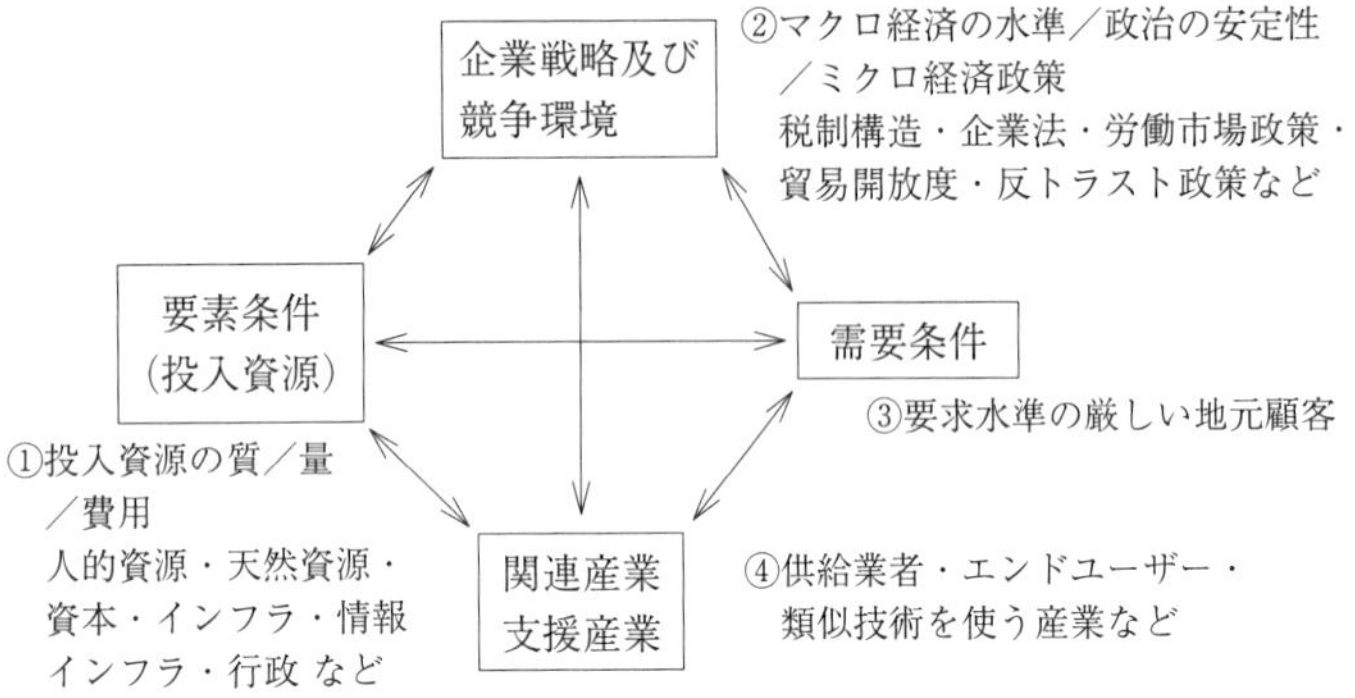

出典：マイケル・E・ポーター「競争戦略論Ⅱ」より

地政策の二つの次元で捉えられる。高水準の生産性を支えようとすれば、企業の投資活動の前提となるマクロ経済、政治の安定、税制の構造、企業統治のシステム、知的財産権を巡る規則やその実施状況などの経済政策が重要である。政策については、貿易や外資に対する開放度、政府による所有制限、許認可のルールなどが重要な役割を担う。

③需要条件

企業の製品やサービスが、模倣性が高く品質の差別度が低い段階から、差別度の高い段階へ移行できるかどうかは、販売地域の需要条件に大きく依存する。高度で要求水準の高い顧客が存在すると、企業はそこからのフィードバックにより製品の品質やサービスの改善を迫られる。それがイノベーションの誘因になる。グローバル経済においては、地域の顧客の需要規模よりも顧客の質の方がはるかに重要である。

④関連産業・支援産業

上記の地元での需要を決めるのに中心的な役割を果たすのが、クラスターを構成する関連産業である。立地エリアの開発主体は、技術の集積度を上げるために、クラスターに属する人々に対して、技術的情報や市場情報を供給すると同時に、生活面での安全性を提供する必要がある。

(1) クラスターがもたらす競争優位とイノベーション

ダイヤモンド・モデルは、クラスターを生み出す四要素の相互作用を示したものである。クラスターは、「生産性自体の向上」「イノベーション促進による生産性の成長の維持」「クラスター拡大するような新規事業形成に対する刺激」を通じて競争環境に影響を及ぼす。この要因を抽出すると、次の五点がある。

①専門性の高い投入資源
供給業者側と消費者側の間で、透明性や継続性が高いと遅滞や契約違反のようなモラルハザードのリスクを回避できる。また遠隔地から輸入する場合にもクラスター効果により信頼性が高まり、取引が成立しやすくなる。

②情報へのアクセス
クラスター内には市場や技術に関する専門的な情報が蓄積されるため、この種の情報にアク

セスしやすく、情報アクセス費用が低減する。

③補完性

クラスター参加者間の活動・製品の補完を促進し、また材料調達の際などにクラスター参加者の活動調整がしやすい。

④各種機関や公共財へのアクセス

クラスターが存在によって、公共財の利用が容易になる。クラスター参加者が集団的なメリットを感じていれば公共財に対して民間投資がなされることがある。

⑤インセンティブと業績測定

競合関係によるプレッシャーや地元へのプライドが企業改善のインセンティブを与える。また、同条件下で競合相手と比較することが容易になる。

このうちどれもがFace to Faceのコミュニケーションやネットワークを通じた相互作用に依存する。

生産性向上をもたらすクラスター的特性は、イノベーションという点からも重要である。クラスターに属することによって、新規の顧客ニーズをより明確かつ迅速につかむ機会が増大する。またクラスター内で発展中の技術、新たな機器の可能性、各種コンセプト等を把握すれば、クラスター外の企業の動向を観察する立場に立つことができる。このように、ニーズやチャンスを見抜きやすいという優位性と、洞察に基づいて迅速に行動するための手段を獲得しやすい。

例えばクラスター参加者の協力により、新規製品の製造に必要な機械や技術を迅速に調達できれば、製品化する前に実験を低費用で行い、本格的な投資活動を延期することも可能である。地理的に集中したクラスターで発生する競争圧力は、企業が差別化を追求すればするほど、競争圧力は高まり、イノベーション面の優位を強化することに役立つ。

ただし、クラスターに参加しているためにイノベーションが遅れる場合もある。クラスター内部の硬直性が高まって、生産性とイノベーションが抑制されたり、クラスター参加者による集団思考が働いたりしてしまう場合である。あるいはクラスター外部の技術面での急激な変化により、クラスターの優位の多くが一気に薄れてしまうようなリスクもある。

クラスターが地理的に集中して発生するのは、以上述べたようなクラスターのメリットを引き出すからである。近接性が、取引当事者間の信頼関係が取引費用を減少させ、情報の創出・流通を改善する。また、地元の各種機関が、クラスターの専門的なニーズに迅速に対応するような体制を整えれば、他の地域に対して優位を提供し、投資インセンティブを改善する効果がある。

4　多様性を通じた集積力とイノベーションの場の形成(9)

空間経済学では、都市の空間構造とは、集積力と分散力が歴史的経路依存性の制約のもとで均衡した結果実現される構造だと捉えている。この空間構造は、時間の経過とともに不安定な局面を迎え、次の安定的な空間構造へと変化していく。

ポーターのクラスター理論が、集積とイノベーションのダイナミックな関連に注目したのは、企業活動を説明するためのミクロ経済学的な理論が、企業の外部性を十分に解明していないからである。この点を補うために、空間経済学の研究では、内生的経済成長理論[10]を活用して、集積とイノベーションのダイナミックな関係を、ミクロ理論のフレームの中に取り入れた。

内生的成長というのは、従来の狭義の資本ストック（外生変数）ではなく、教育や研究体制、インフラなどの広義の資本ストック（内生変数）が経済成長をもたらすという理論である。内生的集積力を決定付ける要因としては次のような要素がある。

①財・経済主体の多様性
②個別主体レベルにおける規模の経済ないし不可分性
③広い意味での輸送費

これら三つの基本的要因の相互作用が、多様で密な交易とコミュニケーション・ネットワークを発生させ、空間的な集積力を高める効果を生む。この概念を示したのが図3-2である。

消費財の多様性と企業と消費者が都市へ集積するメカニズムは以下のように説明できる。ある都市においてより多様な消費財が供給されると、消費財に対する多様性の思考が拡大し、所与の名目賃金に対し労働者（＝消費者）の実質賃金が増加する（前方連関効果）。それにより、消費者の購買意欲が高まり、多くの消費者が都市へ移住するようになり、都市での消費財の需要増大がさらに多様な消費財を生産する企業を誘引することになる（後方連関効果）。つまり、二種類の消費連関効果により、企業と労働者が集積するという循環的因果関係が形成される。

中間財の多様性についても同様で、中間財生産者と最終財生産者との空間集積が形成されると、

図3-2　多様性を通じた集積力とイノベーションの場の形成

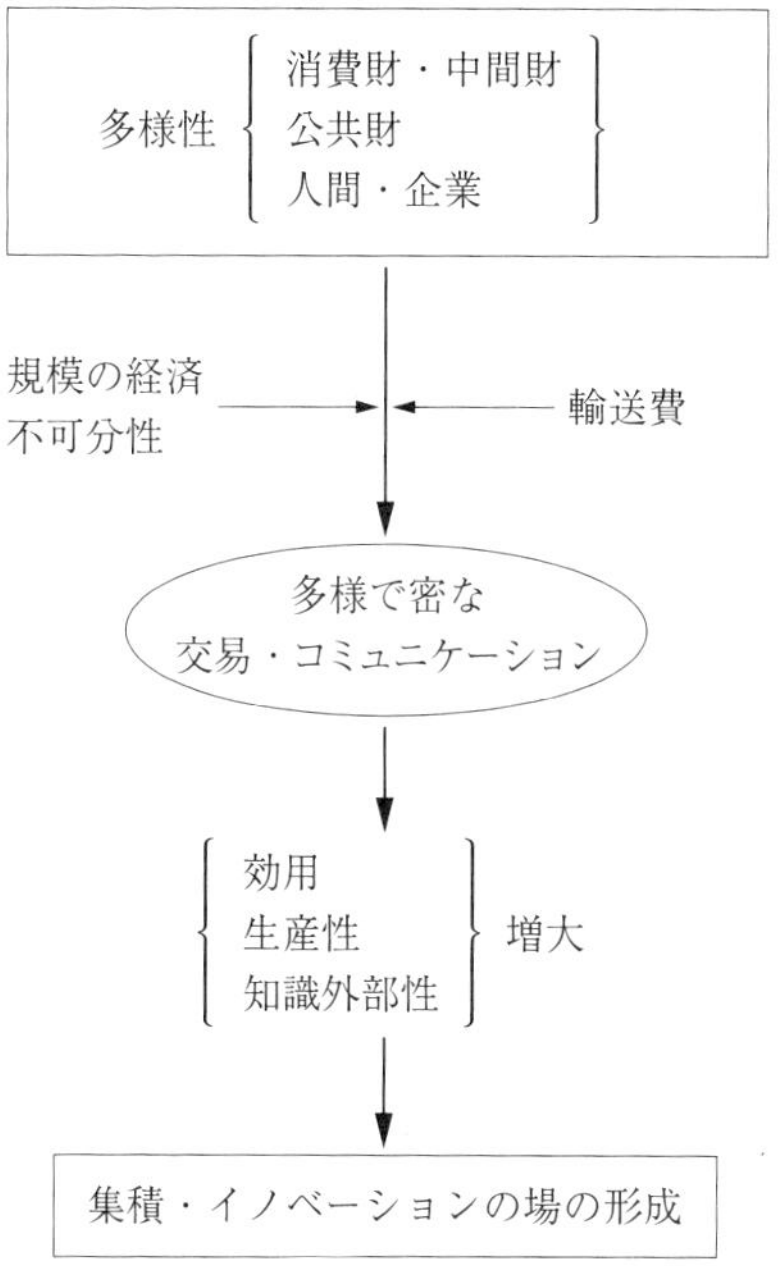

出典：石倉洋子他［2003］「日本の産業クラスター戦略――地域における競争優位の確立」

図３－３　循環的因果関係に基づく消費財生産者と消費者の集積

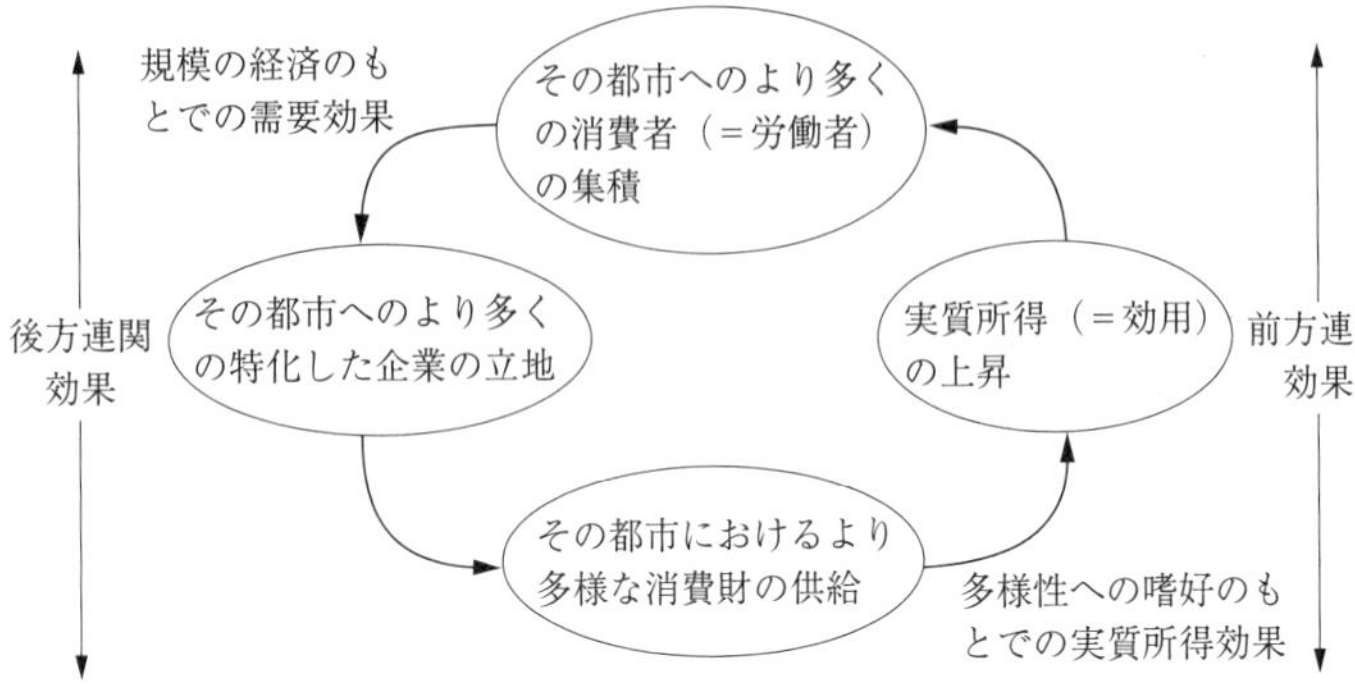

出典：同前

ある都市内地域における多様な中間財の供給が、それを用いる産業の生産性を上昇させ（前方連関効果）、より多くの企業を誘引する。一方、この中間財市場における需要の拡大も、より多くの中間財生産者を誘引する（後方連関効果）。この循環的連関効果により、中間財生産者とそれを用いる産業相互間の集積力が生まれる。この集積力は、地場産業や大・中都市における中枢管理機能の集積などを促進させる。

次に、人間の多様性を中心とするイノベーションの場の形成のメカニズムについて説明する。F to Fに基づくコミュニケーションは、特定産業の地域集積と地域レベルでのイノベーションの場の形成において大きな役割を果たす。

人間は生まれつき、あるいは学習により異質性（多様性）を認識するようになっている。ある都市において多様な人材とイノベーション活動のためのサポート活動が集積すると、人材の補完性及びサポーティング活動の補

図３－４　循環的因果関係に基づく最終財生産者と中間財・サービス生産者の集積

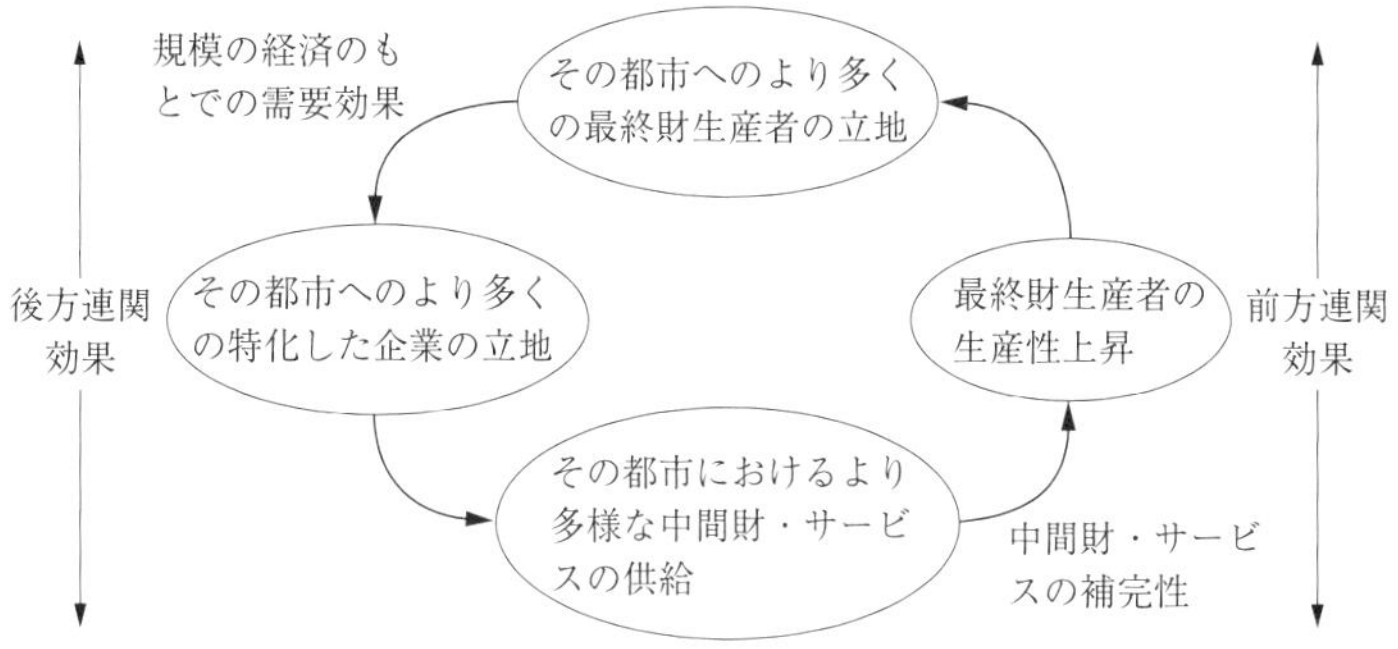

出典：同前

完性により、その都市におけるイノベーション活動の生産性が上昇し、より多様なイノベーション活動の集積が促進される（前方連関効果）。

多様なイノベーション活動の集積は、多様な人材と特化したサポート活動への需要を生み、その都市での多様な人材とサポート活動の集積がさらに促進されるという効果を生む（後方連関効果）。

この循環的連関効果は、労働力およびサポート活動の市場を通じて、市場取引の範囲を越えて引き起こされる知識外部性によって、さらに一層強化される。

つまり、多様な人材・知識労働者の集積は、情報・知識の集積を促す。そして、多様な知識労働者間のフェイス・ツー・フェイスによる情報・知識の双方伝達と創造活動が、都市におけるイノベーションや生産性の上昇に大きく貢献する。

特に、明確化された「形式知」と、ＩＴを用いて距離を越えて普及する「暗黙知」は、日常の生活圏を共通する都市（ないし地域）内部に対話を通じて蓄積され、ローカルな知識の蓄積がその都市固有のイノベーションの場を支える。

豊かな知識のストックを活用した、多様な知識労働者間の新たな知と知、知と技の組み合わせを通して、さらに新たな知と技が生まれると同時に、さらに豊かな「暗黙知」がそこに蓄積される。

（1）開放系に向かうダイナミズム

以上のように、生産活動と知的活動による知識の伝播は、産業や企業間の関係を徐々に変化させ、空間の中の集積パターンに影響を与えていく。こういった集積パターンにより、人間の思考パターンは自然に開放系に移行し、狭い地元の経済取引を超えて、遠い地域同士の暗黙知の交換も可能にするようになる。これがグローバル活動の本質である。

このように、財の多様性および人間の多様性に基づく集積形成のメカニズムは、相乗効果を及ぼしながら同時進行する。これによりさまざまな特徴をもつ都市や産業集積が形成され、成長していく。都市や産業集積は、地域固有の「知」の形成プロセスを生み出し、それを核として、地理的空間全体に交易とコミュニケーションの多重で密なネットワークを形成する。その結果、全体として一つの空間経済システムが自己組織化される。さらに、時間の経過とともに経済・社会環境の変化が漸次的に進行し、それぞれの集積及び全体としての空間経済システムが、相互作用を及ぼしつつ、ダイナミックに変化していく。

以上述べたような「知」のダイナミズムによって生じる、経済発展のパターンの違いは、都市の集積に影響を与える。多くの活動主体は、多様性ないし差別化を通じて、直接的な競争関係を軽減することができると同時に、近接立地によって全体としての補完性が上昇する。これにより地域の生産性逓増を達成することが可能になる。

図３-５　集積とイノベーションの場のダイナミズム

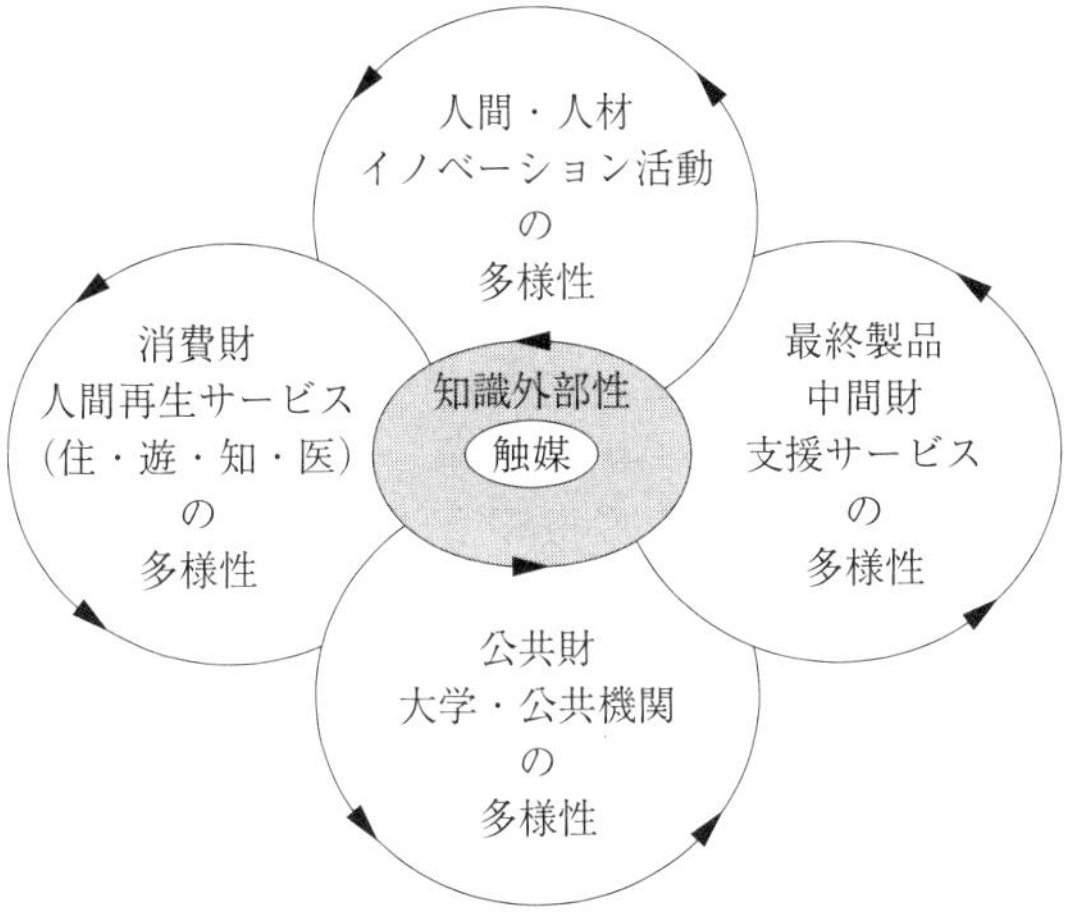

出典：同前

ただし、多様性に関しては、消費活動や産業活動のルーティン上の多様性と、人間およびイノベーション活動の多様性は異質なものである。前者による財や生産活動の補完性は、物理的特性に基づくものであり、同じ組み合わせを繰り返すと同じ結果が期待できる。

一方、多様な人間、特に、イノベーション活動を支える多様な知識労働者が一つの地域に多数集まり密なコミュニケーションを行うと、知識外部性の増大を通じて集積の効果が増す。ただし、メンバー構成が固定されていると、長期的にはお互いの密なコミュニケーションを通じて多様性がもつダイナミクスは時間とともに減少し、知識外部性は縮小していくプロセスに入る。

図3-6の(a)は二人の人間、iとj、がコミュニケーションを通じて（広い意味での）知識創造活動を行っている場面を模式的に表している。左の円K_iはiの知識の総体を表しており、右の円K_jはjのそれである。

(a)図において、二つの円が重なっている部分、C、は二人の人間の知識の重なっている部分、つまり、共有知識（common knowledge）を表しており、左のCK_iの部分はiの固有知識、右のCK_jはjの固有知識を示している。二人の共有知識を土台にして、二人のそれぞれの固有知識から適当と思われるものを順次に持ち出し、討論を通じて新しいアイデアを付加させる。このプロセスが新しい知の創造である。

この場合、もしも二人の間の共有知識が小さすぎると、創造的なコミュニケーションは困難である。一方、二人の共有知識が相対的に大きすぎる場合には、もともと二人が会う必要性が減少し、二人の間に生産的なコミュニケーションは期待できない。

従って、クリエイティブなコミュニケーションにとっては、適当な共有知識と、豊富な固有知識という組み合わせが必要である。このような創造的なコミュニケーションは、知識労働者が日常圏を共有している場合に効果的に作用する。したがって、多様な知識労働者が集積している都市においては、大きな知識外部性が生まれる可能性が高まる。

しかし、効率的なコミュニケーションは、長期的には知識労働者の間の共有知識の肥大化につながり減価する可能性がある。こういった都市では、共通知識の肥大化や老朽化を防ぐ方法を考える必要があり、次の二つの方法が考えられる。

一つは、各個人が、自分のコミュニケーションのネットワークを（その都市内および都市外におい

図3-6　コミュニケーションの場と知識の階層性

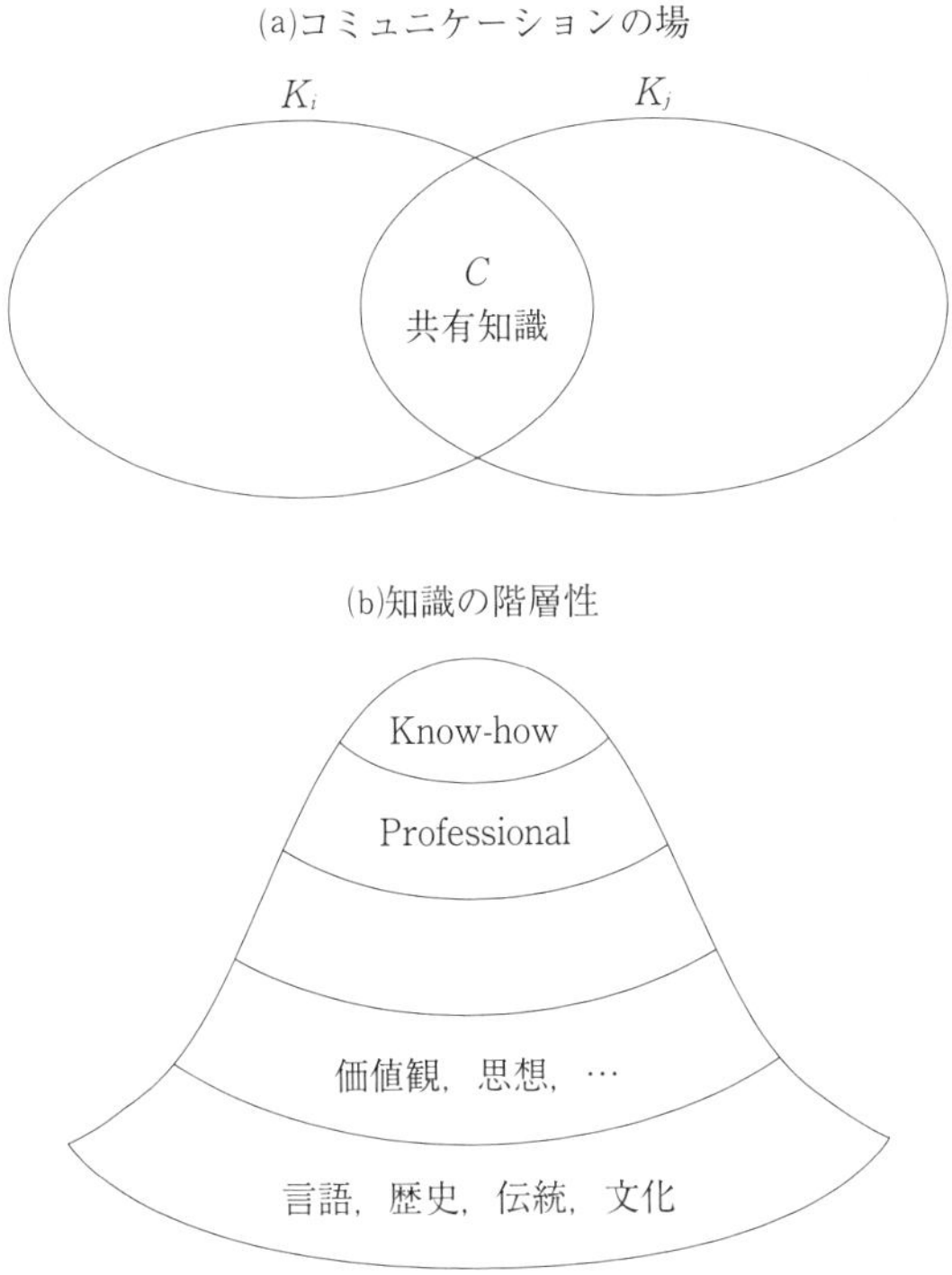

出典：同前

て）常に新たに積極的に開拓していく方法。もう一つは，他の（国内および国外における）都市ないし地域の間の知識労働者の流動を促進することを通じて，各都市における知識労働者のメンバー構成自体を継続的に変えていくことである。

以上のように，産業の集積がもたらすメリットや集積が発生するメカニズムに関する理論研究は数多くなされてきた。そこで，次章では知的クラスターという観点から，企業集積の特徴を実証的に分析するという試みを展開してみよう。

注

（1） 川島哲郎［1986］。

（2） もちろん主体の集中はメリットばかりでなく，デメリットも存在する。土地・住宅価格の上昇，交通混雑，ごみ処理等の環境悪化は集中を抑制する力となる。そして集中のメリットとデメリットが均衡するところで最適な都市規模が決まる。最適都市規模に関する理論と実証については金本良嗣［1997］，Kanemoto［1980］，金本，齊藤［1998］を参照のこと。

（3） クルーグマンの著作としては，巻末の参考文献に掲げた三著が有名。

（4） 竹内佐和子編［2003］。

（5） 鞍谷雅敏，遠藤幸彦［2003］。

（6） 国土庁［2000］。

（7） ＩＳＰの自前のバックボーンの新設・増強は基本的に経済原則に則って，需要の近くで行われていると考えられるので，実際にやり取りされる情報量のおおよその代理変数として捉えることができる。

（8） マイケル・Ｅ・ポーター著［1999］。

(9)　石倉洋子、藤田昌久、前田昇、金井一頼、山崎朗 [2003] 第六章。

第4章　知的クラスターの実証分析――丸の内エリアをケースにして

1　都市資産とエリア資産価値

都市の資産分析に、企業経営で用いられる「知的資産」を援用すると、都市の見えない資産（以下エリア価値）価値が視野に入ってくる。企業経営で用いられる知的資産というのは、将来の資産価値を上昇させることができる能力のことであり、のれん、ブランド、技術、ソフトウェア、知的財産権などが含まれる。

その論理を延長して、都市の資産価値を、エリア企業の社会的信用の集合価値および、地域に蓄積されている製造技術及び取引関係の総体を指すことにしよう。都市経営では、立地企業の企業価値の集合体が地域の将来価値を決定することから、それを増大することがその経営目標になる。

都市経営能力が高ければ都市空間の知的資産価値が高まり、新しいアイデアをビジネスに結びつけることが容易になる。これを都市環境の力とか〝場〟の力を高める力と言い換えることもできよう。(1)

そうなると、次にエリアの資産価値の良し悪しを判断する材料をつくる必要がある。つまりあるベンチマークをつくれば、それより優位かどうか、改善に向っているかどうかを評価することができる。その方法を以下で紹介しよう。第一段階は、都市エリアの産業構造と都市機能の多様性を知ることである。そのためにまず、エリアに立地する企業を産業セグメントと機能セグメントに分解し、その組み合わせを見る。次の段階で、地域内の企業同士のインタラクションの度合いを検証する。情報や知識の伝播力が強ければ、人々の交流度合いが強まり、近接性が移動時間を短縮させ、経済的メリットが生じる。

また近接性だけではなく、企業向け知的サポート体制や所得水準も大きな影響をもたらす。経済発展が進むと、都市の中心部では金融や法律サービス、情報通信サービスなどの知的活動部門の割合が上昇してくる。先進国、途上国を問わず、大都市の中心部には比較的高所得の知的エリート層が集まるオフィスや住宅が集中し、エリア所得が上昇する。そうなると、都市中心部では、生産活動よりも知的活動の変化に合わせた都市インフラへのニーズが高まってくる。また、大企業になればなるほど、情報の密度や情報の共有化、企業間連携の必要性が高まる。

そこで、本章では産業クラスターや知的クラスターのアプローチを用いて、エリアや都市の優位性を実証する方法論を提案してみたい。これまで、集積度の高い特定エリアには企業間の知的インタラクション効果や取引の増幅効果をもたらす要因があるのではないかという仮説はあった。しかし、こういったソフト面のメリットを顕在化させる手法の検討は十分ではなかった。つまり、あるエリアの不動産価格が、別なエリアよりも高い場合に、それをどのような要因によって説明できるのかという課題である。

このテーマを追求するために、東京中心部の丸の内というエリアをケースとして扱うことにしたい。もちろん、他のエリアの分析も同様の方法で行えば、違った優位性を導き出すことができる。丸の内をケースとして用いる理由は、世界の都市エリアと比較するのに十分な規模をもっていること、ここに立地する企業が東京で最も高いレンタルコストを支払っていること、地域の特徴を活用して、次世代のビジネス文化を創造するためのさまざまな挑戦がなされているからである。このエリアの高いレンタルコストはエリアの立地メリットや企業集積とどのような関連があるのだろうか。ここになんらかの合理性が見出せれば、大都市圏のエリアの地価の評価や中規模な都市の政策にも重要な示唆を与えることができる。

2　エリアの知的クラスター機能に関する基本認識

丸の内エリアの開発の歴史は一八九〇年、三菱社の二代目社長岩崎彌之助（一八八五〜九三年、在任）が政府から土地の払い下げを受けたことに端を発している。当初からオフィス街としての発展を目指し、現在でも三菱地所がエリア内ビルの大半を所有し賃貸するという点から、主要なプランナーが存在するというのが一大特徴である。

一方、知的クラスターとしては、丸の内エリアだけでなく、大手町・丸の内・有楽町という金融・商業地域を一つの集積範囲としてもっている。大手町・有楽町エリアを含めると、知的クラスターの検討対象エリアの面積は約一一〇ヘクタール、オフィス人口は約四七万人で、日本を代表するオフィス街である。以下、大手町・有楽町エリアも含めて「丸の内エリア」と呼ぶことにする。

ここで、丸の内エリアの都市機能を知るために、エリア企業の産業シェアを調べ、そこからなんらかの知的クラスター機能を抽出することにしよう。

手続きとしては、①エリア企業の産業シェアの算出のためにエリア全立地企業の統合リストを作成し[2]、産業シェアから都市機能の多様化の度合いを測る。②エリア企業の知的クラスター的機能を抽出し、対象企業を二六〇社に絞りこむことにより、エリアの特徴をさらに検証する。③エリアの生産誘発効果を見るために、産業連関表を作成し業種間の取引誘因を抽出し、地域内での取引誘発効果を時系列で調べる。これにより、都市の規模ではなく、新産業の創出度合いやインターアクションの度合いを調べる。

産業シェアの算出には、企業数やテナント数ではなく、各テナントの影響の大きさを[3]測るため各テナント面積を算出し、テナントの規模による指標を作成した。この指標により、エリア内におけるテナント企業の影響力や重要性を示すことができる。

3　産業構造に基づいた知的クラスターの特徴の抽出

エリアの産業構造は、エリアに立地する産業の集中度が高く、主要な企業が集中しているほうがエリアの競争力が拡大するという見方と、エリアの経済活動の水準を維持するためには多種産業が存在したほうがいいという見方がある。

エリアの持続性を考えれば、両方の要素が必要であり、他方で、産業転換の度合いを知るには産業構造がある程度分散しているほうが有利である。その分散が適度に生じていれば競争力が弱い分野から強い分野へシフトするダイナミックな動きを発生させることができる。

エリアの産業シェアは、テナントの構成によって知ることができるが、これはエリアの資産の持続性を高めるための資産配分の適正度をみるために活用できる。つまり、衰退産業の度合いが高まれば、地域全体の成長力が弱まり、逆に成長産業への転換が早ければ地域の成長力は維持できる。したがって、この産業シェア指標により、エリアの競争力がどのような産業の構成によって高まるのか、それが生産性の向上に影響するのかを見ることができる。これにより、クラスター形成のための都市政策を導き出すことも可能である。

こういった見方を再検討するために、テナント全社による産業構造を作成した。

エリアに存在する全二七〇〇社の産業構成からみると、金融機能が全体の約三割を占め、金融業

図4－1　全2700社の業種構成グラフ

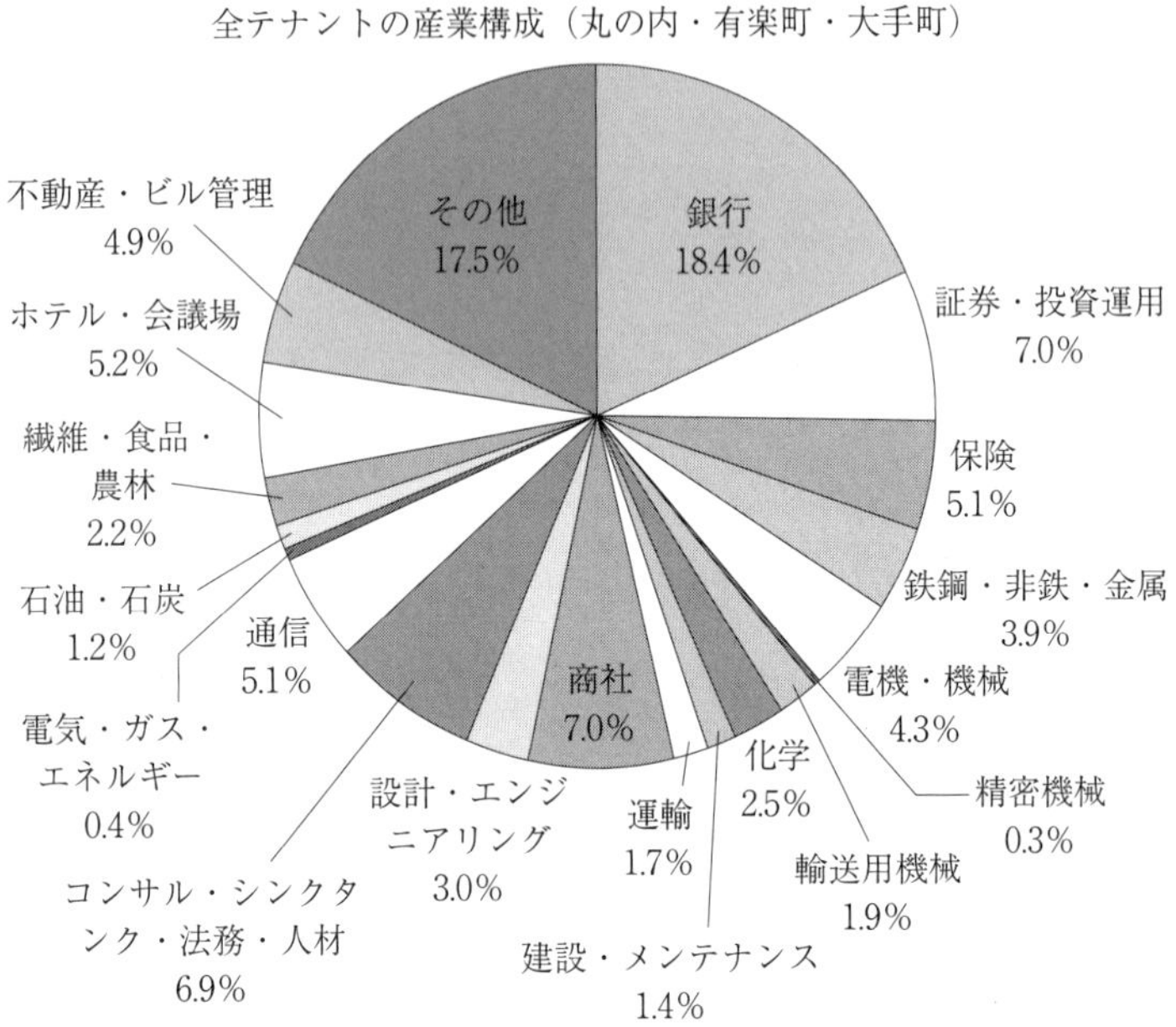

の集中度が高いというエリアの特徴が強く出ている。一方、商社やコンサルティング・法務会計機能などの知的サポート機能のウェイトが高く、金融と知的サポート機能という側面がエリアの二大特徴であることがわかる。こういった背景から金融業が衰退したときに、この地域に金融再生機能に関するオフィスが配置されるようになり、企業再生機能がさらに加わったという経緯はよく理解できる。

製造業では電機・機械、鉄鋼・非鉄・金属分野の比較的重工業系の本社機能の割合が高い。これらの本社機能には三菱グループとの関わりが関係しているが、それ以外の本社機能も多く存在している。そのことから、比較的大規模な製造業がこの地域に本社機能をおくことにメリットを見出していると類推できる。二六〇社というリーディング企業[4]による分析によると、製造業だけではなく本社部門の一部がこのエリアに置かれているという特徴があり、このエリア内では比較的規模の大きい企業の情報収集機能や、企業間連携のための仲介的な機能を果たしていることが類推できる。金融機能は、こういった仲介機能の一部を担う存在になりつつある。

以上の流れから以下の四つの機能を「知的クラスター機能」に分類した。

①本社機能→戦略的な企業間連携等を求める企業の経営機能、戦略実行、新規事業企画、広報・ＩＲ機能等。
②金融機能→Ｍ＆Ａ、企業再生、新事業融資、ＶＣ等の戦略的金融機能。
③知的サポート機能→法務・会計事務所、調査・コンサル等。
④企業創出機能→新会社設立、ジョイントベンチャーなど新規ビジネスの創出機能等。

知的クラスター化については、四つの知的クラスター機能に加えて、企業の動きを見るために、次の二つの評価軸を設定した。

①知的資産投資型のウェイトの変化→人材投資、技術、Ｒ＆Ｄ型への投資のウェイトが高けれ

図4-2　知的クラスター機能に着目したセグメンテーション

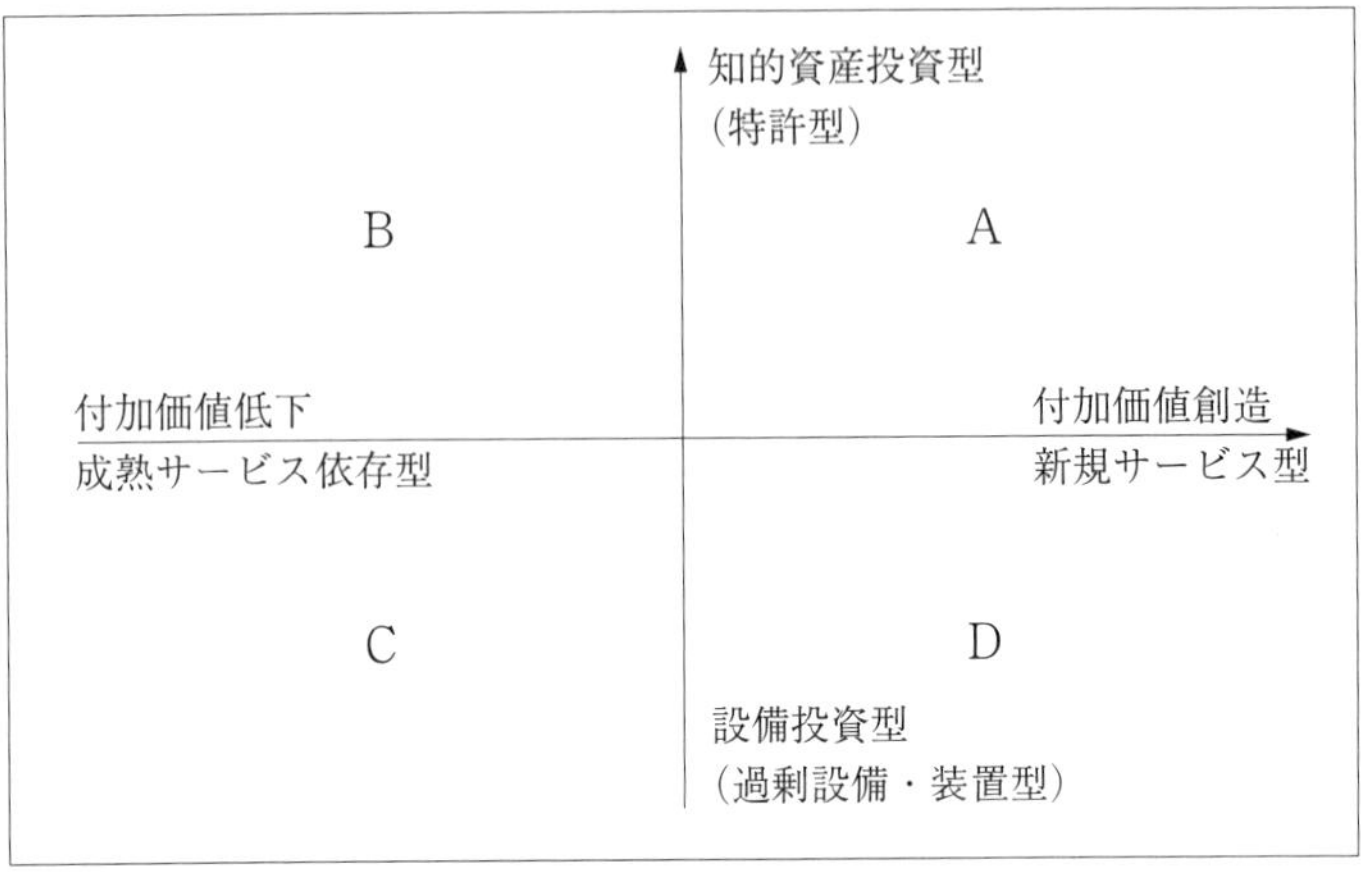

ば、継続的な成長を見込むことができる。他方、設備過剰型の場合には、ハイコスト型になる。

②付加価値創造型か付加価値低下型か→これは財務面からチェックが可能である。

これら二つの評価軸によりエリア産業をさらに四つのグループに分類し、この地域がどのような産業転換を目指していのかという未来戦略を抽出してみた。この分類では、知的資産投資のウェイトが高く、財務的にも付加価値が増大している状態の産業群がこのエリアの成長を引っ張ることになる。この成長要因がどの程度強いかによって、エリアの成長度合いを予測することができる。下記の表では、ＡＢＣＤのうちＡ分類が大きいほうが望ましい。

産業分類には通常の日本標準産業分類では範囲が広すぎるので、都市型産業にあてはまるような独自の産業分類項目を作成し、それらを上記の四象限のカテゴ

表4-1　4つの企業カテゴリー

グループ	説明	該当業種
A	知的資産への投資が活発で，かつ付加価値創造に寄与する産業	証券・投資運用，精密機械，輸送用機械，化学，設計・エンジニアリング，研究・調査・コンサルティング，人材，通信サービス
B	知的資産への投資が活発ではあるが，いまだノウハウが老朽化し，付加価値が低下している産業	電機・機械，建設・メンテナンス，運輸・倉庫，商社・貿易・卸売
C	成熟型産業だが，今後付加価値の増大が期待される産業	銀行，保険，その他の金融，鉄鋼・非鉄・金属，電気・ガス・エネルギー，石油・石炭，繊維・紙・農林・水産・食品
D	無形資産よりも有形資産への投資が多くなされ，有形固定設備依存型のため十分な付加価値を生み出すことができない産業	（なし）

リーに分類してみた。その結果が次の表である。これにより、次世代産業への転換の度合いを見ることが狙いである。

知的クラスター機能の二つの評価軸（知的資産投資型／有形資産投資型、付加価値創造型／付加価値低下型）の二つの軸で丸の内の二六〇社のリーディング企業の動きを見ると、Cグループのウェイトが下がり、Aグループへのシフトが進み、テナントのウェイトの移行がかなり急速に進んでいることがわかった。これにより、ハイコスト型企業から、付加価値創造型企業への転換が進みつつあることがわかる。つまり、このエリアの産業の動きが日本全体の産業の

表4－3　独自の分類

独自の分類
銀行
証券，投資運用
保険
鉄鋼，非鉄，金属
電機・機械
精密機械
輸送用機械
化学
建設・メンテナンス
運輸
商社
設計・エンジニアリング
調査・人材
通信サービス
電気・ガス・エネルギー
石油，石炭
繊維・紙・農水・食品
ホテル，会議場
不動産・ビル駐車場管理
その他

表4－2　日本標準産業分類

日本標準産業分類　大分類（H14.3改訂）
農業
林業
漁業
鉱業
建設業
製造業
電気・ガス・熱供給・水道業
情報通信業
運輸業
卸売・小売業
金融・保険業
不動産業
飲食店・宿泊業
医療・福祉
教育・学習支援業
複合サービス事業
サービス業（他に分類されないもの）
公務（他に分類されないもの）
分類不能の産業

図4－3　全テナント（約2700社）対象から得られる将来へのエリア戦略

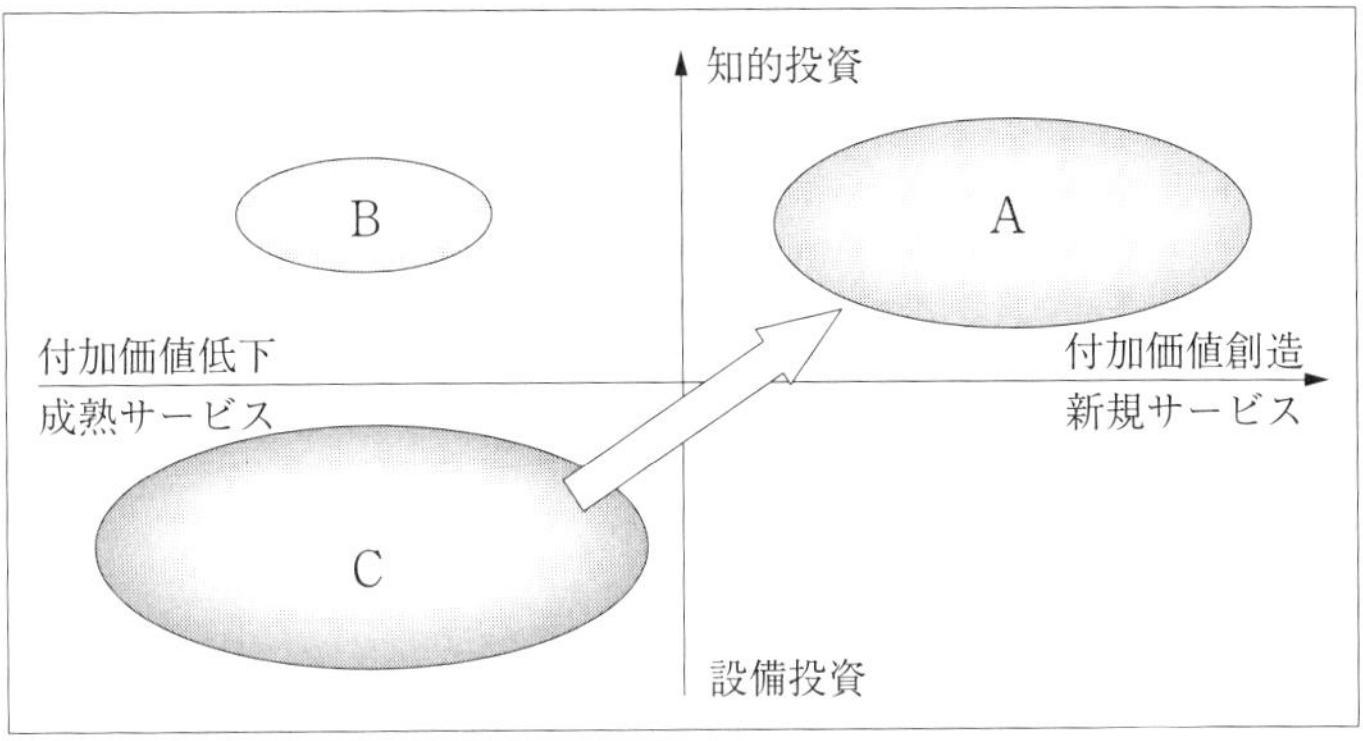

動きを知るひとつの基本パターンを示していることになる。

(1) 丸の内企業産業・企業連関調査

次は、知的クラスター機能が、エリア内の企業間取引にどのような影響を与えているかというという点を検討する。そこで、①エリア企業の産業連関表の作成と企業間連関取引数の推移の調査、②取引拡大誘引要因の抽出、③移動時間コスト削減（フェイス・トゥ・フェイスの必要性）効果の検討などを行った。

①の企業間連関調査については、データとして、企業間、事業部門間で発生した新規事業の立ち上げ件数、および取引金額（資本出資が中心）を用いた。企業連関には、企業間連携と新規事業の創出のケースがあるが、最近では事業部門ごとで新規事業を立ち上げるケースが多いため、事業単位の創出を取引連関効果の中に入れることにした。

②の取引拡大誘引の要因としては、企業間連携の際のキーワードを用いた。

表4-4　連関カテゴリー分類のためのキーワード

セクター	銀行		生保		損保		メーカー	
バリュードライバーとなるキーワード	顧客サービス	対個人	顧客サービス	資産管理	リスク管理・診断	食品	テクノロジー・新技術	
		対法人		コンサルティング		土壌汚染	情報化・セキュリティ	
	消費者ローン			オンラインサービス		建物・施設	環境エネルギー	
	証券化			契約管理		企業	エンターテイメント	
	システム開発		年金	従来型	福利厚生		海外生産拠点	
	ATM・支店共同化			確定拠出型	財産管理		事業再編	分社化
	事業再編		福利厚生	法人	メディカル・サービス			統合
	出資・支援			個人	介護サービス		その他	
	その他		ATM・支店共同化		システム共有化			
			事業再編		事業再編			

丸の内では、金融機関が近接性（エリア内）を重視し、製造業はむしろ海外への進出度が高いという点が明らかになっている。

これらの抽出されたキーワードは、各業種ごとの新規ビジネスの動向を示し、大きく分けると、環境エネルギー分野、医療福祉系、パーソナルファインナンス系などが規制緩和分野にリンクしながら、成長分野として成長していることがわかる。

次にサービス産業群の集積による取引効果をみるために、情報流通効果を通じた取引拡大に着目し、次のようなサンプル企業を選定(5)した。

以上抽出した企業の過去数年の調査結果をもとにエリア産業連関表を作成すると(8)、いくつかの傾向がつかめた。①同業種間の連関発生数が圧倒的に多い、②設計・エンジニアリング業が多様な業種との連関を行っている。前者は、産業集中度が高いことがこういった変化を発生する要因になっていること。後者は、金融

表 4－5　調査対象企業一覧(6)

業種	調査企業
銀行	みずほ銀行，東京三菱銀行，UFJ 銀行，三井住友銀行
証券	UFJ つばさ証券，大和證券，みずほ証券
投資運用(7)	ニッセイアセットマネジメント，第一勧業アセットマネジメント，東京海上アセットマネジメント投信
保険	第一生命保険，東京海上火災保険，明治生命保険
鉄鋼・非鉄・金属	新日本製鐵，NKK，古河電気工業
電機・機械	三菱電機，富士通，日立製作所
精密機械	ニコン，インテル
輸送用機械	三菱重工業，石川島播磨重工業，豊田自動織機
化学	三菱マテリアル，日本ゼオン，三菱化学
建設	(なし)
運輸・倉庫	日本郵船，近鉄エクスプレス
商社	三井物産，三菱商事，丸紅
設計・エンジニアリング	NTT データ
調査・コンサルティング	野村総合研究所，三菱総合研究所
通信サービス	NTT コミュニケーションズ，KDDI，東日本電信電話
電気・ガス・エネルギー	(なし)
石油・石炭	出光興産
農林・水産・繊維・食品	マルハ，日本製紙，三菱製紙

表 4 - 6　丸の内産業連関表

	↓ （ ）内は調査対象企業数	取引先の業種：銀行	証券、投資運用	保険	鉄鋼、非鉄、金属	電機・機械	精密機械	輸送用機械	化学	建設・メンテナンス	運輸	商社・貿易・卸売	設計・エンジニアリング	研究・調査・コンサル	通信サービス	電気・ガス・エネルギー	石油，石炭	繊維・紙・農林・食品	ホテル・会議場	不動産・ビル駐車場管理	その他
丸の内企業の業種	銀行（4）	71	29	31	1	3	0	1	1	16	4	6	3	11	1	2	1	1	0	9	14
	証券，投資運用（6）	50	52	8	0	0	0	0	0	0	0	2	1	7	2	0	0	0	0	1	3
	保険（3）	12	9	38	0	7	1	0	0	1	0	1	14	11	0	0	0	0	0	0	5
	鉄鋼，非鉄，金属（3）	1	1	0	50	15	4	5	9	2	0	7	8	0	2	2	4	1	0	0	23
	電機・機械（2）	16	7	3	6	199	45	19	28	7	1	15	238	21	38	6	5	5	0	1	47
	精密機械（2）	0	1	0	0	23	3	1	1	0	1	0	18	5	2	0	0	0	0	1	7
	輸送用機械（2）	0	0	1	8	17	1	29	2	0	6	11	3	2	0	6	1	1	0	0	17
	化学（3）	0	0	0	2	25	4	1	61	4	0	5	2	0	1	0	3	6	0	1	6
	建設・メンテナンス																				
	運輸（2）	0	0	0	0	0	0	0	0	0	4	0	0	0	0	0	0	0	0	0	2
	商社・貿易・卸売（3）	3	2	1	6	7	0	1	3	0	2	13	25	7	7	4	1	5	0	1	21
	設計・エンジニアリング（1）	5	1	0	0	11	2	1	3	10	0	5	33	12	7	1	0	3	0	4	18
	研究・調査・コンサル（2）	2	1	1	0	6	0	0	0	1	0	0	18	3	2	0	0	0	0	0	7
	通信サービス（3）	11	1	3	1	32	0	3	0	3	5	14	53	5	68	1	0	0	0	1	47
	電気・ガス・エネルギー																				
	石油，石炭（1）	0	0	0	1	3	0	0	2	0	0	2	0	0	0	0	4	0	0	0	3
	繊維・紙・農林・食品（3）	0	0	0	0	0	0	0	3	0	0	3	1	0	0	0	0	5	0	0	1
	ホテル・会議場																				
	不動産・ビル駐車場管理																				
	その他																				
	総計	2108																			

表4-7　丸の内企業平均連関企業数ランキング

順位	企業名	連関企業数／年
1	富士通	77.5
2	日立製作所	51.7
3	NTT コミュニケーションズ	38.8
4	三井住友銀行	33.9
5	大和證券	33.0
6	東京海上火災保険	32.3
7	三井物産	25.9
8	NTT データ	25.5
9	UFJ 銀行	22.1
10	三菱電機	20.7
11	三菱化学	18.1
12	みずほ銀行	17.3
13	KDDI	15.2
14	東京三菱銀行	14.8
15	三菱重工業	13.1
16	ニッセイアセットマネジメント	12.6
	平　均	12.6
17	UFJ つばさ証券	12.0
18	第一生命保険	12.0
19	新日本製鐵	11.1
20	インテル	11.1
21	三菱マテリアル	10.8
22	第一勧業アセットマネジメント	10.8
23	古河電気工業	10.7
24	石川島播磨重工業	10.5
25	丸紅	10.3
26	野村総合研究所	7.0
27	三菱商事	6.8
28	東日本電信電話	6.4
29	豊田自動織機	3.9
30	明治生命	3.7
31	NKK	3.5
32	出光興産	3.3
33	日本ゼオン	2.4
34	東京海上アセットマネジメント投信	2.2
35	ニコン	2.2
36	みずほ証券	2.1
37	三菱総合研究所	2.0
38	日本郵船	1.3
39	日本製紙	1.3
40	三菱製紙	1.1
41	マルハ	1.0
42	近鉄エクスプレス	0.7

表4－8　1999年以降の平均連関企業数

金融業	12.3
製造業	14.0
金融以外のサービス業	12.3

図4－4　年平均連関企業数の推移

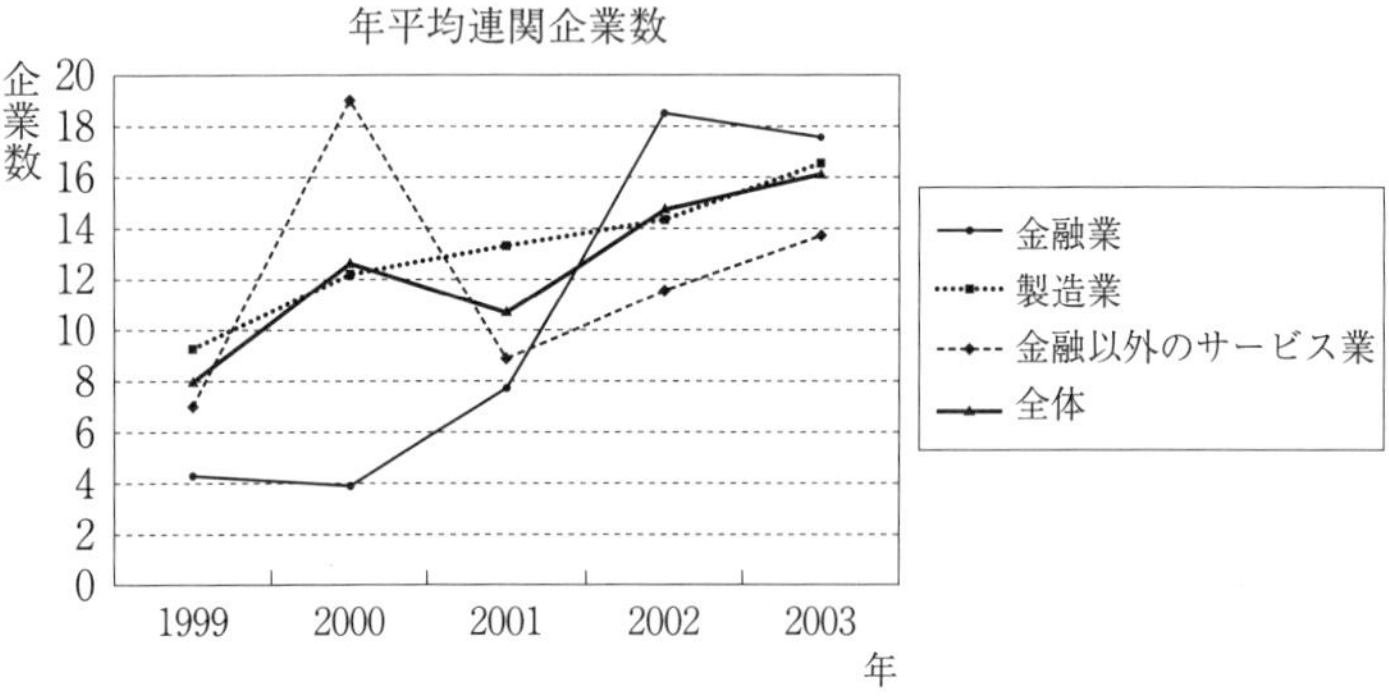

決済サービス機能の強化を図るため企業がシステム開発を行っていることと関連があると推察できる。

企業ごとの平均連関企業数によると、①一六社のうち、七社は金融業であり、金融業の合従連関は他の産業に比べて活発である、②富士通(9)など通信系企業、サービス業全般で一九九九年以降増加傾向にある、という流れがつかめる。以上の流れから、産業構造転換を目指した取引が当該エリアで活発に発生していると考えられる。

次に企業間取引の特徴を知るために、企業間と同開発のように将来志向型か、債権放棄・金融支援などの過去清算型の分類を行った。連関内容を、新規投資発

図4－5　分類イメージ(10)

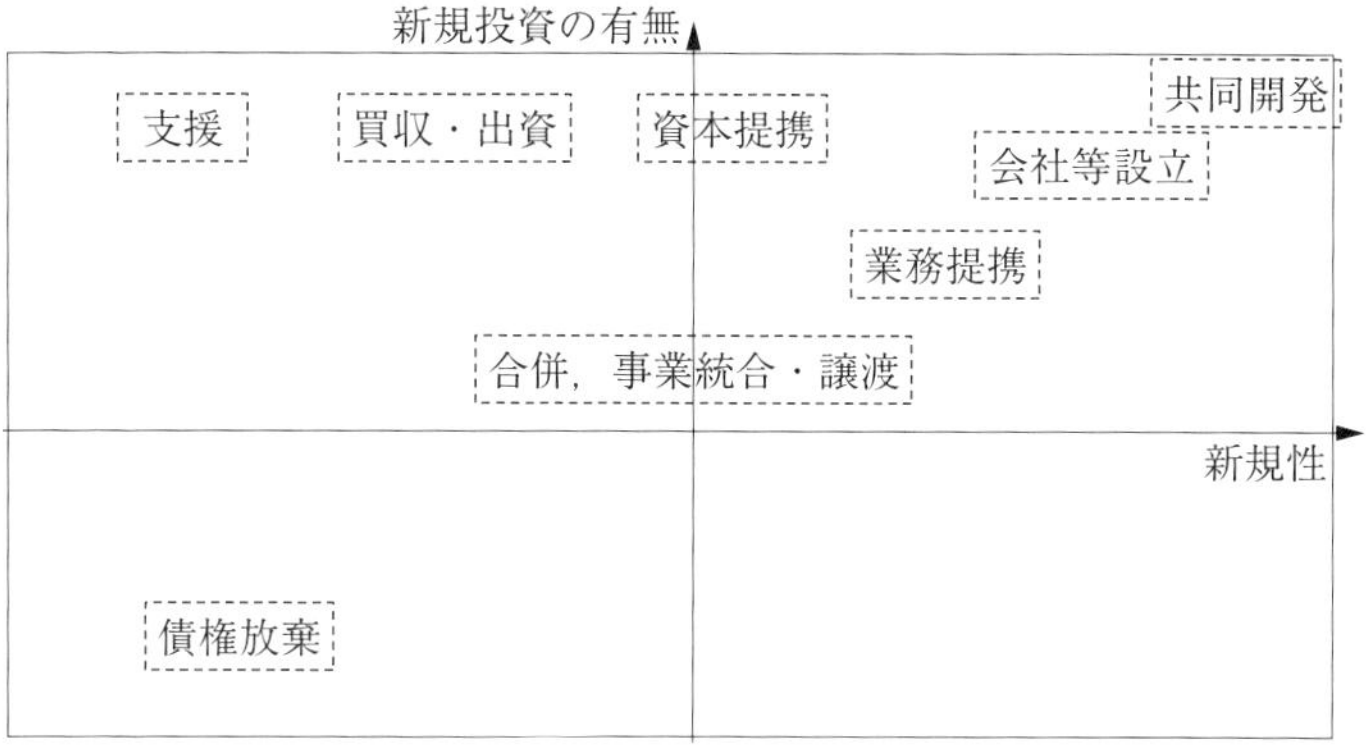

分類	項目（例）
共同開発	新技術開発，新サービス開発
業務提携	提携，規格化・仕様統一，クロスライセンス，協業
会社等設立	新サービス・製品提供のための会社設立
資本提携	役員の派遣等による関係強化
合併・事業統合・譲渡	効率化・経営改善を図るための部門売却
支援	主に金融機関から企業への出資
買収・出資・株式取得	有望な技術への出資，企業買収
債権放棄	

生あり／なし、新規性あり／なしの二つの軸によって図のように分類し、その内容とトレンドについて考察した。これにより、エリアの産業連関の特徴を知ることができる。分類イメージは下記のような形で分類した。

新規事業の発生状況は、Ａ（企業－企業間レベル）、Ｂ（事業部門－事業部門間レベル）、Ｃ（プロジェクト－プロジェクト間レベル）の三つに仮分類し、金融機関とメーカーのビジネス上の関心の違いにも留意した。これによると、エリアの金融業の連関件数は金融業全体で一九〇件にのぼり、効率化目的の業務提携が活発に進んだことがわかる。一方、製造業の連関件数は二社合計で一〇〇件起こっており、共同開発や会社設立に向けた動きが見られ、製造業部門でも新規投資型が多く発生していることがわかった。(11)

こういった金融業と製造業の連関の特長を、他エリアの製造業において調べてみると（サンプル企業は、キャノン、ソニー、東芝）、金融業では製造業よりも効率化型とリストラ型の業務提携の占める割合が高いのに対して、製造業の方が新規事業へのシフトが進んでいることがわかる。この傾向は、エリア特有の現象ではなく、(12)金融再編の流れを受けて発生したものであり、その流れはエリアの動きに顕在化していると想定される。

〈連関取引と近接性の関連〉

それでは、企業間取引と近接性がなんらかの関係があるかどうかを次に見てみよう。企業が新規

図4-6　金融業および製造業における連関パターン

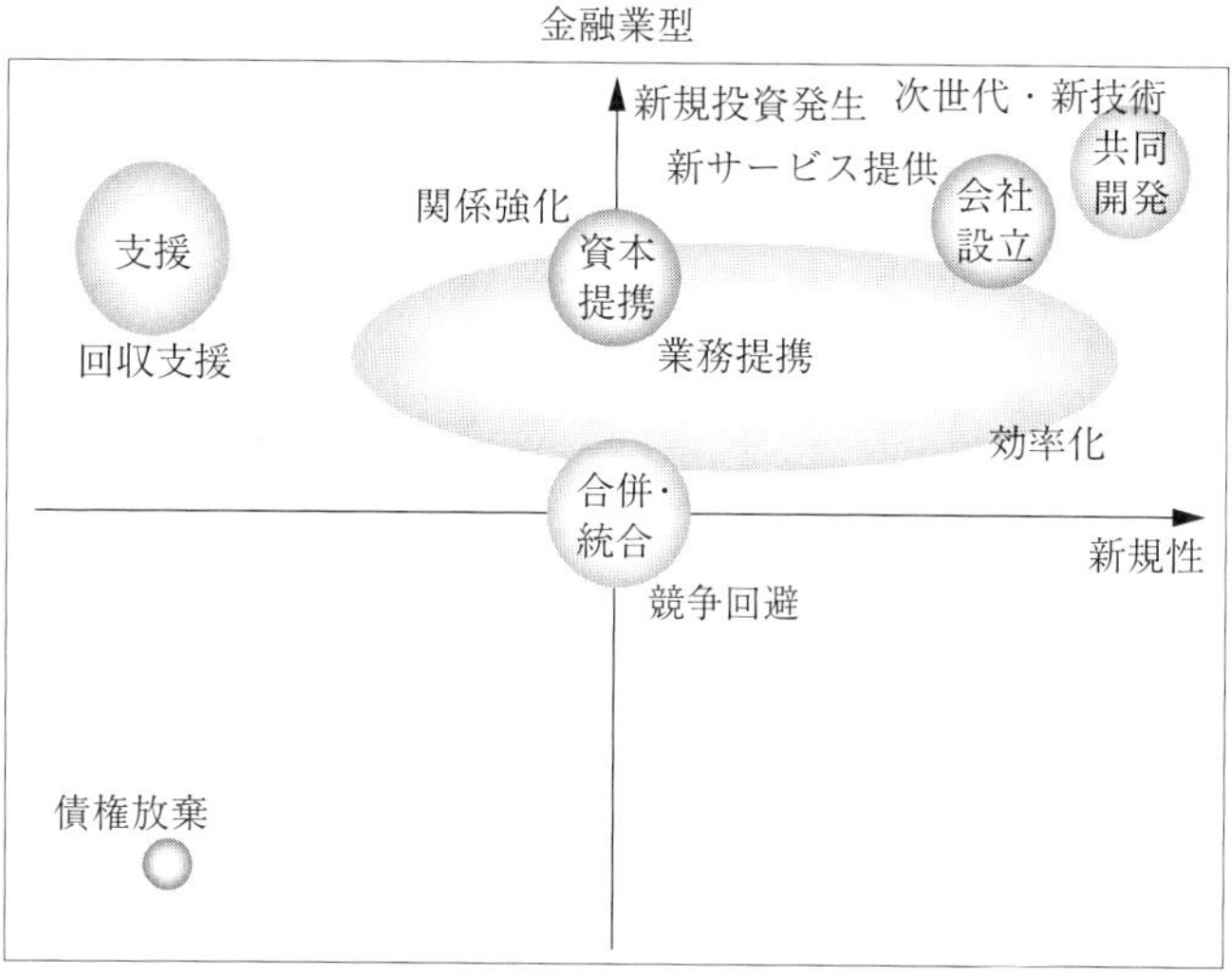

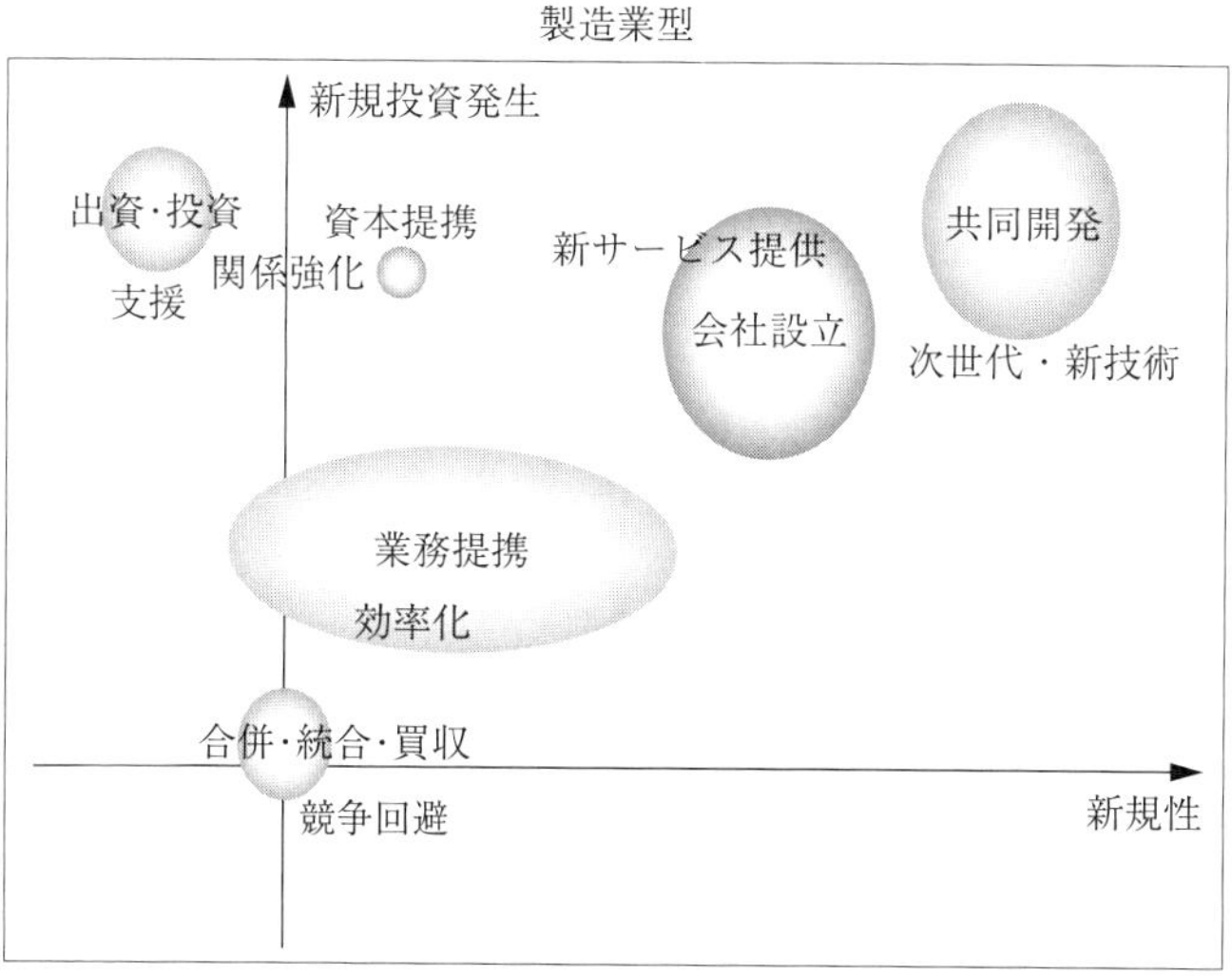

の立地場所を決めるに当たっては、交通インフラや取引先との距離、市場への近接性、原材料等の入手の便、大学などの研究機関の集積など、立地場所をめぐる様々な要因が考慮される。

そこで、連関取引が近接性とどの程度結びついているかどうかを分析するために、取引当事者である企業の本社所在地を近接性の度合いによって六グループに分類した[13]。これはコアエリアと周辺の距離を目安に分類したものである。

これにより、①金融業の連関先が丸の内エリアに所在し、ほぼ半数が千代田区・中央区・文京区の近隣地域に所在する、②非金融業の連関先は丸の内エリア内よりも海外に所在する場合が多く、約二割が海外に所在している、という傾向が表れた。つまり、金融業では製造業に比べると近接性が重要であり、実際に会合を開いて何かを決めるというフェイスツーフェイスの情報収集の度合いが高く、それが立地要因と関係があることがわかった。それに対して、製造業では生産システムのグローバル化と共に、決定機能が分散しているために、こういった会合型の意思決定方式がそれほど重要でないと類推できる。

つまり、金融業はエリア内および近隣地域で活発に企業間取引を行い、当該エリアは金融業を中心とした知的クラスター型であると結論づけることができた。

(2) 知的生産性を上げる戦略――ヒューマンバリュー創出への挑戦

以上見てきたように、エリアの特徴を知るにはさまざまな作業が必要である。エリアの活動の形態は突然に変化するわけではなく、構造的な変化が常に発生している。こういった変化をどのように捉えるかという点が今後の都市政策の一つの選択肢になるだろう。つまり、都市政策は業種転換や企業価値創造に対して、影響を及ぼすものでなければならず、都市内の公共事業への投資などに限定されるものではないということである。

また、さらに忘れてはならないのは、知的クラスターに必要な要件が、エリアに立地する企業あるいは従業員が世の中のトレンドをどう切り取り、ビジネスのみならず消費スタイルの変化、生活の楽しみ方をどう演出しようとしているかという点である。それをエリアの特徴として育てていこうという文化戦略が重要である。オフィス誘致という発想には、この点が欠如していることが多いが、生活スタイルの提案といった分野が、知的クラスター形成の必須項目になりつつある。ジェイコブズが指摘したように、オフィス機能が発展するために、観光、ショッピング、アトラクションなど、オフィス機能と直結してはいない機能、つまり、外からの集客力を高めることが重要だという教訓は今でも有効である。

次に、知的クラスターの育成のポイントは知的生産性をどう高めていくかということである。それには人と人とのインターアクションの創出が重要である。丸の内エリアの場合には、意識的に人々の出会いを演出するさまざまなオープンスペースを設けたことが、エリア文化の創出に大きな影響を与えたように見える。大きなブロックで仕切られた丸の内エリアは、人が自然に出会う商店街のような溜まり場、つまり界隈性が十分に従来確保できなかった。その弱点は、丸ビルのオープンを皮切りに設けられたイベントスペース、集客スペース、飲食スペースによってかなり克服された。エリア内のビジネスマンが容易に出会うことができるようになり、また地方からの出張者など丸の内エリア以外からの訪問者の関心を引くことに成功した。

著者が、ここ数年丸の内エリアを調査していて感じることは、この地域にはプロデュース機能が備わっているという事実である。人との出会いやビジネス創出の動機は、組織力だけではなく、個人的魅力や斬新なアイデア、新しい事業への挑戦というヒューマンバリューに大きく左右されるようになっている。そういった変化を嗅ぎ取って、エリア文化を創出することによって、他の地域との差別化が可能になる。

街というのは本来「磁場」のようなもので、外の世界からの情報を吸収し続け、それがまた街の中でブレンドされ、醸成されることによって、独特の文化に仕上がっていく。それが場の雰囲気となって人々の記憶に残っていく。だからこそ、「場」を運営していくには特別の方向感覚を備えたプロデュース機能が必須である。

他方、このエリアには、ジャーナリズムに代表される情報編集機能、政策の方向性を決定していく会議機能が存在し、時代の方向感覚を作り出す機能が備わっていたことが強みである。しかし会議場などの物理的な会議スペース提供だけではエリアの活性化を維持できない。その点は新たに国際的ホテルの進出が相次いだことにより、この地域に人々が集まるのではなく、人が滞留するという滞在機能が加わり、それが頭脳の動きを刺激する高質の知的環境の創出に役立っている。都市的な「知」の生産性という領域があるとすれば，情報だけではなく，訪問した場所に滞在したときに何かビジネスが発展するというような経験によって形成されていくだろう。

町や場の雰囲気というものは，そこで対話をしたり，ビジネスの相手と取引した経験によって確実に記憶されていく。ヨーロッパの広場でよく見かけるカフェ空間もそれであり，丸の内でも同様である。カフェや，音楽会や落語や映画などのさまざまな文化の演出が生活の「質の良さ」というものを提案し，ヒューマンバリューを作り出していく。健康・環境・サステイナビリティーといった一見無味乾燥な用語もここでは，ハードなインフラとして議論されるのではなく，新規の事業開発のなかで議論されるようになっている。

先進国の都市を巡ってみると，都市の魅力が洗練された文化的先進性と次第に結びついているということを実感する。中世の雰囲気や歴史的に作られた過去の遺産もそれが新しくリニューアルされた空間と組み合わされることによって街の魅力を作り出している。人間が持っている芸術性と知力によって未来を演出するという作業こそが，今後の都市政策の核となっていくだろう。同時に，都市の知的引力を作り出し，それを運営するという作業，これが今後の都市政策のもっとも難しい領域である。

注

（1）東一眞［2001］において，著者は，現在のパーソナル・コンピューターを支える基本技術のほとんどを開発したゼロックスが、なぜパソコン市場の覇権を握れなかったのかを興味深く記している。西海岸に設立したパロ・アルト研究所と東海岸にあった本社の間の〝距離〟こそ、まさにその原因だったという。本社は研究所の開発した技術の革新性、将来性を見抜けなかった。シリコンバレーはまさに〝パーソナル〟に扱えるコンピューターを待望する空気にあふれており、ゼロックスの新技術の意味を十分理解していた。実際、同研究所を訪れた一人の青年はその技術を利用し自前のパソコンを作り上げた。それがアップル社のマッキントッシュとして結実したのである。

(2) 住宅地図(ゼンリン発行)をもとに、丸の内・大手町エリアの総合テナントリスト(約二七〇〇社分)を作成。産業のウェイトには面積ウェイトを用いて、産業別・企業別ポートフォリオを作成。

(3) ウェイト付けの詳細な手続きは以下の通りである。三菱地所所有ビルのテナントについては、各ビルの基準階床面積を調査、この値に住宅地図(ゼンリン発行)により確認したテナント占有階数をかけた。三菱地所所有ビル以外のテナントについては、住宅地図上で地所所有のビルの外形線を測定し、ビルの外形線から求められる一階分面積を算出した。

(4) 面積基準により上位一〇企業を抽出し、知的サポート機能として重要な法律・会計事務所と交流機能を果たすホテル・会議場もリーディング企業は特例として含めた。

(5) サンプル企業を抽出し、時系列的には一九九九年から二〇〇三年までの取引を第一段階として設定し、規模は資本出資金額と、件数の両者によって把握することにした。①の外形的条件のみではなく、影響力条件を設定し、二〇業種内の面積上位三位以内、本社機能の存在の二つの条件を設定した。以下は、業種別の調査対象企業である。

(6) 上記①、②の条件を満たしていても、HPから情報入手不可能な企業(二〇〇三年時点)は除外。連関情報は、各企業ホームページのプレスリリース・コーナーより、一九九九年一月以降に行ったM&A、業務提携等の合従連携をピックアップした。ただし、一九九九年からデータが公表されていない場合は、得られる限りのデータを収集した。また、投資運用会社三社については、株式会社トーキョー・インベスター・ネットワークのＨＰ（http://www.toushin.com/news/index.html）を利用した。

（7）業種分類では証券、投資運用を同一分類だが、証券、資産運用からそれぞれ面積上位三社を選定した。

（8）〈連関企業数と連関件数の区別〉連関企業数とは企業が合従連携を行った企業数、連関件数とは企業が合従連携を行った件数である。企業により情報開示年数が異なるため、一年当たりの平均連関企業数を用いた。業種間の比較には一企業、一年あたりの平均連関企業数を用いた。

（9）富士通はＲ＆Ｄ部門を富士通研究所（連結子会社）として分離させているため、新技術等の開発は富士通研究所との共同開発として合従連携にカウントされたことが影響している。

（10）1　共同開発↓次世代技術などを新たに生み出す新規投資型。

2　業務提携↓事業の効率化が目的。技術供与、販売権供与を含み、対等な関係が多い。

3　会社等設立↓新ビジネス・サービスを提供する。実用段階にある技術を利用するため、共同開発よりは新規性が低いが、業務提携よりは投資額が高くなる傾向がある。

4　資本提携↓株式取得に伴い、役員の派遣等を行う。

5　合併・事業統合・譲渡↓事業のスリム化のために行う。

6　支援↓金融機関が債権回収のために行う。新規投資は発生するが、新規性はない。

7　買収・出資・株式取得

8　支援と類似の位置づけであるが、有望な技術を有する企業への出資等も含まれる。

9　債権放棄

（11）サンプルとして三菱電機、古河電気工業を選定。

（12）共同開発が増加すると他社への技術依存度が強まり、経営資源が外部依存型になり、差別化が弱まる。したがって、キヤノンのように他社へは依存せず独自に研究開発を進め、付加価値を創造する企業も存在する。

（13）(i)取引先が各企業の連結範囲内企業である場合。

(ii)取引先本社が丸の内エリア（テナントリストを作成した範囲）にある場合。
(iii)取引先本社が(ii)以外の千代田区、中央区、文京区にある場合。
(iv)取引先本社が(iii)以外の二三区にある場合。
(v)取引先本社が(iv)以外の国内にある場合。
(vi)取引先本社が海外ある場合。

連結子会社であれば立地場所にかかわらず連携を行うと考えられるため、(i)の分類を設けた。(iii)は丸の内の近接地域という位置づけで、千代田区に隣接する区の中から、新宿・六本木などの競合地域を含む新宿区、港区を除外した。

第5章　都市政策の単位の拡大とネットワーク経営

1　都市政策の単位の拡大――都市圏規模のインプリケーション

社会インフラの利用効率は、地域経済の活性化度合い、つまり地域の経済活動がどの程度集積しているかに依存する。この集積度には、人口の集積、産業の集積、一定業種の集積などが含まれる。しかし、二一世紀の都市政策にはこれに知的集積の育成という大きな課題が加わることを忘れてはならないだろう。都市はもはや規模で争う次代ではなく、産業間のシナジーや知的労働者たちの生産性という指標によって争う時代になっている。都市の規模もそうした質的な観点を加えて検討する必要がある。

産業の多様化と都市の規模についても同様で、都市の人口規模が一〇〇万人の規模を超えると、製造業とサービス産業が同時に発展していくようなシナリオを作れる。一方、都市の規模がそれほど大きくなれば、特定の製造業を集積させることによって、同業種内部での企業間の競争を促したり、企業間の協力を推し進める戦略を支援する政策を取ることができる。

ただし、産業構造の変化が早い場合には、特定業種だけに偏っていたのでは、産業の成長と衰退の影響を直接的に受けやすい。異なる産業の間のシナジーを生じさせるために、特定業種が集まる都市地域同士が連関効果を高めるような都市間ネットワークを形成すれば、地域の持続性がさらに高まるだろう。また、都市エリア内で発生する社会的ニーズをつなぎ合わせることによって集積度を高め、公共サービスの質の向上を図る方法もある。

このように空間的集積度を高めることによって、生産性の向上やイノベーションの促進、地域の福祉などに大きな影響を与える可能性が高まっている。

都市政策面でも都市空間のもつ集積度を活用した計画づくりなど総合的な発想が求められるようになり、省庁縦割り型の政策ではなく、分野横断的な相互調整や作業の重なりが重要視されつつある。

こういった形で政策効果を増大しようという政策形成の流れは、地方分権の議論のなかでたびたび指摘されてきた。しかし、日本における地方分権の議論は地域間の連携効果に関する議論は比較的少なく、中央政府と地方政府の間の垂直的財源配分の問題のほうが優先したようである。それに対し、欧州では地方分権を推進力として、市町村の政策や行政サービスを水平的に調整し、互いに統合するスキームが開発されてきた。

こういった複数市町村の政策の統合化システムは、行政規模の点でばらつきのある市町村の事業を横につなげ、事業を水平統合することによって、政策を推進するのに十分な予算規模や事業規模を確保しようという構想に基づいている。規模が異なる市町村が隣接している場合には、核となる都市ゾーンを設定し、横のサービス連携を行うことによって、一定の事業の集積効果を作り出すことができる。経済学でいうところの「規模の経済」発想の応用である。

この考え方は、ニューパブリックマネジメント（NPM）や民間資本を用いた社会インフラの整備手法であるPPP（官民リスク分担型インフラ整備）などの新しい分野でも検討されている。一定のサービス集積によって、都市と市町村の格差を是正しようという考え方は、自治体ごとの財政を独立に運営するよりもはるかに生産的である。複数市町村のクラスター化という枠組みは、まさにこういった議論の方向で出てきたものである。この発想は、市町村合併といった法制度上の仕組みに頼らずに、都市間ネットワークを用いることによって都市のスプロール化や中心市街地の空洞化などに機動的に対応しようという方法である。

本章では、こういった集積重視の考え方にそって、欧州諸国において八〇年代後半発展した大都市圏形成の動きや都市共同体の動きを分析することにしよう(1)。

(1) フランスの地方分権における都市自治体の権限強化
グループ化

市町村の政策統合効果を高めるという観点から、欧州諸国において八〇年代後半以降登場した大都市圏の動き、中でも都市共同体の財源拡大の方法を検討することにしよう。

フランスの地方分権の議論のなかで登場した都市の権限強化のための方策は、グループ化である。一九八〇年以降フランスでは、地域に与えられた権限のうち市町村共同体および都市圏という広域的な新しい行政単位に権限を優先的に付与する方式が発達した。

一九八一年から一九八八年ころまで、欧州全域で地方分権の流れが進み、国が意識的に政策的役割を小さくし、地方政府へ政策形成に伴う権限を移転する作業が進行した。フランスではこの時期、社会党政権が誕生したことによって、分権化の議論がさらに進み、これにより中央政府の支配力は相対的に減少する傾向が進んだ。

しかし、一九八〇年代後半から国と地方の関係を変更させる新たな動きが始まる。その要因の一つは、欧州諸国間の競争の拡大である。九〇年代にスタートした欧州統合をきっかけに大都市は国際競争力をより強く意識し始めた。これにより、基礎自治体をベースにした地方分権を推進すべきか、それとも個別の市町村の自主性は失われても大都市圏という形のグループ化を推し進めるべきかという議論が進行した。

地方分権というのは市町村に委譲された権限を拡大することであり、最終的には市町村という行政単位が主体になって政策をつくることになる。一方、大都市圏側は、地方分権によって権限が委譲された市町村単位の政策手法では、現実に起こっている都市問題に十分対処できないと考えるようになった。自治体主体の考え方と、大都市圏主体の考え方はすれ違うようになったが、議論の結果、都市間競争に十分耐えられるようにするための規模の経済性を重視した都市政策が必要だという結論に達した。

そこで、一定の集積効果が見こまれるような都市自治体は、近隣市町村の権限をグループ化して、都市的な「政策空間」を形成し、欧州レベルの都市間競争に対応しようとした。それらの政策空間形成の動きは、国と市町村の間で中間的な政策単位をつくろうという動きにつながった。地方分権論が、基礎自治体重視という点で行政学的なアプローチであるのに対して、都市の政策空間を設定していくというのは、いわば機能的なアプローチである。

こういった中間的規模の政策空間を組み込むために、州、県、市町村自治体は、異なる行政レベルの間の事業範囲を相互調整する方法を開発し、一方で市町村自治体は権限を水平的に統合する方法を開発していった。

こういった政策空間の議論が進展した理由の一つは、フランスの市町村の規模は欧州の中でも小さかったことと、それぞれの市町村が歴史的に形成された地域アイデンティティを維持しているためである。そのために、自治体の合併は古くからある市町村のアイデンティティを破壊することになるという理由で進まなかった。そこで、市町村は、自らのアイデンティティを失わずに、政策効果を高める工夫をするようになった。それが上位計画の統合（垂直的調整）と市町村同士の調整（水平的調整）という二つの方向を同時に進めることだった。

表５－１　フランスの市町村の規模

人口	市町村の数	住民
0～　699	25,249	6,897,540
700～　1,999	6,908	4,933,928
2,000～　3,499	1,919	4,995,886
0～　3,499	34,076	19,827,354
3,500～　4,999	736	3,066,379
5,000～　9,999	898	6,168,826
10,000～ 19,999	445	6,231,927
20,000～ 49,999	293	9,087,761
50,000～ 99,999	67	4,443,077
100,000～299,000	31	4,742,423
300,000以上	5	4,116,977
全体計	36,551	57,684,724

出所：1990年の国勢調査

表５－２　欧州諸国の市町村の規模の平均

スペイン	4,000人
ドイツ・イタリー	7,000人
デンマーク・英国	16,000から17,000人
フランス	1,391人

図５－１　垂直的調整と水平的調整

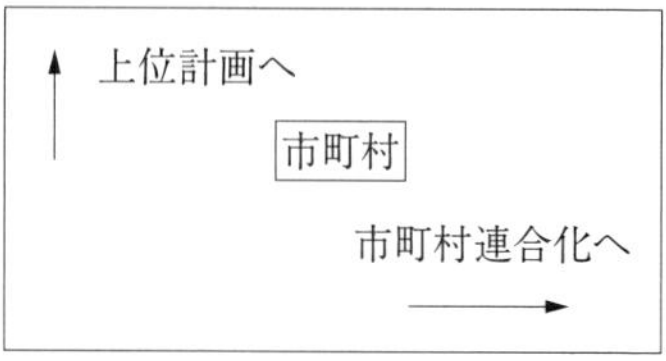

2　市町村の水平的統合パターン

そこで市町村間の水平的統合パターンについて見てみよう。統合パターンは、次の二つに分けられる。

①より柔軟でゆるやかな協力形態（組合方式。市町村組合、県との混合組合など）
②より進んだ協力形態（ディストリクト、新都市、都市圏、市町村連合体、都市共同体など。権限と独自財源をもつ）

第一段階は、市町村が権限を持ち寄ることによって市町村組合を作り、さまざまな活動を共同で行う組織を作る段階である。

第二段階は、大都市圏の周辺のディストリクトの形成の動きであり。これは市町村レベル側のボトムアップ的な合意によるグループ化を伴う。合意形成のために、構成市町村による評議会を通じて政策決定を共同で行えるようにした。

第三段階は、権限の強い都市共同体形成の動きである。

一九九二年の法令により、市町村共同体、都市共同体という新しい単位が創設されたことは市町村のグループ化の発展プロセスをさらに推し進めた。都市政策上は、共同体を行政的な自治単位として方向づけ、それを従来の行政区域とは別の新たな機能的共同体として位置づけるという措置が行われた。

かくして、都市活動の中心になるコア・エリアをもつ複数の市町村は、地域活性化に対する市町村の責任範囲を拡大させ、政策をボトムアップ型で進める基盤を確保できるようになった。都市自

表5-3　市町村グループ化の進展過程

第Ⅰ段階	市町村組合（1890年の法律が根拠） 事務組合など組織としての独立性は少ないが，さまざまな活動を共同で行う組織（現在15,000を超えている） 財源は，構成団体の分担金，事業・財産収入，補助金および借入金
第Ⅱ段階	ディストリクト 事務組合よりも独立性が強まった段階 大都市周辺に多く，約230存在する．議決機関は構成市町村議会によって構成される評議会．市町村につき2名が限度 家庭廃棄物，下水，火災救助が中心だが，都市計画，開発事業に拡大
第Ⅲ段階	都市共同体（ボトムアップ型へ） きわめて自律性の高い地域組織．構成市町村側の参加度が拡大 権限内容も拡大し，都市側にとって魅力的な内容

出所：Jacquline Morand-Deviller［1998］Droit de l'Urbanisme により筆者作成

治体は地方財源が比較的豊富なことを背景に、地元の政策優先順序を政策立案に反映させるためのマスタープランづくりに積極的に参加するようになった。この結果、都市圏は、政策立案母体として国側に対する新たな政策を要請する立場を確保し、ときにはマスタープランの作成をめぐって中央政府と主導権争いを行うこともあった。

以上のプロセスを、法令を中心に歴史的に追ったものが下記の表である。

これらの流れから、都市空間はサービス統合体としての性格を持つようになったことが読み取れる。

表5-4　市町村合併からサービス統合への流れ

1890年3月2日の法令	コミューヌ組合（syndicat de communes） 市町村行政サービスの経営効率化のためで，特定目的（都市計画，交通，下水）と技術的目的のものがある ↓ 急激な都市化現象
1955年5月20日の政令	単一目的混成組合（syndicat mixtes 県と市町村の連携）
1959年1月25日の条例	SIVOM：多目的組合（syndicat a vocation multiples） 導水，防災，スポーツ施設，老人施設，託児所などの経営
1959年1月5日の条例	ディストリクト（都市区） ディストリクト（都市区）は，組合よりも強制力があり，また独自財源をもつことができる．補助金も受け取りが可能である 国土改造第5次計画 1970年から地方へも拡大
1966年12月31日の法令	都市共同体（communaute urbaine） 都市問題に対処するための組織であり，以下の内容の権限が市町村から移譲される．補助金の受領が可能であり，中央からの強制あり ①都市計画の草案作り ②住宅ゾーン設定 ③工業地域，伝統工芸地域，港湾地区などの設定 ④防災 ⑤都市交通 ⑥水道 ⑦排水，浄化設備 ⑧道路 ⑨中学校の建設 1966年時点で，ボルドー，リール，リヨン，ストラスブルグの4地域からスタート，その後5地域が加わり，

	1992年以降に2地域が加わった
1971年7月16日法（マルスラン法）	国側の圧力により市町村再編
1977年以降	地方分権化法の議論に即して市町村の自律性の尊重をさらに重視 ①広域行政組織編成にあたって，主要都市に拒否権供与 ②都市共同体と構成市町村の間で権限移動を認めた（1982年） ③市町村間の強制的統合の規定廃止（1983年）
1983年7月13日の法令	新都市指定地域の市町村組合の権限強化 （投資計画，交通など，従来からの新都市の投資決定範囲を拡大）
1988年1月5日の法令	選択方式の事務組合（syndicat à la carte）へ
1992年2月6日の法令	都市共同体の対象拡大，従来50,000人以上だった対象地区は20,000人以上に拡大
1992年2月6日の法令	市町村共同体（Communauté des Communes），都市共同体（Communauté des Villes）の重要性を確認 この2種類の共同体には，市町村からの権限委譲を認め，市町村共同体および都市共同体の権限を最大限拡大した．行財政制度をこの新しい統合化された協力形態の適合させた ①住宅 ②市町村道，交通 ③スポーツ，文化施設 ④小学校の建設

出所：同前

3　都市ガバナンスの視点

都市経営的な視点が強まると、経営母体を明確にする必要が出てくる。そこで市町村連合体のための運営評議会が構成され、関係市町村の代表者が参加する形が出来上がった。新組織には旧来の市町村財政法がそのまま適用され、組織の長は、収入と支出のバランスをチェックする役割を担う。

合同事業形成のための過半数の合意の定義は、

①関係する市町村のうち三分の二の市町村の同意と、同意した市町村の人口が全人口の半数をカバーすること。

③関係する市町村議会の二分の一の同意と、同意した市町村人口が関係市町村全体の三分の二をカバーすること。

の二点である。

ディストリクトおよび市町村連合における決定機構は図5-2の通りである。

この図によると、市町村の議会の役割のうち次の三つが重要になった。

図5－2　市町村連合体のガバナンス

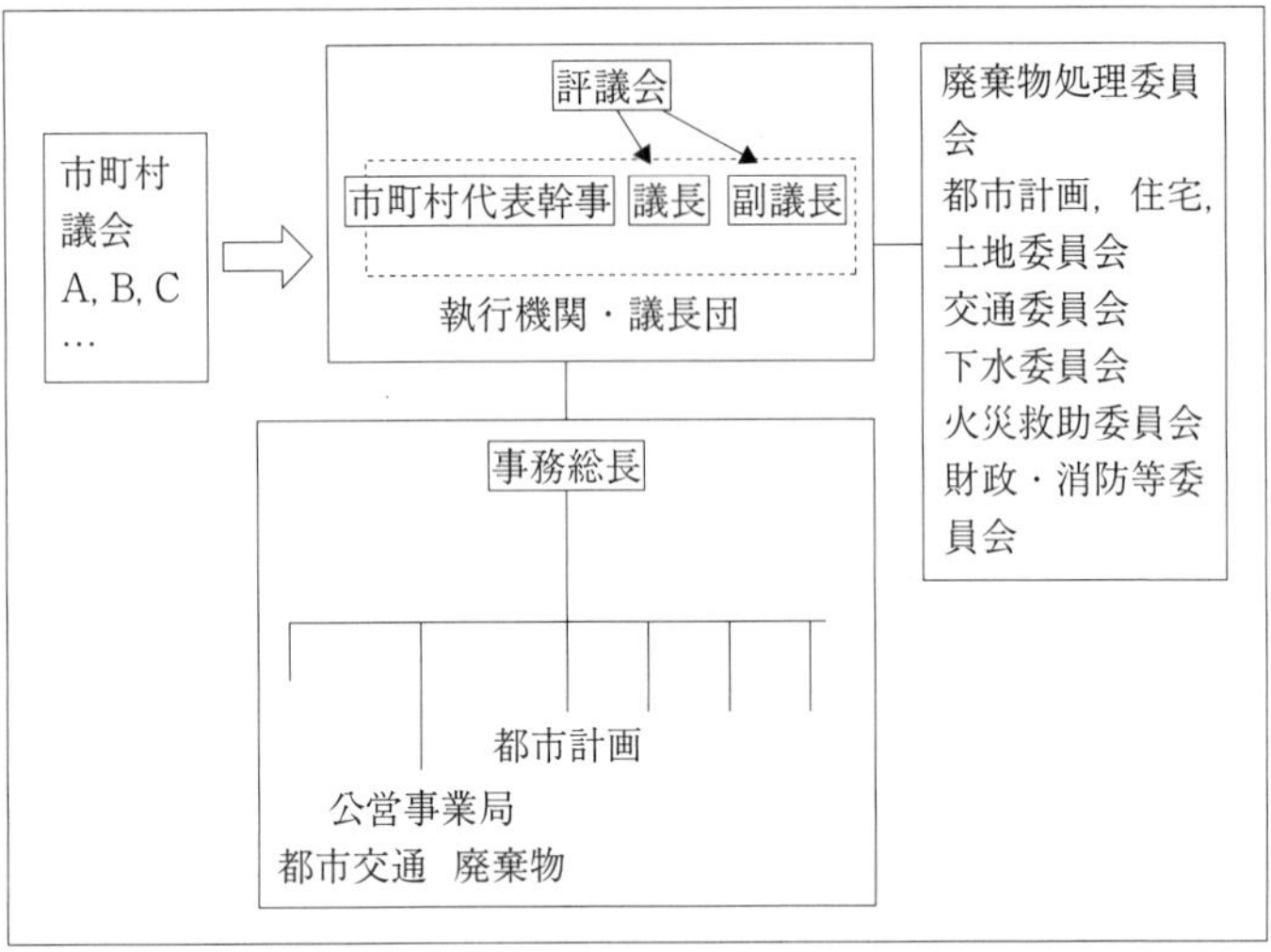

出所：下条美智彦［1996］「フランスの行政」早稲田大学出版会，124頁

①市町村長および広域行政組織への代表者の選出
②市町村独自の公共サービスの展開方法、委託、直営、その他の管理運営方法の決定
③都市計画権限のうち広域行政に移管する内容の決定

これらの議会の決議を経て、都市共同体と市町村共同体は公共サービスの運営上、次のような選択肢を手に入れた。これらの選択施を重ね合わせることにより、他の市町村行政サービスと統合化が可能になり、業務範囲の最適化や切り分けを行うことが可能になった。

図５－３　市町村自治体の活動範囲の選択肢

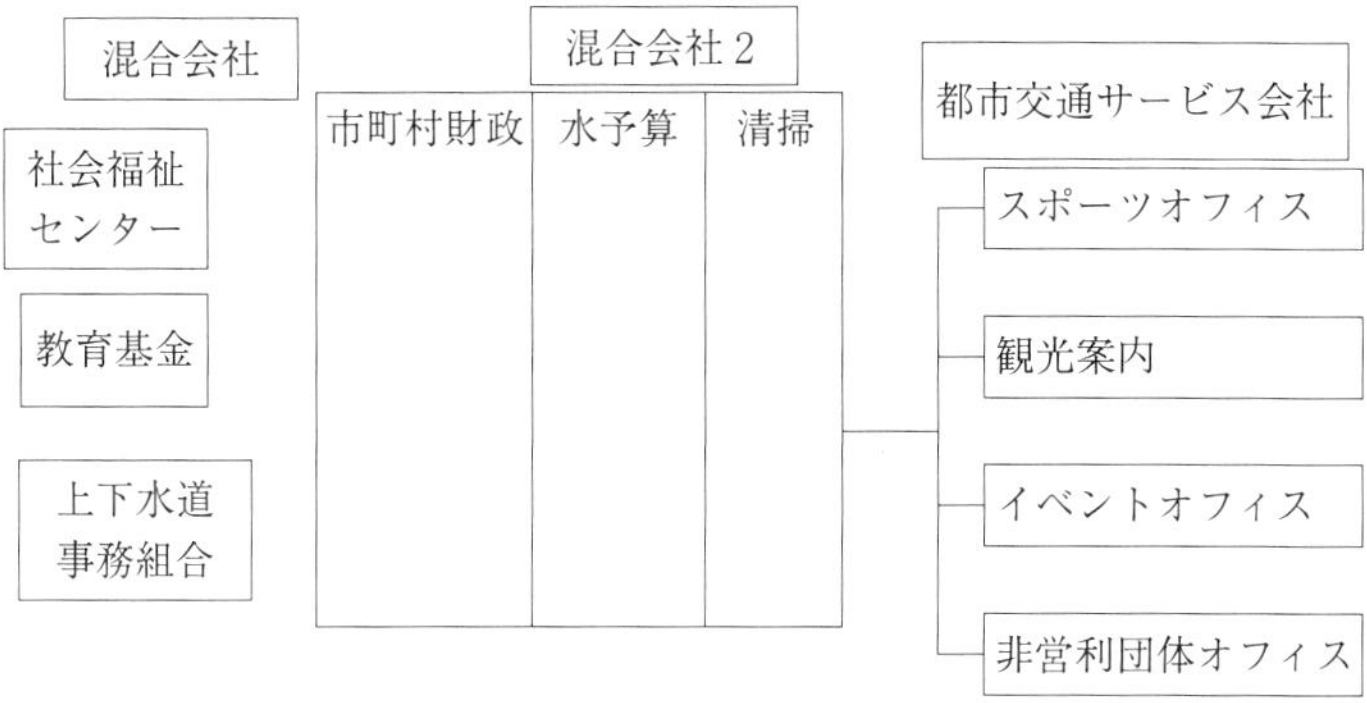

出所：R. Dosière, M. Wolf, La commune, son budget, ses comptes, les Editions ouvrieres, 1988

表５－５　市町村のグループ数の変化

	1972	1980	1991	1993	1995
単一目的組合	9,298	11,664	14,596	14,584	14,490
多目的組合	1,243	1,980	2,478	2,362	2,298
ディストリクト	95	147	214	289	322
都市圏	9	9	9	9	9
新都市組合			9	9	9
都市共同体				4	4
市町村共同体				554	756

出所：Les Collectivités locales en chiffres, Ministère del'Interieur, Direction Générale des Collectivités Locales, Edition 1995

Ⅰ　市町村の直営事業
Ⅱ　運営委託事業（公共交通、都市暖房、電気ガスなど）
Ⅲ　外部団体による事業（観光、会議センターなど）
Ⅳ　広域組合による事業（下水、給水、廃棄物処理、通信ケーブル）

以上のような、合議プロセスを経て誕生した市町村連合体の数の変化は表5－5の通りである。都市共同体や市町村共同体が一九九三年以降急速に増大していることがわかる。

4　財源の統合——統合補助金の創設方法

次に財政制度上の変化を見てみよう。フランスでは、一九八二年の地方分権法の成立以降、地方の財政制度は大きく変化した。地方税率の設定が自由に行われるようになり、中央政府から地方政府への交付金および補助金が統合化された。また市町村の規模が小さいことによって発生する財源問題については、次表に示されている連携ないしは組合形成によって解決する方法が開発された。

その一つが、統合補助金という考え方である。これは一九八二年の三月に成立したデフェール法（Loi Defferrée）により導入されたものである。デフェール法は、市町村の財政基盤を充実させ、地方財政の自立性を高めるためにつくられた法律であり、これにより、縦割り的に決定されていた分野別補助金は、統合化した補助金へと転換された。

一九九六年に導入された統合交付金は、細かく設定されていた財政調整金を統合化し、財源基盤の弱い市町村向けの補助金を調整する方法として導入された。総額の設定に際しては、財政全般への影響を最小限にする工夫が組み込まれている。

そこで、交付金と補助金の総合化に向かう歴史の流れを一応見ておこう。

①戦後復興期

この時期の地方財政は、地方自治体側の代表（Ordonnateur）と大蔵省側（le comptabilité du Tresor）によって実施されていた。一九四六年時点の地方財政の規模は、歳出全体の一二％、一九五〇年でも一五％程度であり、相対的に小さく、中央政府のコントロールが強かった。

②一九六〇年から第一次石油ショック（一九七三年）まで

第五次経済計画（一九六〇〜一九六五年まで）に市町村レベルで日常生活に必要な設備への投資活動が徐々にできるようになった。一九七〇年までに市町村の公共投資は全公共投資の六〇％にまで達し、地方財政の三五％が公共投資に割かれるようになった。一九五九年には新しい地方税体系に変わり、四種類の地方税ができあがり、地方議会は税率を自由に決定できることになった。一九六八年には地方の付加価値税が導入され、国は税収および借入金の動きを建設省の出先機関である地方建設局ＤＤＥ（Direction Departementales de Direction）を通じてコントロールしていた。

③一九七〇年代から地方分権法の成立まで

一九六〇年代後半から景気後退の影響で政府の補助金は削減され、地方自治体は財源不足に悩まされるようになった。補助金の改編は一九七四年から始まり、契約方式（国－州、国－都市など）が導入され、複数年度にわたる補助金が可能となり、一九七九年に総合補助金（Dotaion globale de fonctionnement）が導入された。一九七〇年代、地方自治は法律的な意味では強化されたが、財政面での自立はなかなか実現しなかった。

④一九八二年の地方分権法以後

一九八二年の地方分権法により国による市町村への指導、法律的な介入は停止された。国側の代表が会計上のチェックを項目ごとに行う制度を停止し、一九八三年には公共事業に関する補助金を総合化する法案（Dotation Globale d'Equipement）が成立した。一九九二年には地域商工会議所の会計と市町村財政との関係をより明確化する動きが強まり、地方財政の透明性を高める議論が活発となった。一方、一九九一年には、都市部への補助金、過疎地域に対する補助金が導入された。

都市部への補助金創設により、地方自治体が経済活動に直接介入する機会は拡大し、私企業との連携も強化された。この頃から公的サービスを行う私企業の設立が相次ぎ、民間資本からの借入額も増大した。これにより、官民のパートナーシップと市町村の連合体形成の動

表５-６　地方交付金，統合交付金，統合補助金改革の流れ

1955	地方側は社会経済政策分野に進出，地方の公共投資拡大
1959	４種の地方税創設
1968	地方付加価値税創設
1962～1974	交付金削減（失業保険給付の増大のため）
1974	交付金の改編
1976	交付金と借り入れ金の関係切り離し
1979	統合交付金の導入
1982	統合補助金（公共事業関係）
1992	都市部への補助金創設
1992	統合交付金の改革

出所：Olivier DECAUX［1998］"Introduction aux Finances Locales", La Lettre du Cadre. により筆者作成

き、統合補助金の動きが連動するようになった。

（1）統合交付金と統合補助金決定のしくみ(2)

次に、国から市町村への財政的支援の面での再編成の動きを見ておこう。国から市町村への資金は次の二つの流れに集約された。

①「統合交付金」（DGF：la Dotation Global de Fonctionnement）

②「統合補助金（公共投資への補助金制度を総合化したもの）」（la Dotation Global d'Equipement）

である。

二つの資金の流れの決定のしくみを以下に示す。統合補助金は、共同体への市町村の権限委譲の度合い、市町村組織の「統合率」によって、給付額が決定される。統合率を用いて財源配分を行う理由は、既存の市町村むけ支払いと市町村連合体を合わせた支払いによって財政規

表５－７　統合交付金決定のしくみ

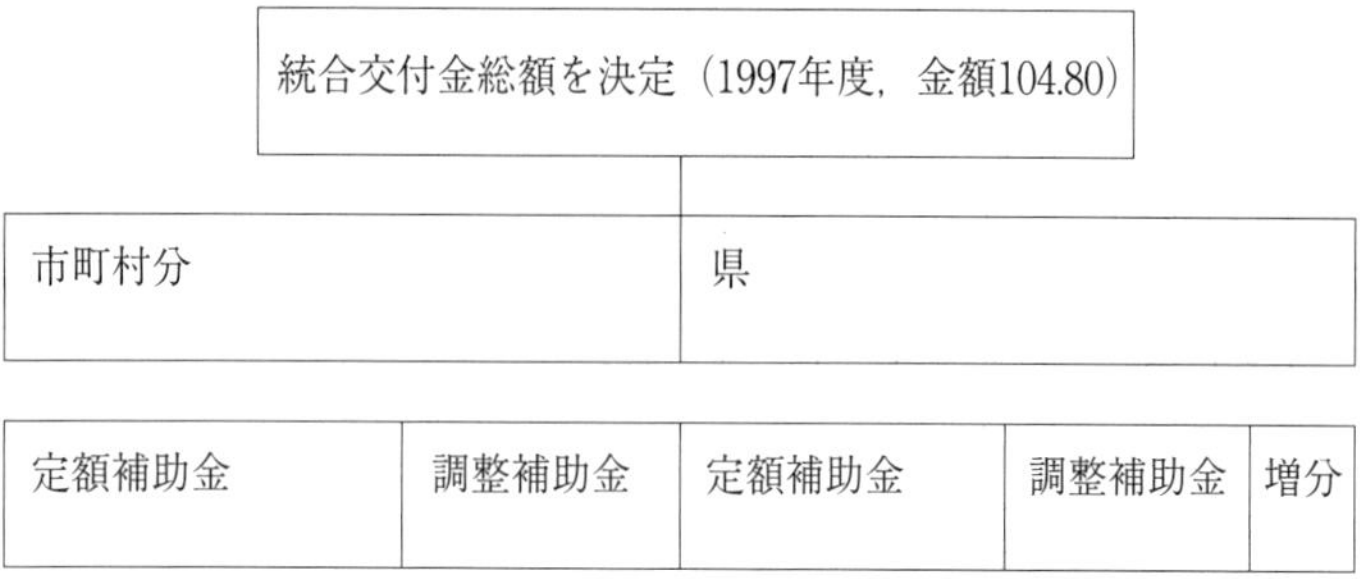

出所：同前

模が膨張しないように、その配分状況を把握するためである。市町村の行政サービスが連合体に委譲された場合、その分に応じて補助金の支払い先を変更することによって、組織変革にインセンティブを与える効果も期待されている。

一方、市町村連合体は、当該市町村住民から直接税を徴収することが可能になり、それをベースとした統合補助金の受け入れが可能になるというメリットが生まれた。

①統合交付金（ＤＧＦ）の構造（数字は一〇億フラン）

統合交付金の配分の全体の枠組みは以下の通りである。交付金総額がまず決定され、そのあとに市町村と県に分配されるが、交付分は定額分と調整分にわかれる。

統合交付金は一五種類の調整資金を簡素化するために一九九三年に導入された中央政府から地方政府への財源移転型資金である。このしくみは、国家財政にもたらす費用を固定化させると同時に、公平な交付金の分配を実現することを目的としている。これは、財政支出を抑制することに狙いがあるが、抑制基準は、ＧＤＰの成長率と消費者物価の上昇率を上昇率のシーリングにリンクさせる。この抑制ルールは統合交付金の定額部分と調整部分に適用される。

イ　定額部分

定額部分は、一九九三年の改革以前に存在した四つの交付金を一体化させたものである。所得の再分配的要素を減少させるためである。規模の調整は人口増加率の半分を反映させることにより行う。

ロ　調整交付金

調整交付金は、一定の政策目的を伴う交付金であり、市町村連合体向け、都市向け、都市地域以外の向けの三種類がある。都市向けの交付金は、都市の住宅環境の悪化に対応するというためであり、都市向け以外の交付金は、人口が少ない地域で何らかの地域発展の「極」をもたらすための調整金である。これにより、目的の違いが明確になる。

②統合補助金

統合補助金は一九八三年一月七日の法令によって創設され、市町村に支払われていた個別の補助金に取って代わった。国が直接補助金の支払を通じて技術的、財政的支援を行うという直接的な介入手段を停止させると同時に、市町村が道路の補修など最低限の固定資本形成を行っていくための資金を確保するためである。

5　都市圏の政策評価から都市の政策成果指標づくり

都市圏という考え方が浸透することによって、中核となる市と周辺の市町村を合わせた地方自治体は基礎自治体として機動的な役割を果たすようになった。地方都市の中には、戦略的都市経営の考え方を採用して、優秀な人材や企業をひきつけるようになった。例えば、地中間沿岸にあるモンペリエ市は、一五年間かけてハイテク産業やエンジニアが集まる地域に変貌した。そういった例が先行するにつれて、企業と人材をどの位集められるかが都市圏の競争力だという認識が強まった。そこで関心を集めた手法は都市圏の競争力指標である。

一九九八年のアントルプリーズ（Les Entreprises, No. 150. 一九九八年三月号）という企業向け雑誌では、都市圏の比較指標として次のような項目を用いている。点数はウェイトである。

①財政的援助（国から援助、県から援助、欧州からの援助）　一五点
②企業誘致政策および雇用創出政策　二五点
③法人事業税の水準　一五点
④創業数　一五点

⑤特別の支援（企業の情報交換を助けるなど）　一五点
⑥取材への迅速性　一五点
⑦企業数　一〇〇点
⑧テストの結果（実際に企業を始めたい人材が都市事務所に問い合わせる）　五〇点

以上の指標に基づいて、人口規模によって三グループにわけた上で評点している。ランクは六九位まであるが、五位まで例として掲げておく。人口規模は

ア　一〇万人以上
イ　五万人から一〇万人
ウ　三万人から五万人

にわけて行う。

これらの表から、都市圏の競争力のウェイトが企業誘致に対してどのくらい優秀なスタッフをそろえ、迅速に対応できる体制を整えているかという点に移りつつあることがわかる。これらの評定結果の公表により、都市圏の責任者は、進出地を選択しようとする企業向けに有利な条件を提示するために、中小企業支援政策やマーケティング能力の高い人材のリクルートに力を入れるようにな

表5-8　人口10万人以上の都市圏のランク

ランク	都市名	①	②	③	④	⑤	⑥	⑦	⑧	計
1	モンペリエ	11	20	3	12	14	15	75	41	116
2	アンジェ	11	20	10	12	12	12	77	38	115
3	ブレスト	11	22	8	12	10	12	75	37	112
4	リール	15	18	5	12	13	8	71	32	103
5	ルマン	15	23	10	3	12	14	77	23	100

出所：Les Entreprises, No. 150. 1998年3月号

表5-9　人口5万人から10万人以下の都市圏のランク

ランク	都市名	①	②	③	④	⑤	⑥	⑦	⑧	計
1	ロリエン	11	23	10	10	13	14	81	41	122
2	ラロシェル	11	19	8	15	8	12	72	29	102
3	ショレ	11	21	10	8	10	14	74	27	101
4	サンマロ	7	14	10	10	11	13	65	35	100
5	ダンケルク	11	18	5	10	10	14	68	31	99

出所：同前

表5-10　3万人から5万人以下の都市圏のランク

ランク	都市名	①	②	③	④	⑤	⑥	⑦	⑧	計
1	バンヌ	7	18	10	12	12	14	73	44	117
2	バスティア	15	14	8	12	9	11	69	36	105
3	ギャップ	7	16	10	8	12	13	66	37	108
4	デゥルー	7	15	10	10	7	15	64	36	100
5	サンディジエ	11	6	10	12	4	11	54	45	99

出所：同前

った。こういった地域間や都市圏間の競争の拡大により、地方分権の議論は人や企業への魅力の提供や問題解決への機動性を重視したものへと変化していった。

注

(1) リヨン、マルセイユ、トゥールなどの大都市圏。
(2) 関連の法律は、一九七九年の一月三日の法令、一九八二年の三月二日の法令、一九九三年の一二月三一日の法令である。

第6章　空間的計画手法と契約的手法

1　空間調整モデル――欧州で発達した都市開発手法

　都市政策を実施していくためには、省庁縦割り型の政策をいった分野横断的に相互調整し、作業の重なりやつながりを点検する作業が必要である。都市政策は、都市空間やエリアを対象にした政策体系のため、そのエリア内で発生する各ニーズに合うように政策の優先順序を組み直し、公共サービスを最適化する必要がある。

　道路、鉄道、河川、港湾といったハード系と交通や上下水道サービス、福祉や介護、生活保護事業、中小企業の活性化策などは担当局が異なるために、相互の連携が不十分になりやすい。この場合には、各エリアのニーズにあうように投資配分を柔軟に変更することができればさらに政策効果を増大させることができる。また、サービスの種類によっては、公的部門の政策だけではなく、民間部門の動きと連携することにより、資本や人員を効率的に調達することができる。このような最適化プロセスを実現するには、空間的な計画手法を設定して、その中で調整する方法がある。

この観点から、欧州域内での都市開発を行う制度を大きく分けると次の三つのグループに分けられる。(1)

一つの目のグループは、空間的な土地利用手法や施設の配置と経済・社会政策を統合する手法である。社会・地域開発問題、例えば社会的サービス、都市インフラ問題、移民問題への解決策を空間的な都市計画の中に入れ込んで解決していこうという手法である。これがスカンジナビア諸国で用いられる空間的調整モデルである(Spatial and coordination model)。ポルトガル、スェーデンの都市計画 Municipal Plan もこれに属する。

空間調整モデルは、市町村に最大限の権限を委譲することを前提としているが、空間モデルの中で行政制度を垂直的に統合し、あるいは水平的に統合させながら、さまざまな行政レベルの組織が対等に交渉できるメカニズムを重視する(スェーデン、オランダ)。(2) この手法は、異なる政策相互間の担当者の間の対話型による投資最適化を目指すものと位置付けられる。

第二グループは、分野別のアプローチや税制などの政策手段を活用しながら、資源配分に影響を与えようとする手法である。一定区域を対象としたゾーニングという手法をとることが多いが(Operational Model)、空間的計画というよりは、戦略的に何らかの強力なイニシアティブによって都市の発展をもたらそうという考え方である。英国などで用いられる経済インセンティブ付与型の政策や、都市のコアゾーンへの投資政策をこれに含めることができる。

第三グループはこの二つの手法の混合型であり、フランスで一九九〇年以降浸透した戦略的都市経営という概念もこれにあたる。フランスでは、従来から一定の都市空間の中にインフラをどう配置していくかという戦略を示した地域社会資本整備計画（シェマ・ディレクター）が存在するが、第二の戦略的発想を入れることにより、フランスの社会資本整備手法をより柔軟な政策手法へと転換しつつある。戦略的都市経営は、固定的な都市計画から戦略的都市モデルへの移行と位置付けられる。

こういった戦略的都市経営という考え方は、六〇年代、七〇年代に地域行政レベルで見られた伝統的なPOS（土地利用計画：Plan d'Occupation des Sols）やZAC（国指定開発区域：Zone D'Aménagement Concernée ニュータウン建設などに用いられる）などを刷新する動きにもつながった。二〇〇〇年には新しい計画体系、都市地域計画（Plan local d'urbanisme）が制定され、自治体および中小規模の複数自治体（intercommunal）の計画手法を示す法律となっている。またこれには持続可能な発展を目指した一〇年から二〇年の整備計画が含まれる。

ただし、戦略的都市経営は、国のイニシアティブを組み入れながら大都市圏の活性化を図るというスタイルをとるため、一見したところ地方分権の後退という風に見えることもある。(3) しかし、都市空間の戦略的経営は、中央集権と地方分権のどちらのモデルにも属さない新しい経済政策領域であり、新しい都市政策のパターンと考えたほうがいいだろう。

こういった国主導型のイニシアティブと地方分権型のイニシアティブの融合型が発展するように

なった背景には、欧州全域で経済活動の活性化をめぐる都市間競争がある。一九九〇年代以降の欧州統合の影響を受けて、各国の住民が都市間の比較をするようになり、都市開発手法の良し悪しによって、住民が住みたい場所を選び、企業が投資場所を自由に選択するようになったからである。その結果、都市政策や開発パターンの差別化が生まれ、都市の雇用・地域問題の解決能力が、中央政府の安定性や国家の競争力に寄与するという構図が生まれた。

(1) 国土政策の転換――地域都市戦略の刷新と計画契約の仕組み

一九八〇年代以降、中央分散化と地方分権の進行によって中央政府と地方政府の関係に生じた変化をさらに詳細に検討するために、①市町村連合体で作成する地域社会資本整備計画(シェマ・ディレクター、Shéma Directeur:略称SD)の性格の変化、②市町村レベルの計画作成プロセスの変化を検討してみよう。

SDの作成過程をめぐる中央政府と地方政府の関係の変化は、広域行政体の出現によって様変わりした。一九八三年の分権法の中で規定された内容の中で最も大きな変化は、市町村連合体(広域連合体)の役割の変更である。

一九八三年の分権法の成立により、従来国が作成していたSDの作成権限は市町村および市町村連合体に委譲された。SDには、計画対象に中期的な地域開発の方向を定め、関連自治体のさまざまな活動を総合的にとらえることができるような工夫が施されるようになった。計画範囲には、住宅、インフラ、運輸網、リクリエーション地域、経済活動などさまざまあり、計画内容は市町村が自由に決めることが可能となった。

従来から、フランスの社会インフラ整備は、都市地域の「空間的な土地利用の形」を決定する都市計画の考え方として位置づけられる。この計画は、大きく二つの体系から成り立っている。

一つは、国レベルで決定されるべき都市計画の関連項目であり、もう一つは地域レベルでその都市計画を実現する計画体系である。国が介入することのできる都市計画上の項目は以下のように限定されている。建築計画や土地利用が以下の特定項目に該当する場合、国側が強い権限を発動して建築許可を拒否することができる(4)。

主な項目は次のとおりである。

① 不特定多数の安全性に関すること（道路の安全など）
② 洪水、侵食などの危険
③ きわめて深刻なリスク（騒音など）
④ 遺跡などの保存
⑤ 緑化空間の維持、リクリエーション
⑥ 市町村財政力の維持
⑦ 環境保全

などである。

それ以外に特別の公益性の高い開発事項について、国は市町村のＳＤやＰＯＳに介入することができる。これらの項目は一九八三年の分権法の中に記されている。

以上のように国が介入する領域を限定的に設定することによって、地方公共団体の決定範囲をできるかぎり広くしているところに、大陸型の分権方式の特徴がある。

2　市町村に権限委譲される計画作成権限の委譲プロセス

地方分権によって地方自治体側に権限が委譲された権限を知るためには、どのように国が実行してきた権限が地方側へと移行していったのか、そのプロセスをみておく必要がある。それらの権限の変化の体系はフランスの都市法の歴史の中に記されている。

以下の表が主な発展のプロセスである。これにより、中央政府から市町村連合体への委譲された都市整備上の権限内容が明らかになる。

これらの流れによれば、法律的には一九世紀までは国の規制が中心となり、二〇世紀に入って、都市主体の計画体系が出来上がっていった。戦後は、都市インフラの法律的な国の強制力が高まり、新しい都市開発の流れが国の先導的な役割によって行われたが、一九六七年ころから市町村レベル

表6-1　フランスにおける地域都市整備の歴史と地方分権に伴う権限の変更

年	主な項目
公益性に関する規制の時代	
1607	建築選の設定
1810	危険な建物の建築禁止
1842	都市衛生に関する整備（オースマンによる水道の整備）
1913	歴史的建造物の保護規制
都市計画の幕開け	
1919	都市整備，都市の美観，都市拡張に関する法律 （Projet d'aménagement, d'embellissement et d'extention des villes） （スウェーデン：1874年，オランダ：1901年，英国：1901年） 特徴 1.　地方分権（市町村が作成） 2.　総合性（道路や建築線などの個別の項目ではなく，緑地帯や建築可能地域の設定など空間的配置とバランスを導入） 3.　建築許可制度 4.　POS など土地利用計画の作成
1919	土地区画整理の開始
1932	市町村連合体の開始（パリ圏，656市町村連合体）
1943	市町村のグループ化に関する法律
1943	都市計画を国家事業と認定
国の責任が強化され，実効性と社会性が重視された時代	
1950-1960	国による土地の強制収用，財政援助の拡大
1958	ZUP（Zone à urbanizer en prioritaire） 都市化優先区域の設定
1961	国の都市計画上の権限を規定した法律（RNU）
1962	ZAD（Zone d'aménagement différee）

	協議整備区域の設定
中期的ビジョンをもった計画手法の追求	
1967	SDAU（市町村連合対による地域整備計画） POS（土地利用計画）の作成
地方分権法の成立	
1983	SDAUおよびPOS作成権限は市町村に移行 国と市町村の権限配分に関する法律の成立

出所：Jacqueline Morand-Deviller［1998］“Droit de l'Urbanisme”, Dalloz, pp. 2-11

の計画機能の強化が行われるようになった。それが一九八三年の地方分権法の成立につながり、市町村連合体への都市地域計画作成権限が強化される方向に展開していった。

一九九〇年代に入ると、欧州全域で環境規制強化の動きが強まり、環境保護の観点から国家的な役割がやや強まる時代となったが、一部は欧州委員会の規制が強化されるようになったため、国よりは欧州委員会の規制が強まったと見るべきだろう。

(1) 都市型市町村の水平統合と国とのせめぎ合い

大都市圏形成の動きは検討したので、ここではそれらの動きと連携して中央省庁の政策がどう相互に連携し始めるようになったのか、その経緯を追ってみよう。

都市環境は、産業構造の変化や企業間の国際競争にさらされる度合いが大きく、投資拡大による雇用創出効果や住宅建設の動きに左右される。拡大基調にあるときにはプラスの増幅効果があるが、経済活動の流れがマイナス方向に変化すると失業が増加し、都市への投資衰退、交通渋滞、公害、移民の流入など都市問題が一挙に顕在化する。これらの環境の変化に対応するためには、中期的な計画をつなぎ合わせただけでは十分ではない。実践的で問題解決型の都市空間戦略が必要になる。それが、一九八〇年代の都市計画作成に登場した「都市経営」という概念である。

七〇年代～八〇年代を通じて、大都市圏では、産業構造の転換に伴って、問題解決型の戦略的事業を求める意見が強まり、中央政府の力を借りて、実践的な戦略的プロジェクトを活用する実験が始まった。日本の政策では「パイオニア・プロジェクト」と呼ばれる性格のものであり、一定地域を対象に新たな政策を先導的に実施するものである。この発想は、経済の動きと連動させながら、機動的に公共インフラ投資を活用するので計画手法よりは経営的な政策体系を重視する動きと見ることができる。また問題が発生する現場の担当者が政策体系の改善に責任を持つべきだと主張されるようになったことがその背景にある。

都市空間経営を一つの企業経営手法に近づけると、顧客のニーズにより早く応え、より早く問題を解決する手法だと位置づけられる。こういった顧客重視の流れは、一九八〇年代以降の都市計画手法、特にSDの性格に顕著に表れている。一定の集積空間（複数市町村の範囲）の中で、さまざまな公共投資の動きを空間的に調整するだけではなく、雇用創出や投資誘致なども積極的に行っていこうという目標設定型の計画方式である。(5)

域外からの投資誘致、自治体サービスの民営化、地域産業の中期的ビジョンや立地政策、住民向けの福祉サービスなどが、空間マップ上に書き込まれ、地域ごとにどんな政策が実施されているのかを確かめることができる。都市空間を一つのサービス統合体としてみて、社会問題と産業問題の両方に対応できるような総合戦略手法である。こういった形で都市経営という政策手法が次第に広まっていった。

これにより、都市政策の担当者は、社会問題と産業問題の両方に対応できる総合戦略手法を手に入れることができるようになった。もちろん、中央政府と地方政府の責任分担がきれいに調整されるようになったわけではないが、都市政策が中央と政府の政策の結節点の役割を果たすようになったと考えるべきだろう。

3 地方分権から都市経営へ

一九七〇〜一九八〇年代の一つの流れは、地方分権法の成立という大きなうねりを背景にして地域開発に対する国の支配力が減少したことにその特徴がある。一九七〇年代の前半までは、ニュータウン政策やテクノポリス政策など国が地方の経済活性化に対する実質的な（プラグマティク）支配を強め、国が産業立地政策の内容も先行して決定する国土マネジメント方式がとられた。

一方、一九八一年から一九八八年までの時期は、欧州全域で地方分権の流れが進み、国が意識的に政策的役割を小さくし、地方政府へ政策形成に伴う権限を移転する作業が進行した。フランスではこの時期、社会党政権が誕生したことによって、さらに分権化の議論が進んだ。

表6－2　リヨン地域のSDの作成プロセス

	1983	'84	'85	'86	'87	'88	'89	'90	'91	'92	'93
立ち上げ	→	→	→								
現状改善策と将来の方策			→	→	→	→					
都市戦略の実施				→	→	→	→				
1990年のSD作成						→	→	→			
1992年のSD作成									→	→	

出所：Schéma Directeur et projet d'agglomération, 1995

一九八〇～一九九〇年代は、市町村連合体が従来採用してきた都市計画手法と、戦略性の高い政策を求める大都市圏の戦略的手法の対立がきわ立った時代と特徴づけられる。

その都市戦略計画の事例として、リヨン地域の都市戦略を検討してみよう。

一九七八年に承認されたリヨン地域のSDは、従来型の方法で都市集積を抑制する方法だったが、一九八〇年代前半にはその計画内容が時代のニーズに合わなくなっていた。そこで一九八三年から一九八五年にSDの改訂が始まり、一九八四年には「リヨン地域の集積をどう生かすか」という会議が開かれた。会議では、SDという従来の法律的な枠組みとは別に、市町村連合体を通じて集積のメリットを活用する方策が主要なテーマとなり、検討対象の七一項目のうち、リヨン周辺の集積の高い地域の活性化に関するテーマが五五件選択された。

新SDの作成プロセスでは、建設省の出先機関であるDDEが地方側の政策形成に積極的に協力し、六〇年代、七〇年代を通じて地方が国の政策策定に協力したパターンとは逆になった。新S

Dには、都市戦略と欧州諸国間の競争という要因が組み入れられ、経済、社会、交通インフラ、環境問題を、都市発展のための基本テーマとする戦略プロジェクトが組み込まれた。

報告書「リヨン2010」で検討された都市戦略プロジェクトで注目されたのは以下の点である。

① 集積のメリットとデメリット
② どんな事業を行うのか、どういう政策が必要か
③ 事業をどう配置するか
④ 事業の実効性

新SD作成には、国の土木事業を担当するエリートであるエンジニアたちが、リーダー役となった。エンジニアたちは、従来国と地方の仲介役にとどまっていたが、新しい都市開発手法に対する国の支持を得るのに積極的に奔走し、国と都市戦略を結びつける新しい戦略の策定に大きく貢献した。これにより、都市戦略プロジェクトを先行させる発想は、地域開発計画の戦略化に結びついた。以下が、計画策定とプロジェクトの組み込み方法の流れである。

地域開発計画の戦略化の中で強調されたのは以下の三点である。

①SDを作成するプロセスには、都市開発プロジェクトを「発展の極」とする地域開発の考え

図6－1　地域開発計画の戦略化

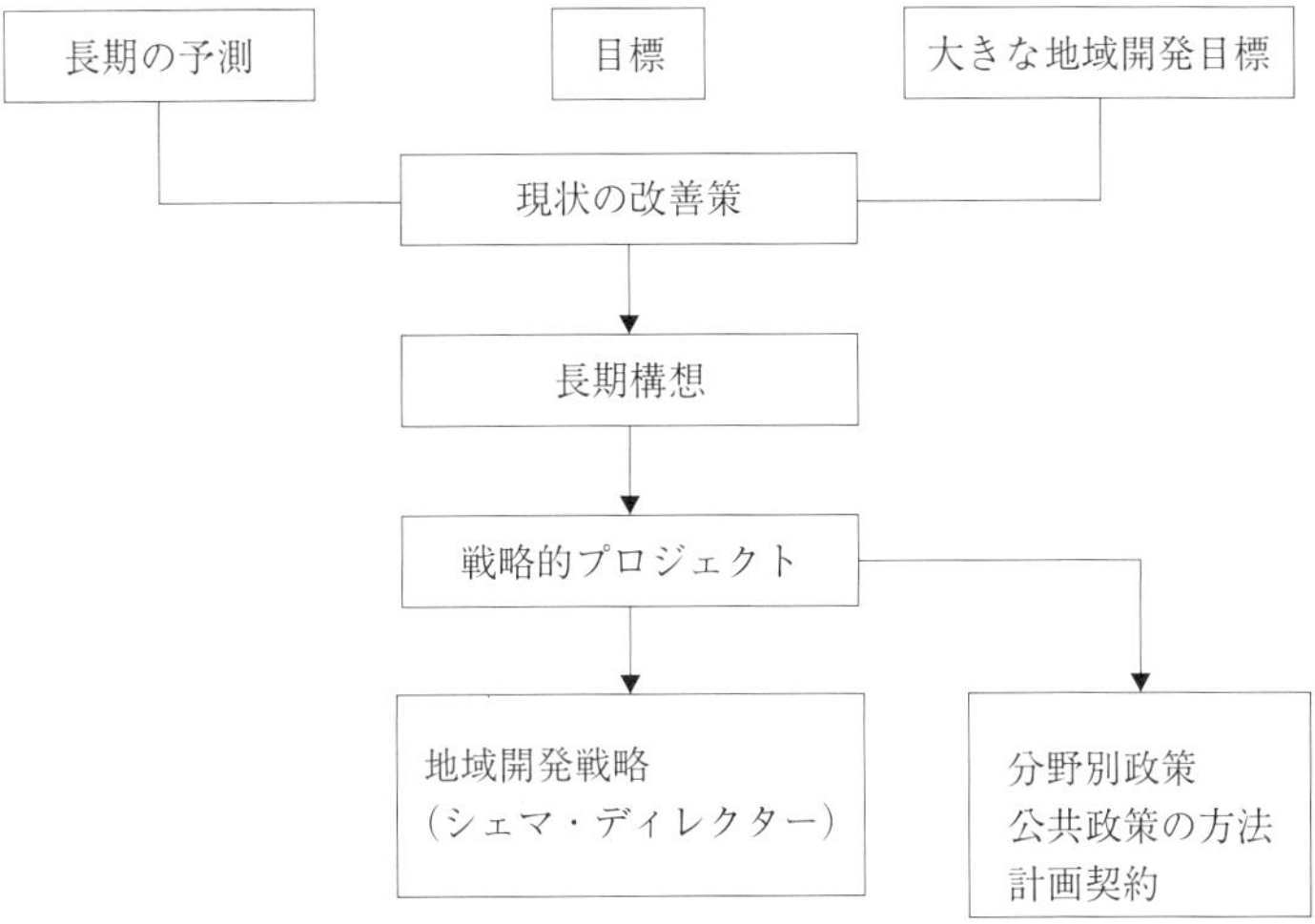

出所：同前

方が重要である。

②既存の政策体系および手法を変更し、新しい公共政策が効果を持ちうるまでの期間として一〇年程度が必要である。この期間は、プロジェクトが空間的な波及効果を持つのに必要である。

③SD作成のための手続き論よりも都市開発プロジェクトを優先すべきである。地方の現場の動きを組み入れるにはプロジェクト作成の方が効果的である。

4　都市政策の刷新——都市省の台頭

こういった地域レベルの流れと並行して、中央レベルの政策の刷新が起こった。これをいくつかの時期に分けて検討してみよう。第一ステップは一九八二～一九八八年という時期である。一九八二年から一九八三年にかけて地方分権関連の法律が成立し、地方議会のイニシアティブが都市戦略の設定に組み込まれるようになり、都市経営という手法の中で地方側のイニシアティブを発揮させる土壌を作り出した。

これにより、国は都市地域の活性化に有効な開発手段を提供できないという反発が地方側から発生し、国と地方の対立関係を常態化させることになった。対立の原因のひとつは、国側が、都市問題に関する空間的手法と戦略的手法の対立を十分理解していなかったからである。こういった地域レベルでの資金導入パターンの変化を背景に、中央政府レベルでの政策転換が加速した。一九八〇年代の終盤には欧州レベルの大都市圏の拡大の動きに押されて、中央省庁の制度改革が同時的に起こった。

一つは、省庁横断的な組織である都市省（Délégation Interministerielles à la Ville）の設立（一九八九年）と地域産業開発局（Délégation à l'Aménagement du Territoire et l'Action Régionale：ＤＡＴＡＲ）の強化（一九八八年以降）である。両者ともに、都市問題に対する戦略的発想を反映したものである。

都市省の創設により、都市政策の策定は建設省の都市局（Direction de l'Architecture et de l'Urbanisme）と都市省で二元化状態が顕在化し、一次二つの部局は競合状態になった。その結果、都市省による建設省都市局に対する批判が表面化した。建設省都市局が従来の縦割り型の事業別手法を続けていたからである。地方分権化の動きにより地方議会の勢力を強まる動きが活発化したことにより、建設省都市局への対立はさらに表面化した。ＳＤやＰＯＳ（土地利用計画）などの法律的枠組みが一部では計画手法としては効力を失ったことも、建設省都市局の地位低下を招いた原因である。

こういった、中央政府から地方自治体への交付金や補助金が統合化する財政改革により、都市の成長度合いに応じた形の公的資金の配分が可能になり、所得の過度の再分配を回避する抑制措置が組み入れられたことは大きな特徴である。また都市共同体などに特有のニーズに対応するための交付金を設置したことにより、都市ニーズに対する機動的な資源配分が可能になった。

それにより、建設省の発言力は次第に弱まり、都市省はさまざまな都市地域開発モデルを活用して、従来の法律行政的アプローチに頼らず、地域で起こっている問題に対して適切に対処できる柔軟な計画手法を採り入れるようになった。

国の機関として創設されたＤＡＴＡＲ（地域産業開発局）は地域の産業問題への対応という戦略を軸に活動範囲を広げ、ドイツや英国の都市戦略への対抗上も、都市の国際競争力強化に乗り出した。一九九三年の市場統合の動きにもこういった動きに拍車をかけた。欧州レベルの競争に対応するため大規模なインフラや情報サービスや流通業など新しい産業の受け皿も不足し始めていた。

ＤＡＴＡＲは

①国際競争力をもつセクターの数の確定

②将来発展するセクターの開発目標の設定

③中期的プログラムの設定

という三つの目標を設定する計画手法をとった。

DATARの動きは、建設省の都市計画の考え方を見直す動きであり、戦略性を考慮した都市政策への転換と位置付けることができる。

表6-3は、一九八一年から一九九四年までの分権化以降の国の政策変化を示したものである。一九九三年に中央政府は、都市の拡大を抑制する政策から都市の国際競争力を注目する政策へと正式に転換したことがわかる。

これら全体の流れを総合すると、社会インフラ整備上、次の三つの法的体系の動きが生じたことになる。

①国際的法体系および欧州基準の変化→一九九一年に都市環境に関する白書（Livre Vert sur l'environnement urbain）が欧州委員会により採択され、持続可能な都市のコンセプトが強まった。これにより都市および都市圏の再生、環境汚染の減少への対応策が明確になった。
②国家的レベルの法体系の変化→一九六〇年代から一九七〇年代に、国の都市計画上の権限、強制収用、国と市町村の権限配分ルール、地域社会資本整備計画の作成手法が導入された。
③地方の法体系の変化→一九四三年から一九八三年までの時代は、地方長官の派遣、強制収用法の成立など国の代表権が拡大したが、一九八三年以降は市町村の権限が大幅に拡大した。

表6－3　1981年から1994年までのフランスの分権化政策

年	政党	分権化	経済政策
1979	UDF／RPR		
1980			
1981	左翼連合	地方分権法の成立 DSQ（23件）	経済政策の地方への委譲
1982			
1983			
1984	社会党		
1985			都市の荒廃
1986	UDF／RPR		中央の都市政策後退
1987			
1988			
1989	社会党	DSQ（200） 都市市街地政策（13件） 都市省成立	DATARによる地域目標設置
1990			
1991			
1992			
1993	UDF／RPR	都市市街地政策（138件）	建設省都市再生報告書作成
1994			

出所：Shéma Directeur et Projet d'Agglomération, Alain Motte, Institut d'Aménagement Régional d'Aix-en-Provence, JURIS 1995

これらの三つの動きによって集約される。

（1）外国からの都市開発手法の影響（一九八八〜一九九三年）

第二ステップ（一九八八〜一九九三年）は、国のほうから都市開発に関するさまざまな手法が提供され、地方議会が対応しやすくなった時期である。統合補助金などの新しい財源移転制度の成果が出始めた。

この時期、欧州の他の国、例えば英国などではエンタープライズゾーンの設置など、中央政府が率先して地域経済活性化に乗り出す例が増えた。欧州諸国の経済政策に新古典派的思考（ネオクラシック）が浸透し、都市政策に民間市場志向型の開発思想が及び始めたことが都市開発手法への注目を集めるきっかけとなった。英国では、市場主義と都市戦略を結びつける思考が浸透し、都市開発に民間資本を導入するダイナミズックな都市政策モデルが登場した。

一九九三年に建設省都市局は、八〇年代以降の都市政策の問題点を指摘した「再生」という報告書を出版した。中央政府自ら従来の規制中心の土地利用政策から、より中期的な都市インフラ整備戦略の必要性を認めることになった。

リヨン都市圏計画局長を務めた建設省都市建築局長フレボー氏（Jean Frebault）は一九九三年の都市報告書の作成責任者として、地方分権と都市戦略の整合性をどうとるかという問題に関わった一人である。フレボー氏は建設省のエンジニアとして、一九七八年から一九八八年までリヨン市の戦略性の高い都市開発計画に携わり、地域開発計画に対して、国側の人材がどのような形でサポートをすべきかいくつかの提案をした。

一九九三年の建設省の報告書は、一九八〇年代に用いられた都市開発手法が、地方分権の影響により十分な集積効果をもたらすことができなくなったことを指摘し、人口や企業が集積した地域の政策課題として、以下の三つの点を指摘した。

①集積の進んだ地域では、集積によりメリットを統合的に把握する手法が必要である。
②既存の政策を再編することを考慮にいれた計画手法が必要である。
③政策決定の主体を地元議会のレベルとは別に設ける必要がある。

この建設省の報告書は、市町村自治体が目指す総合的計画手法を、より優先順序を明確化させた手法に転換すべきことを提案した(6)報告書として注目される。

こういった戦略性の高い政策や社会的ニーズへの即応性を地域計画の中でどう位置づけるかという点について、専門家の間で議論が分かれた。

第一に、地方議会は、計画づくりのプロセスの中で、機動性を要求する都市政策にどのように関与すべきなのか。経済活性化といったテーマは、従来の都市計画の範囲に組み入れにくいテーマであり、住民サービスを主体とする自治体にはなじまない。企業誘致のためには地方税の減免や物流網の整備、資金調達など、従来の体系からは異なる経営ノウハウや知識の必要性が増してくる。こういった計画の柔軟性に議会が対応できるかどうか、従来の都市計画手法と増大する経済活動のニーズをどう整合させ、人やモノの流れを促進する投資ニーズにどう応えるべきなのかという点が検討ポイントとして浮上した。

第二に、企業経営で頻繁に用いられる戦略という言葉を地域政策や都市計画にどこまで適用できるのかという点である(7)。この点から、民間セクターからの専門性の高い人材のリクルート、国と地方自治体の間の人材交流などが取り上げられた。

こういった都市問題に関する議論のプロセスにおいて、国側と地方側では計画策定の根拠となる概念の違いがしばしば露呈した。地方側は、総合的な都市戦略を必要とするのに対して、国側は従来から行っていたセクター別の縦割り型計画を変更せずに計画を実施したいと考える傾向が強かった。この認識の違いにより、都市自治体の計画概念と国の政策のずれが顕在化し、国側の対応が遅れるといった事態が生じやすい。

一方、地方側の手法にも批判が集まった。従来採り入れられてきた市町村連合体の手法は、市町村の行政サービスを共通化することに力を注いでいたために、集積地全体の国際競争力といったファクターを十分考慮に入れることができなくなっていた。

また、市町村自治体が作成するＳＤの作成件数は増大したが、サービスの共通化を図るための市町村間の紛争の仲介ないし妥協に時間がかかり過ぎるようになっていた。ＳＤが長期的構想になりすぎて、現実の失業問題や社会的ニーズに対応できないのではないかという意見も出始めた。

すでに人口一〇〇万以上の大規模な集積地では、集積のメリットを活用した地域経済活性化策が必要だという認識が強まり、地方議会は率先して新しい都市経営手法を開発するケースが出始めた。ニーム市など、面倒なＳＤ作成のプロセスを回避して、新しい戦略的方法を生み出すところも出始めた。

このように、都市の活性化というテーマは、国が推進する都市政策としばしば対立する構造を生み出した。一方で両者の利益を共有する構造を生み出し、計画の上では都市政策と国の政策を重層的に組み合わせる計画手法が発展した。空港や高速道路など大規模なインフラ整備を必要とする市町村は、中央政府の関与を強く残すべきだという考え方を採用した。それに対し、十分なコア・エリアをもつ複数の市町村は、自らの豊富な地方財源を背景にして、地元の団体の政策優先順序を反映させようとした。

これらの試行錯誤の結果、市町村の責任範囲は拡大し、ボトムアップ型の政策形成の流れが加速化し、都市地方自治体側の勢力が拡大するようになった。都市と国側の主導権争いは、結局中央政府の助けを借りたかたちで大都市圏の政策形成能力の上昇へと結びつき、都市自治体は一つの政策立案主体として、国と地方自治体の間の第三勢力を形成するようになった。

注

（1） Motte, Allan [1995].
（2） Amin, A., Dietrich, M [1995].
（3） Les Echos, 一九九九年三月一九日付、二五頁。
（4） この内容は、RNU（Reglementation nationale d'urbanisme）と呼ばれ、この内容は、都市法の条項R111-1から111-27に記されている。
（5） D'Arcy, Prat [1985] pp. 261-299.
（6） Motte, Allan [1995]. 総合計画手法は市町村自治体の発想であり、戦略的志向はエンジニア的発想であり、政策転換は二つの発想の違いを示していると指摘している。
（7） Padioleau, J. D, Demester, R. [1989].

第7章　次世代都市を描いてみる——病院機能を中心においたメディスクエア(1)

1　環境と医療ニーズに適応するコンパクトシティ

これからの都市再生策には、産業ニーズだけではなく、高齢化社会のニーズや環境問題への解決方法を十分に組み込む必要がある。質の高い医療・介護サービス、エネルギー消費の適正管理、ごみのリサイクルや産業廃棄物処理、飲料水の質の向上など都市ニーズへの対応は緊急度を増している。

一方、都市ではコミュニティが育ちにくく、都市ゾーンの中の一体感が薄れやすい。こういった状況で個別のビル建設ばかり優先すれば、「生活環境の改善」、「インフラの維持更新」といった地域の共通ニーズに対応できなくなる恐れがある。行政側が都市インフラの整備のための投資を削減していくと、共有空間の整備が遅れ、町全体が次第に老朽化していく危険性がある。

二一世紀の都市のビジネスモデルとして検討したメディスクエアはこのような都市の動きをとら

図7-1　都市のハードとソフトの目減り現象と都市価値向上の必要性

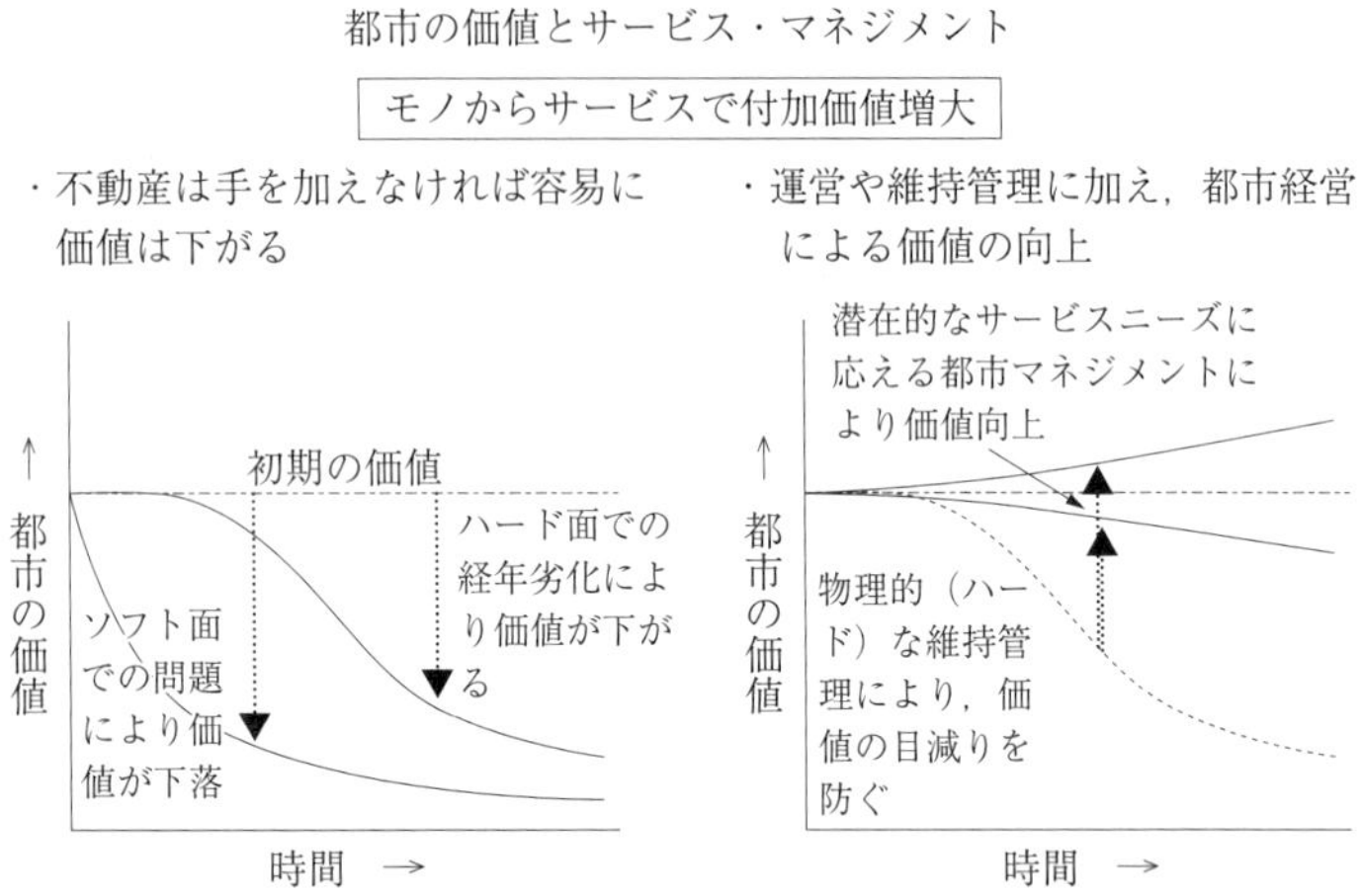
都市の価値とサービス・マネジメント
モノからサービスで付加価値増大
・不動産は手を加えなければ容易に価値は下がる
・運営や維持管理に加え，都市経営による価値の向上
↑都市の価値
初期の価値
ハード面での経年劣化により価値が下がる
ソフト面での問題により価値が下落
時間 →
潜在的なサービスニーズに応える都市マネジメントにより価値向上
↑都市の価値
物理的（ハード）な維持管理により，価値の目減りを防ぐ
時間 →

えて、都市のシステム構築に必要な条件を探り、都市の投資価値を積極に高めていこうという構想である。

メディスクエア構想とは、“media”（人と人とをつなぐもの）と“medical”（ヒューマン・ケア）を融合させた次世代型都市開発である。〝スクエア〟は「二乗」（掛け合わせる）と「広場」の二つの意味を持ち、ユーザーの豊かな生活への期待を専有空間のみならず共有空間でも実現することを基本コンセプトとしている。

こういう考え方と類似しているのが、コンパクトシティという考え方である。この考え方には二種類あり、持続可能な都市の開発を強調するものと、ヒューマンセンターを強調するものがある。前者は、徒歩による移動性の確保、職住近接・建物の混合利用といった都市機能の混合化、建物の中高層化による都市の高密化など、環境的な配慮

図７－２　地域の価値を高める相乗効果

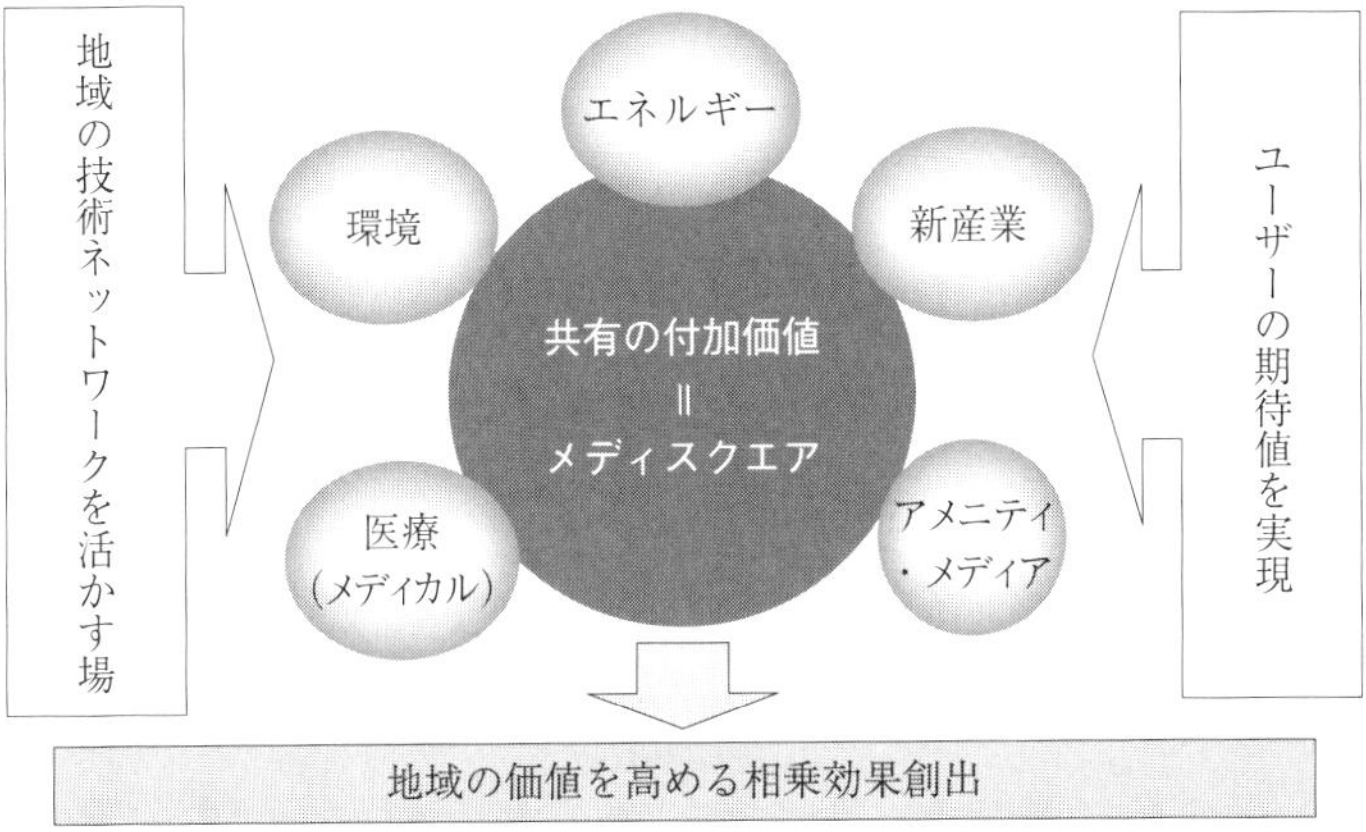

というところに特徴がある。

後者は、町の中心性を確保しようとするもので、郊外に立地している大学や病院を街のなかにもってくることによって、住民の新たなニーズに即応しようというものである。

私が考えるメディスクエアは両者の機能を合わせもっている。都市システムの構築に、新産業の創出、雇用の拡大、ヒューマンセンター、研究開発などの機能を入れ込むと同時に、これを都市経営システムによってサポートするプロセスを組み込む。二一世紀の都市政策はこういったさまざまな機能を総合した社会システムを構築していく必要がある。

それには、社会的ニーズの動きを把握した上で、都市や地域のシステム構築に必要な社会的条件を都市の設計にあらかじめ組み込んでおく。いいかえれば、持続可能な都市という姿を次世代の技術を使って実現していくための都市デザインがメディスクエアある。

図7-3　次世代都市のキーワードとメディスクエア

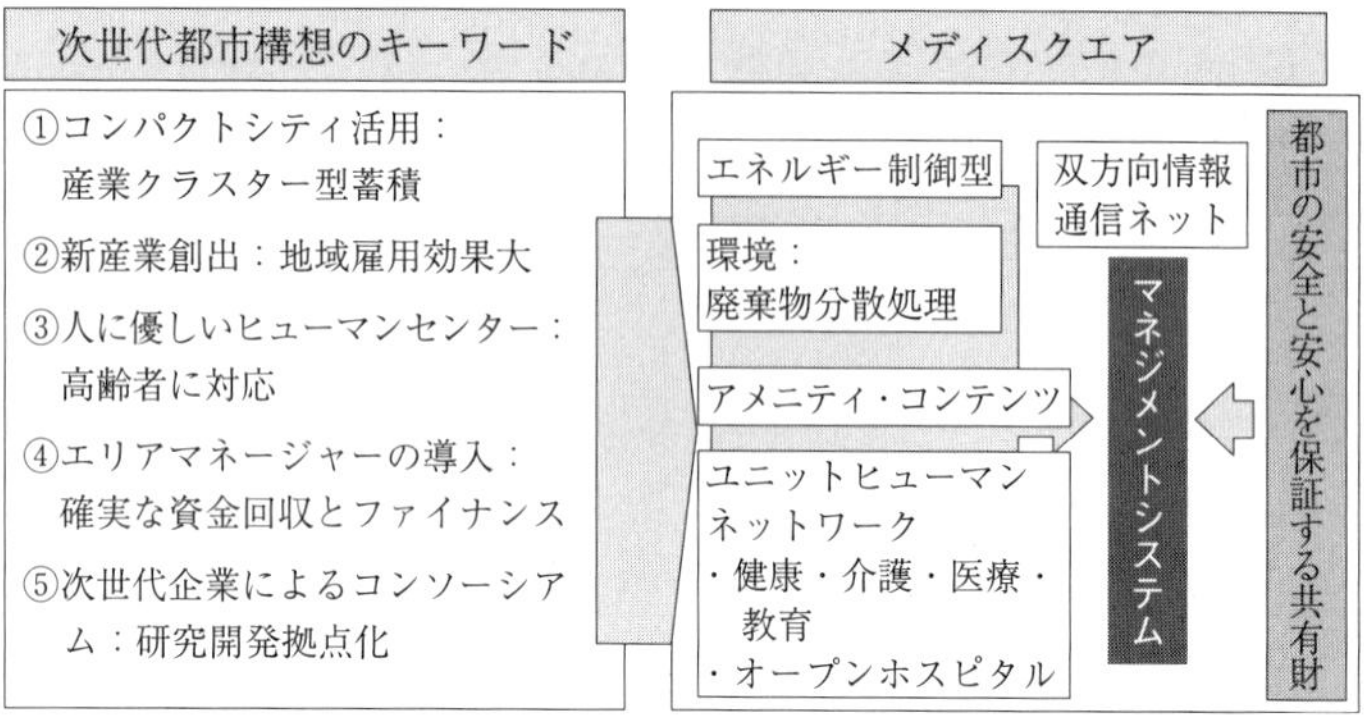

これからの地域価値は、エネルギー管理システム、環境マネジメント、医療システム、新産業の創出度、楽しさ、出会いなどの快適さに向くだろう。

そこで、技術的には、都市基盤を支える技術的管理システムと高度な情報共有システムによりサービスの付加価値を上げていく戦略を採る。そのツールに、ヒューマン系と環境系との二つの価値軸を組み込んで、顧客である都市の住民、企業にとって付加価値をあげることを目標にする。

運営面では、環境問題や医療などの社会的ニーズに対応する都市マネジメント事業会社を組み込むことにより、都市ゾーン内の投資・資金循環を促進する。つまり、これにより、人々の期待値や潜在的ニーズを入れ込んで、双方向性を配慮した合意形成プロセスによって動くシステムを構築する。

メディスクエアのサービス体系を要約すると次の三つがある。

①ヒューマン系
遠隔医療システム↓ナノメディシンによるオンデマンドの医療
住宅↓健康管理、高品質給水、食品流通
アクティビティ↓エンターテインメントとコンテンツ空間
②環境系
エネルギー・マネジメント↓エネルギー消費の最適化
環境系↓廃棄物マネジメント
交通システム
③情報通信系
地域ポータルサイト↓双方向の情報システム
モバイル・オフィス

2　メディスクエアと開発地域のゾーニング

地域の魅力を高めるための活動ゾーンとしては、住ゾーン、職ゾーン、環境・健康ゾーン、学ゾーンを設定し、そのシナジーを活用するために、重なる共有空間にアクティスペースやネットワークシステムを入れ込む。それぞれの付加価値を相互に高め合う構造とする。

これらの共有空間の価値を高めるための経営・運営主体として、都市マネジメント事業会社を設

図7－4　次世代価値創造

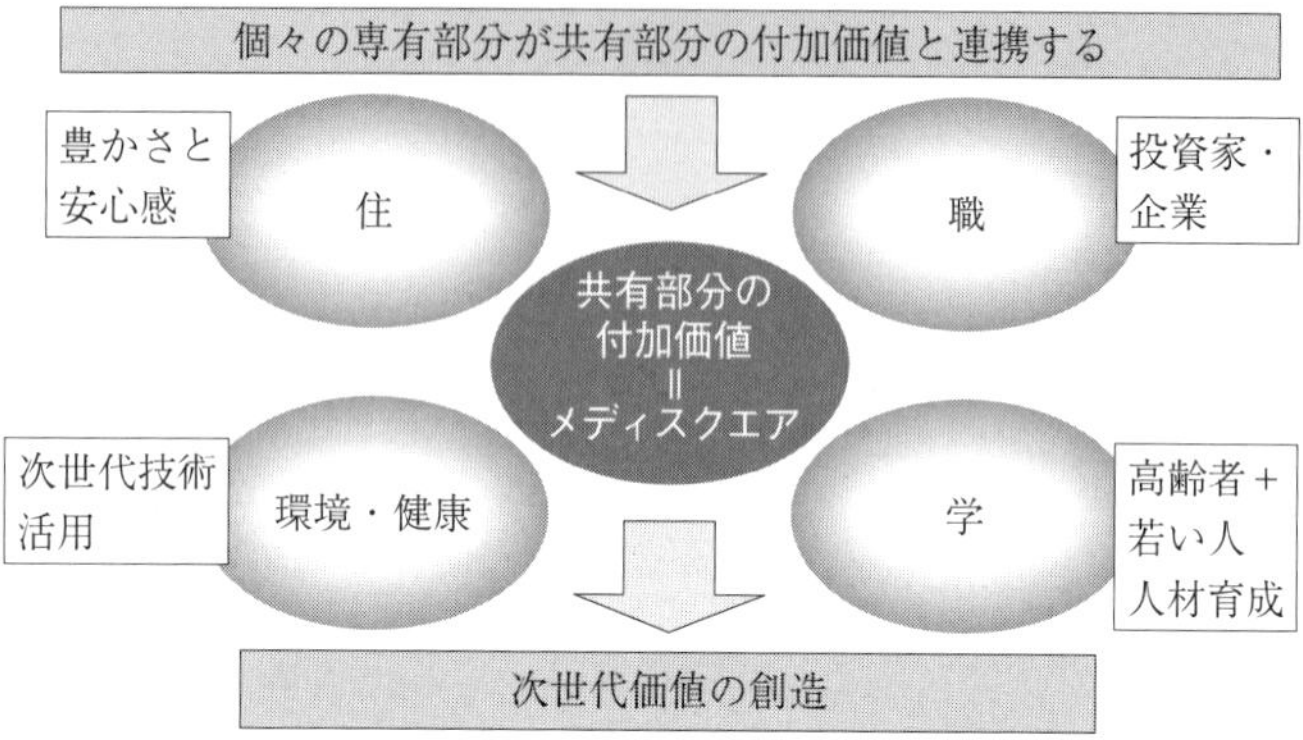

立し、地域内投資・資金循環を高めるための活動を行う。産業を中心とした資金循環を促す方法としては、ナノやバイオテクノロジーを中心とした技術開発および普及拠点をつくり、次世代型企業の集積を高め、ノベーションを活発にしていく。さらに国や地方自治体と連携を図る。

（1）都市マネジメント事業会社による開発構想の具体化

都市マネジメント事業会社は、都市開発のビジョンに従ってユーザーと都市サービス・インフラ産業との間の仲介機能を担っていく組織のことである。企業で言えばガバナンス組織にあたる。開発地域全体のサービスの水準を設定し、それを望ましい水準にもっていくように活動する。開発区域内の公共ゾーンの管理・運営は、時間やコストの節減、エネルギーや廃棄物の削減効果を最大限にするように行う。資金調達面では、開発地域内の公共インフラに関わる資金フローを管理し、調達資金への返済計画を作成し、公共機関との折衝などを担当する。

図７－５　都市マネジメント事業会社と関連主体

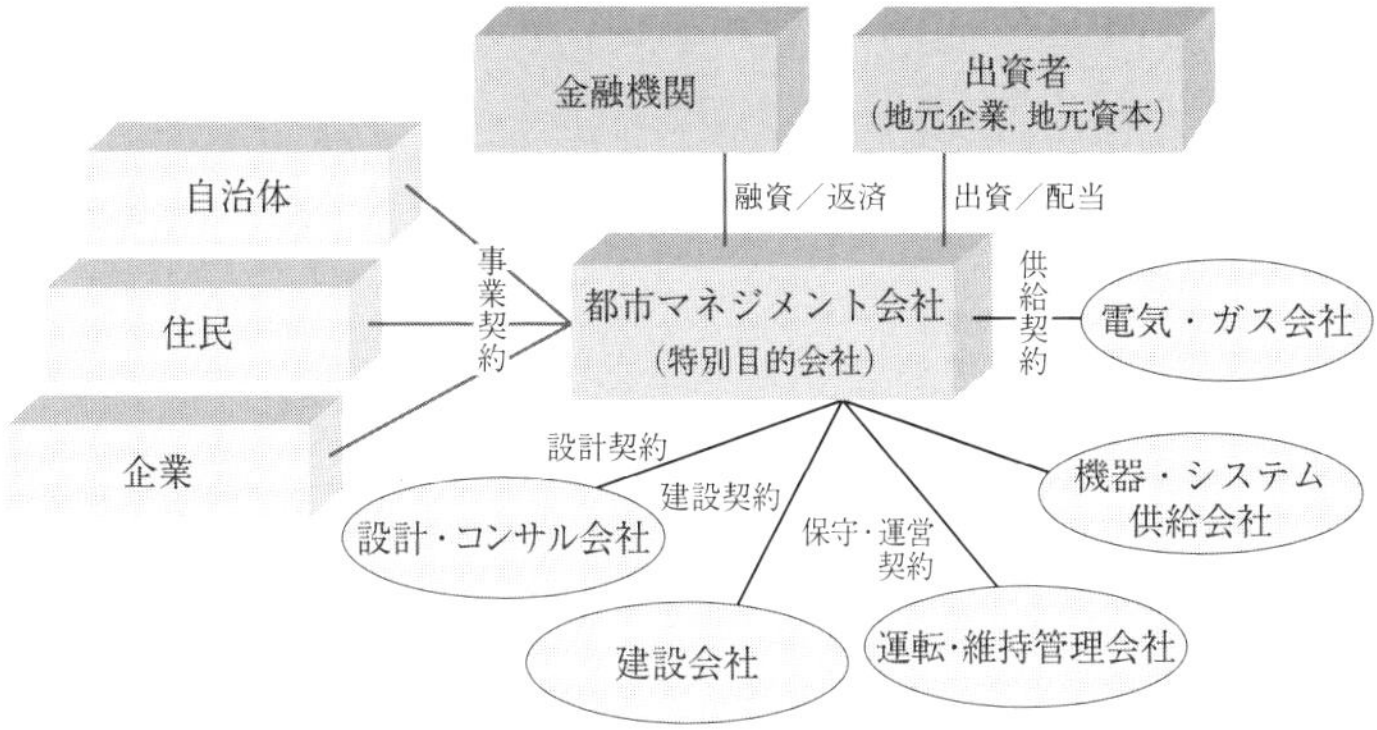

図７－６　各主体のメリット

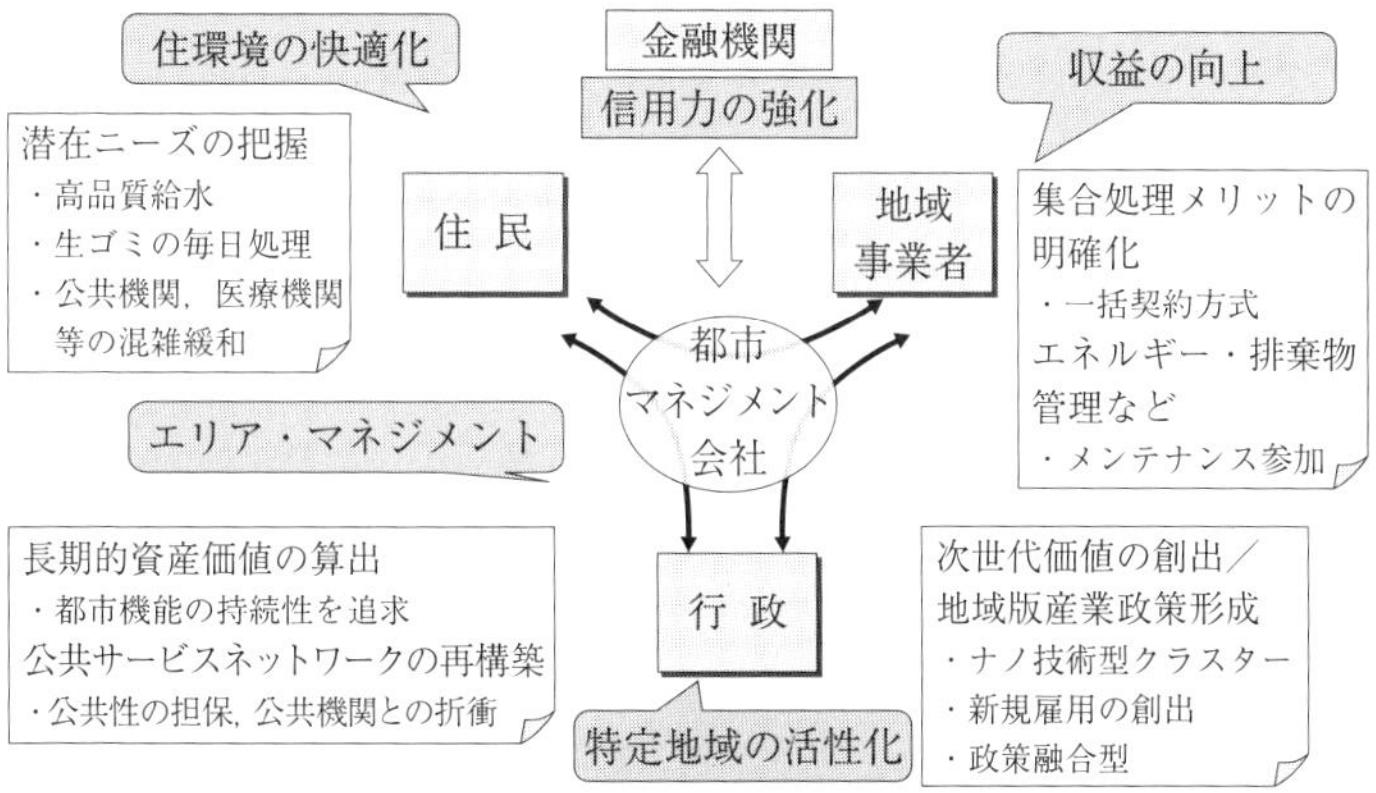

都市マネジメント事業会社は、開発地域内のインフラ投資およびサービス提供コストを運営情報システム内にデータベース化し、共益費部分を基礎にしてユーザーに対する課金を行い、サービス価格の決定などを行う。共益費の負担の方法としては、金銭的なものもあるが、土地やスペースの提供、ボランティアなど、物理的なものも含まれ、公的機関からの払い込まれる補助金の処理なども行う。

また、電力・ガス、飲料水、医療システム、廃棄物処理など共益的なサービスを管理するので、都市マネジメント事業会社がユーザーと業者の間にたって、受益と負担の調整する役割を担う。これにより、集積メリット活用によるコスト削減、長期的には施設の老朽化対応、維持管理水準の確保を目指す。サービススペックを柔軟に変えられるという点で、従来の公共サービスよりも顧客対応型である。

3　病院機能を中心においたメディスクエア

(1)　医療費の構造

日本社会の高齢化は社会保障上の様々な構造問題を引き起こしている。医療費は、一五兆円（一九八四年）から三〇兆円（二〇〇〇年）と二倍に推移している。国民一人当たりの年間医療費を年齢階級別に見ると、高齢者の医療費は国民全体の医療費の約五〇％に達する。

図7-7　年齢別国民医療費

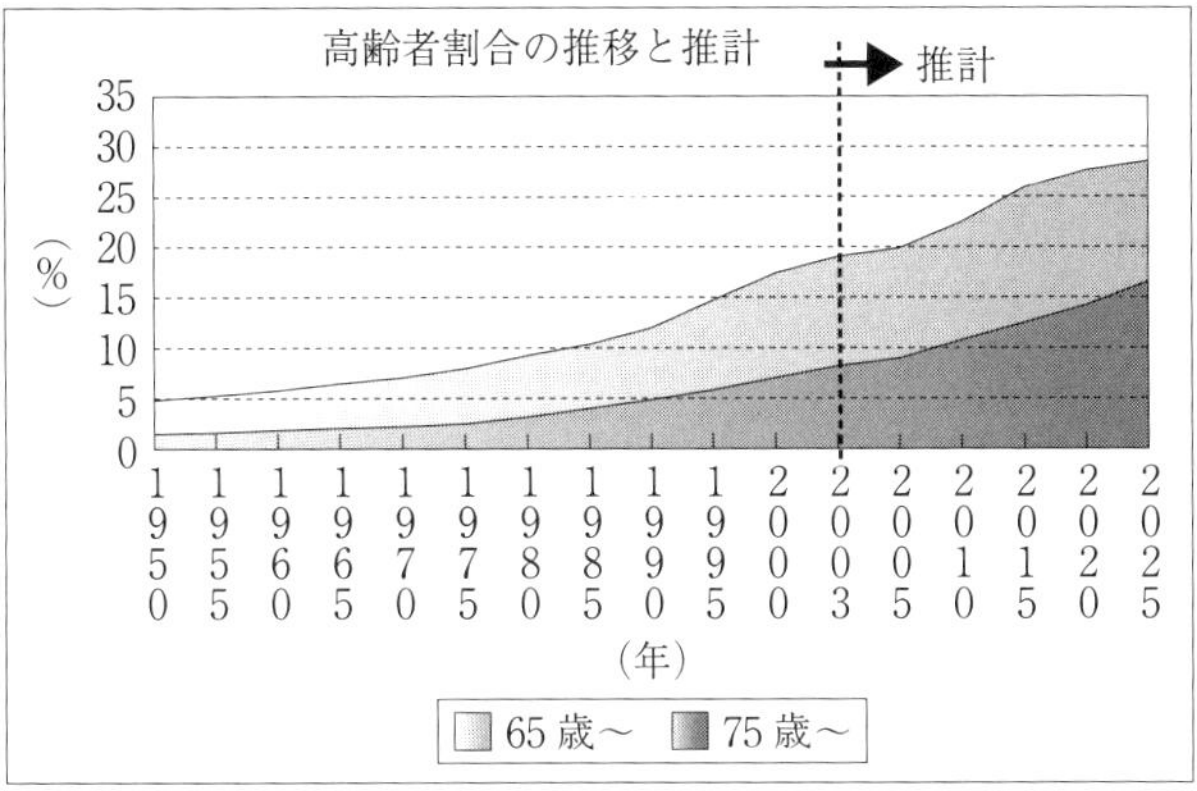

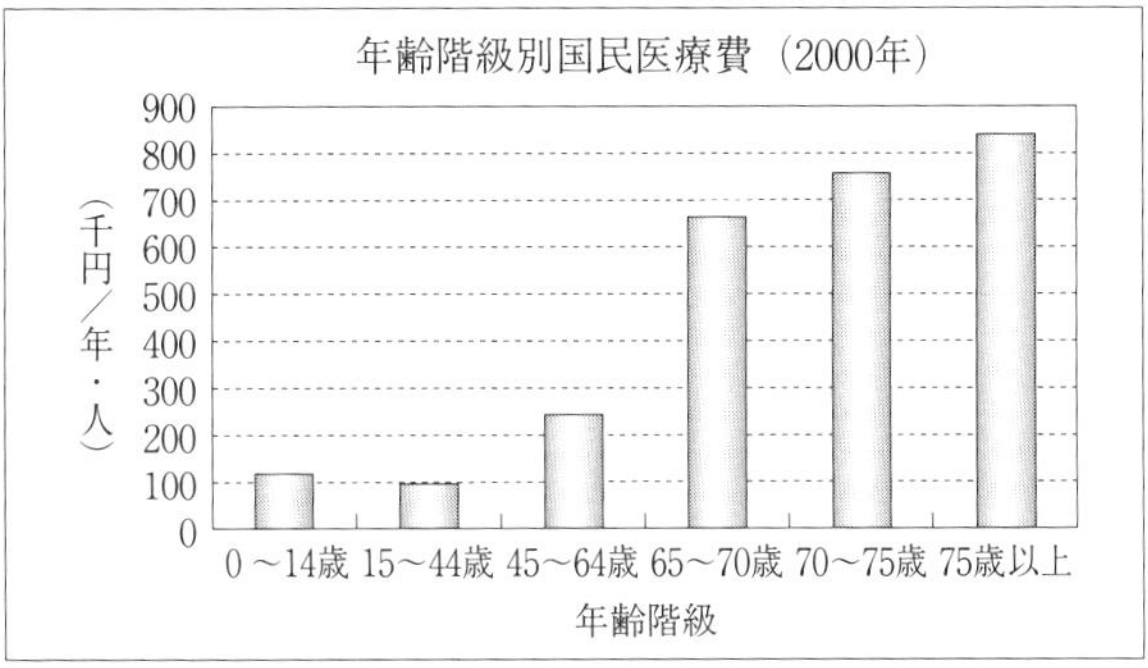

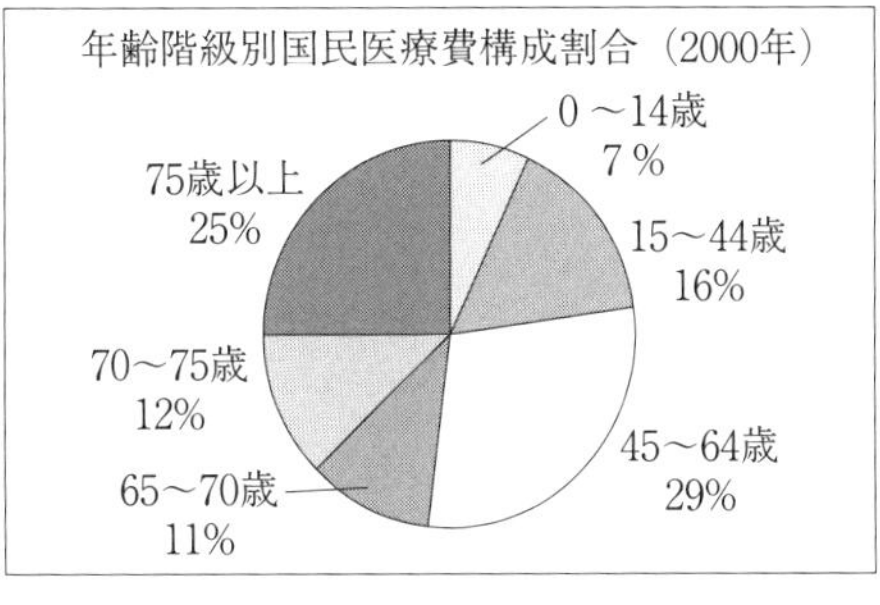

図7-8(3)　平均在院日数の推移

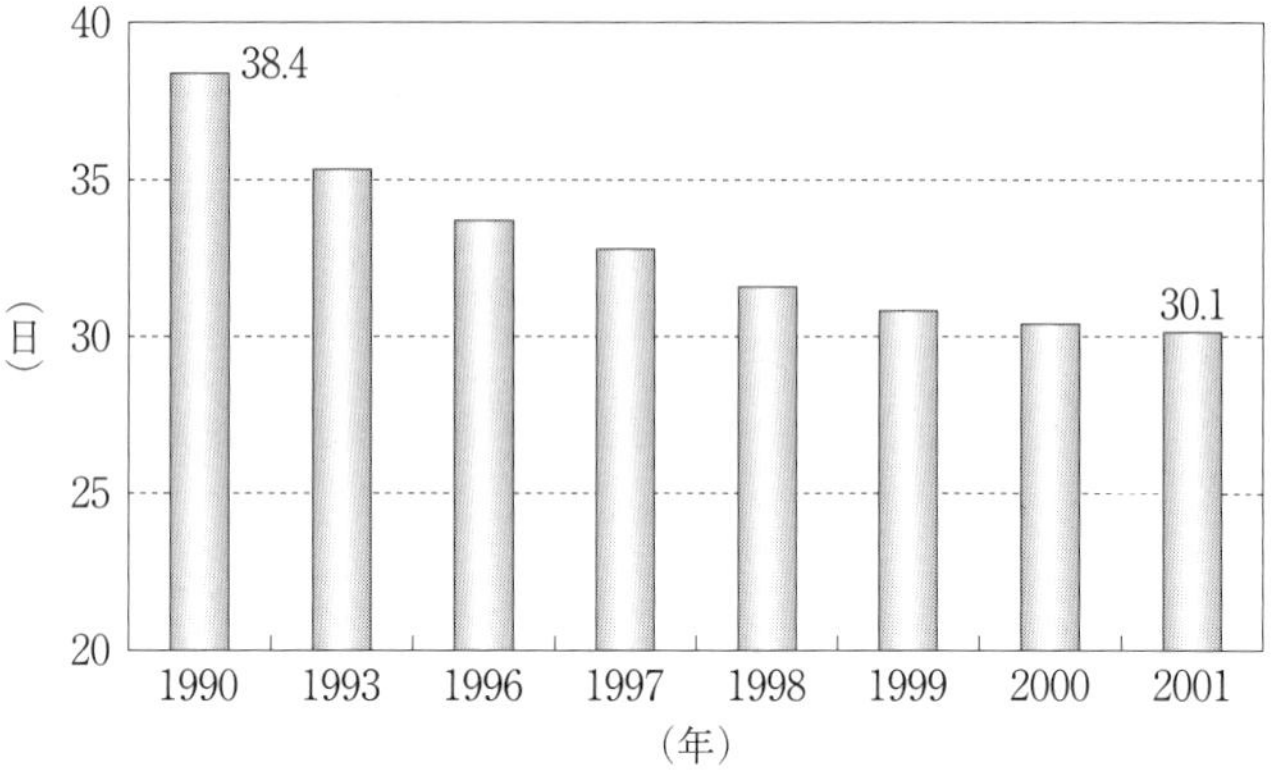

（2）病院の収容能力の低下

一方、サービス面から見ると、医療コスト削減のため平均在院日数は低下傾向にあり、一九九〇年では三八・四日だったが、二〇〇一年には三〇・一日にまで短縮されている。特に術後入院日数の短縮幅が大きい。

この背景には、病院機能のうち「療養」部分はなるべく縮小して病床の回転率を上げ、収益性を確保しようという病院経営上の理由がある。在院日数の短縮傾向は、都心部で顕著であり、東京都区部における平均在院日数は、全国平均と比較して一週間以上短い。

また外来患者の増加傾向が強まっている。二〇〇一年の外来患者数は延べ六億四〇〇〇万人に達したが、病院の外来患者を受け入れる能力は減少している。今後、増大する外来患者のために、どのような対応ができるのかという新しい課題が浮上している。

外来患者が増えれば診察前の待ち時間は長くなる。二〇〇二年の調査結果を見ると、大規模な病院では患者の

図7－9　外来患者の数と一般病院数

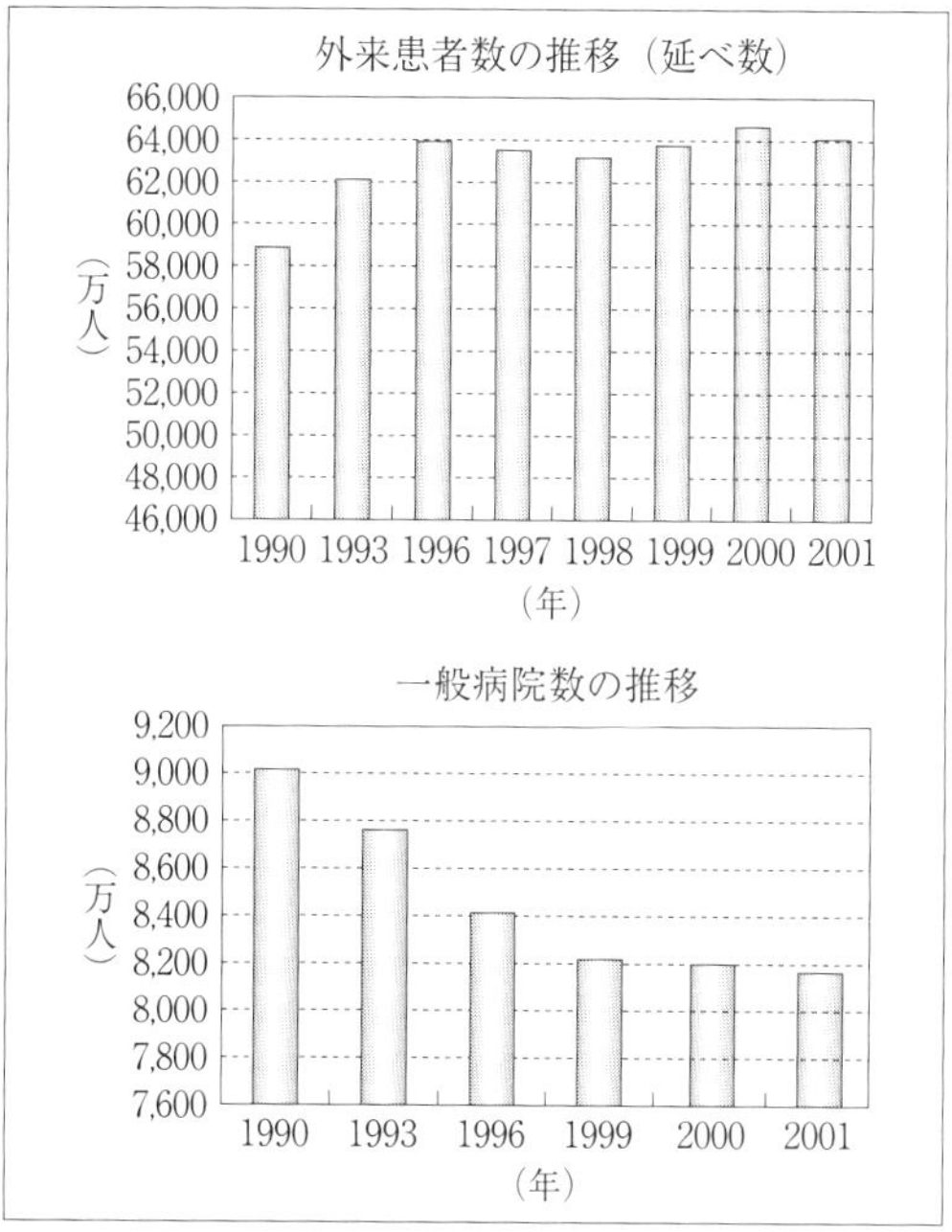

図7－10(4)　2002年 診察時間の待ち時間

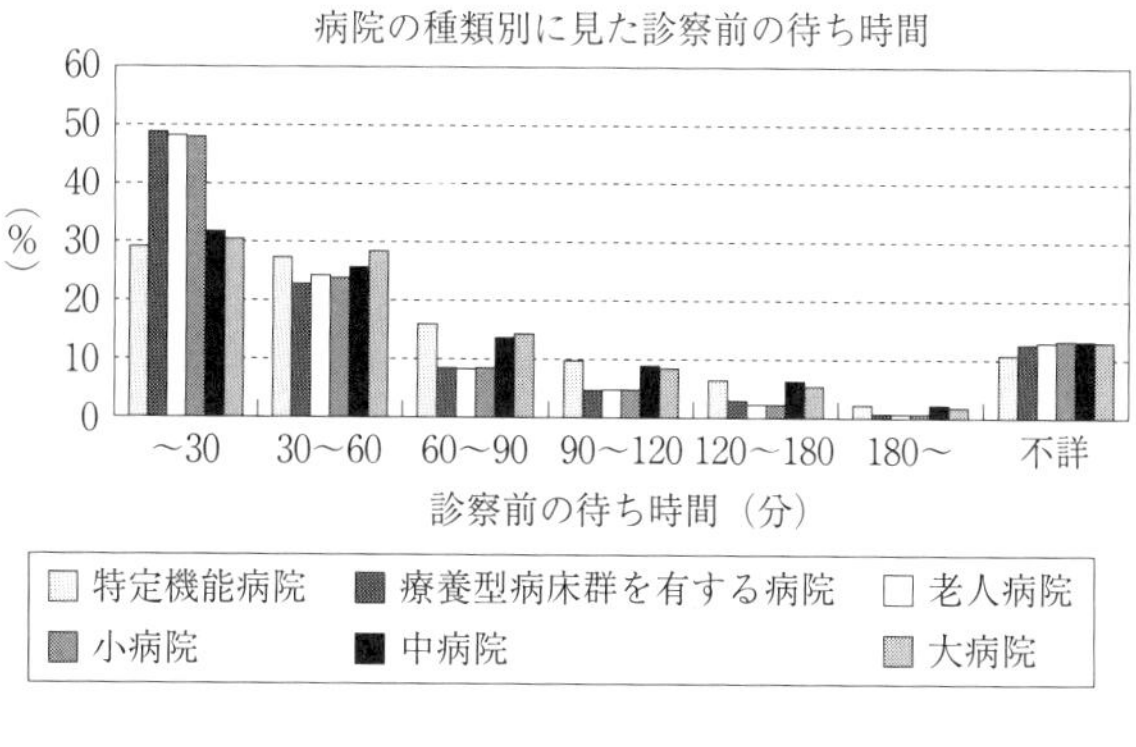

表7－1　大都市の平均在院日数

都市名	平均在院日数
東京23区	22.4
川崎市	22.6
横浜市	23.1
仙台市	24.1
名古屋市	25.5
神戸市	27.4
千葉市	27.6
大阪市	28.5
全国平均	30.1
広島市	31.3
福岡市	32.5
北九州市	34.2
京都市	34.3
札幌市	36.5

二〇％以上が六〇分以上の診察前待ち時間を経験している。一方、診察時間は一〇分未満と大変短い。医療サービス需要が多いのに供給が少ないという供給と需要のギャップが生じている。今後高齢者人口が増加し、患者数も増加した場合、病院機能のオープン化が進まなければ、病院の混雑状況はますます深刻化するであろう。

この問題を解決するためには、現在の予防や療養機能を徐々に病院外、すなわち都市空間へ分散する必要がある。

4　次世代医療技術の都市空間への応用[5]

(1) 次世代技術の活用→ナノメディシン拠点とメディスクエアの連携

治療費を下げながら、サービスを高めていくための改善のポイントは、予防段階で提供される診断機能をまず充実させることである。特に、働く人々の最大の問題は、病院に行く時間がないために病気が深刻化し、また自分自身の健康・治療データを持っていないために健康管理がしにくい点にある。その結果、病気が進行し、生活習慣病に陥りやすい。

これからは予防段階に加えて、病後の健康管理を行わなければならない。こういった形で病院の外で健康管理をする人数が増えていくにつれ、これからの医療には病院外サービスの領域が広がっていく可能性が高い。これらの病院外のニーズに対応するための構想がメディスクエアである。

メディスクエア構想は、病院外のコンサルティング、遠隔医療システムを都市空間のサービスの中に入れ込むことによって、地域の付加価値を高めようという構想である。こういったニーズに対応できる技術として、ナノテクノロジーを用いた医療技術の応用を視野に入れている。

これにより、病院の治療システムと病院外で行われるさまざまな検査結果を統合し、病院の品質管理を高めることができる。また、情報システムを用いた遠隔診断、遠隔治療により、病院に通うことなく予防、健康管理を行うことによって、安心感を増幅することにつながる。

(2) 遠隔診断の活用

遠隔診断システムは、微量の血液で種々の疾患の診断を可能にした画期的な技術である。これに用いられるマイクロチップ技術の大きな特長は、①ごく微量の血液で、②短時間に、③高感度な診断が可能な点である。

このような次世代技術の特長を活用することで、従来のオフサイト診断ではなく、オンサイト診断すなわち職場や家庭での健康チェックが随時可能となる。さらに診断用端末機器をネットワーク化することにより、個々の診断結果データを地域のクリニックに送信・蓄積することができるので、医師など専門家の適切なアドバイスを受けることが可能になる。予防医学的な用途のみならず、退院後のケアなどの療養を目的としても大いに活用が期待される。

メディスクエアは、病院を中心においた都市開発構想であり、高度医療センターの機能とコミュニティ機能、データベース機能を組み込んだ構想である。高齢者や住民はできるだけ病院の敷地の外に居住しながら、クオリティー・オブ・ライフを維持することができる。病院と、住居やオフィスはネットワークでつながれ、健康状態がユーザーの希望に沿ってモニタリングされているので、病気の深刻さの程度によって、病院、クリニック、自宅などさまざまな選択肢のなかから滞在場所を選ぶことができる。

病院は高度な治療機能を充実させ、日常的な病気への対応は街中のポイントを活用できるようにする。アドバイスが必要なときには、予約システムにより医師グループとの連携を行い、なるべく病院空間以外のところでアドバイスを受ける。食生活面での管理は、材料仕入れなどからメディスタッフが担当し、必要な量の材料を届ける。

このように、病院機能を病院の施設内だけではなく、「医・住」近接型の街づくりの視点を組み合わせれば地域活性化にも寄与できる。また高齢者がさまざまな消費活動の担い手として、あるいは運営当事者となって活躍することができるようになれば、新たな地域の雇用需要を生み出すこと

図7-11　遠隔診断システムのイメージ図

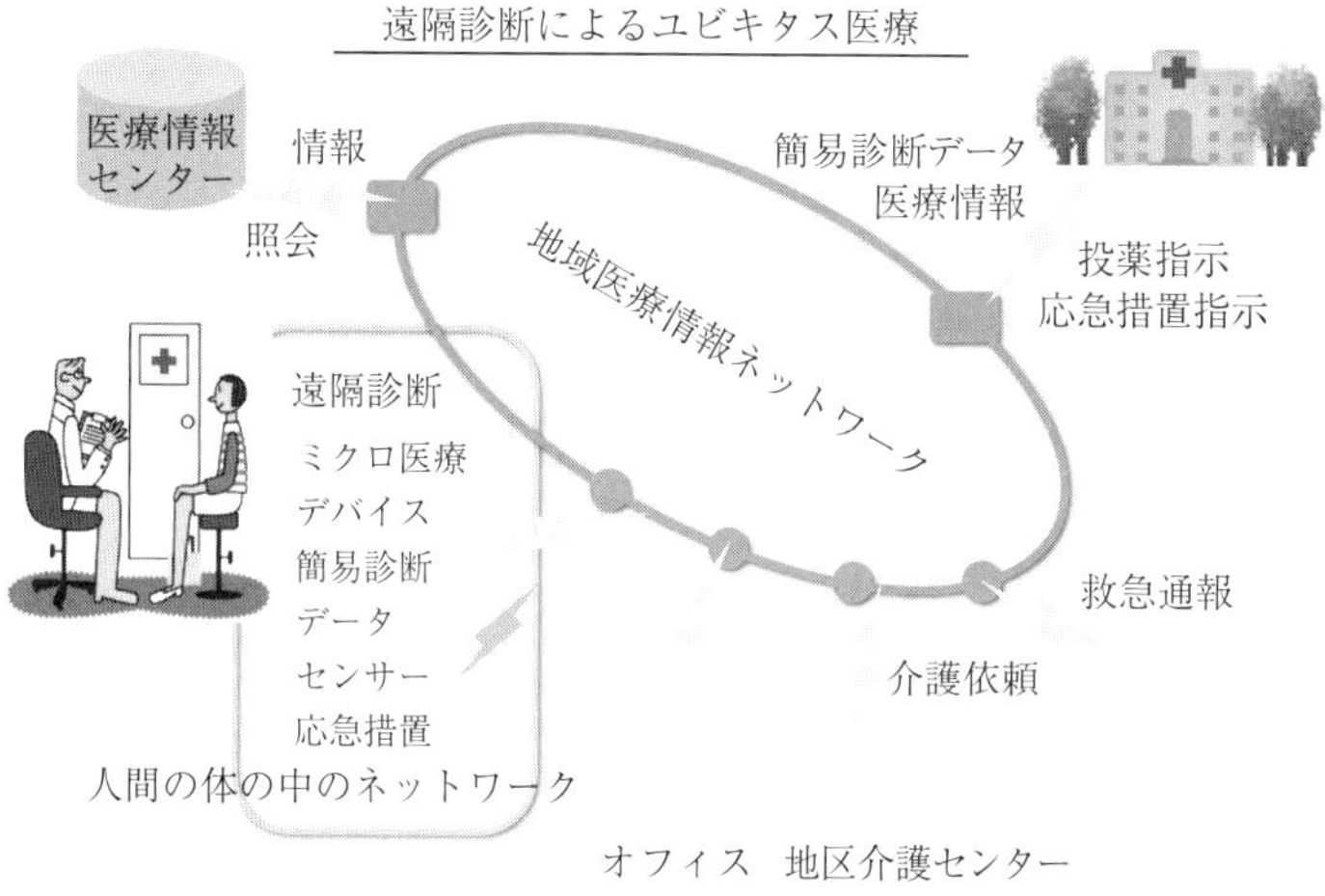

図7-12　メディスクエア内の高齢者の相互扶助システム

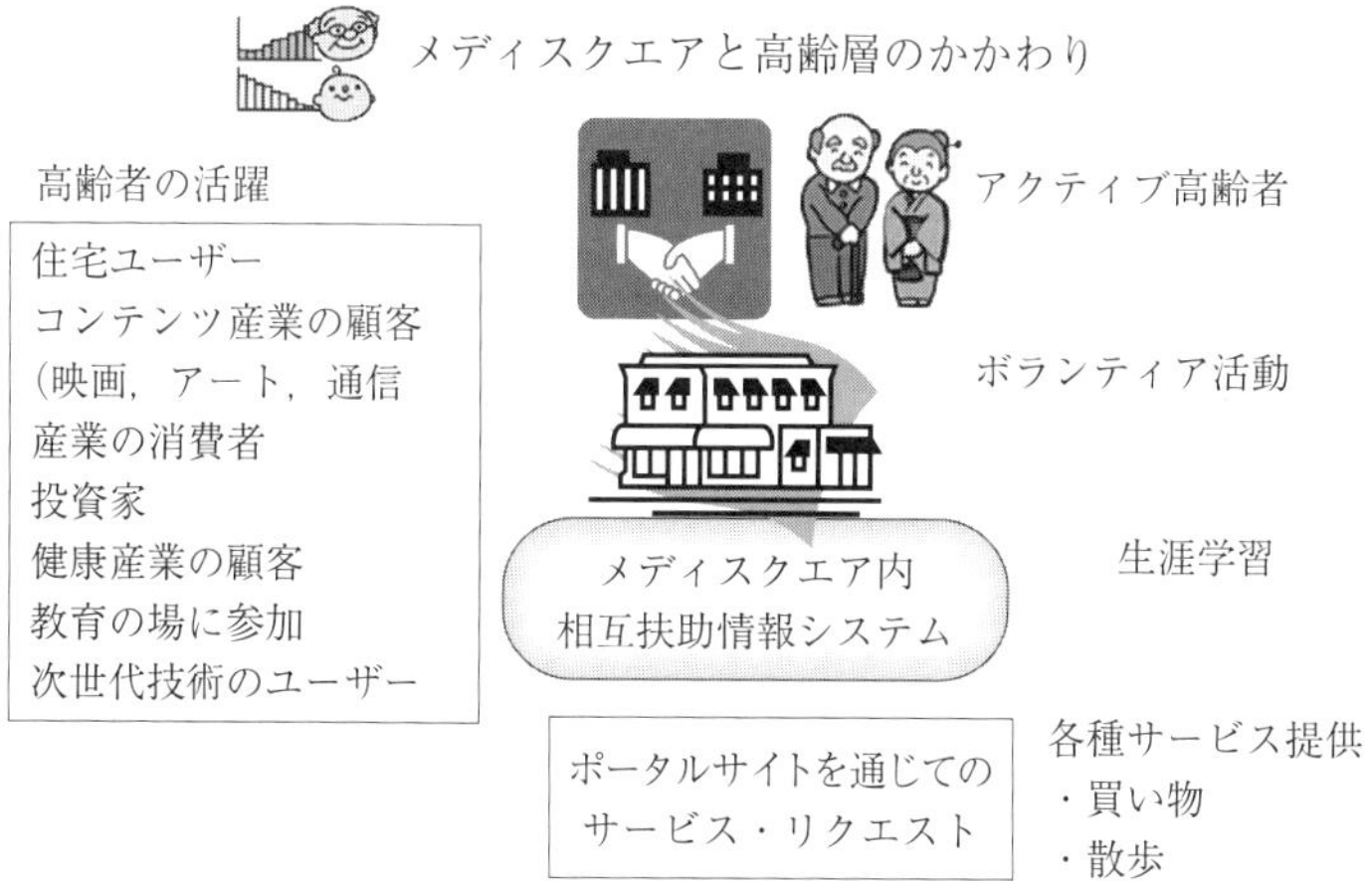

につながる。

都市空間の利用上は病院の周囲の敷地を、共同住宅、スポーツや商業施設、公共コミュニティ施設として複合的に再開発すれば、患者はもちろん、病気でない人も利用できるようになり、新たな消費の場になる。

魅力ある医療拠点が整備された街こそが、日常多忙な勤労者は言うにおよばず、「生活の質」を重視した人生を送りたい高齢者層の間でも支持されるだろう。そうなれば、病気の有無や世代の枠を超えた交流や助け合いによる街の活性化が病院を核にして進む可能性がある。

(3) 環境・エネルギー系——エネルギー消費の最適化

エネルギー消費の規模は、生活や経済活動の水準によって決まる一方、生活や経済活動がエネルギーによって支えられ、あるいは、制約を受けるという相互関係にある。このため、経済発展につれて、エネルギー消費も増加するのが一般的である。

一九七〇年代の二度にわたる石油危機を契機に産業部門での省エネルギー化が進むとともに、省エネルギー型電気製品の開発も盛んになった。このような努力の結果、エネルギー需要をある程度抑制しつつ経済成長を果たすことができた。しかし、一九八〇年後半からは、石油価格の低下に加え、快適さ・利便性を求めるライフスタイルなどを背景にエネルギー需要は再び増加に転じた。その後、一九八〇年代半ば以降は、一九九八年度と二〇〇一年度に対前年度比マイナスとなったのを除けば、エネルギー需要は一貫して増加している。

部門別にエネルギー消費動向を見ると、石油危機以後、産業部門がほぼ横ばいで推移する一方、民生・運輸部門がほぼ倍増している。その結果、産業・民生・運輸のシェアは石油危機当時の四対一対一から二〇〇一年度には二対一対一と変化している。

問題は増加する民生・運輸部門対策である。エネルギー消費パターンは家庭のほか、官公庁、病院、学校、事務所ビル、ホテル、卸小売り、飲食店など多岐にわたる。従って、それぞれの主体が自主的にエネルギー消費を効率化するだけではなく、各々が連携し、総力を挙げて取り組む方策が必要である。

次世代型都市において、エネルギー問題は避けて通れない問題である。特に、都市部のエネルギーの増大やヒートアイランド現象を考えると、今後は従来の省エネルギーの概念だけでは不十分で、エネルギー消費の積極的な最適化プロセスが重要である。従来の日本の「ものづくり」は、製造技術の発展を中心にしてきたが、それを都市空間の中で発展させる方策は今日までそれほど重要視されてこなかった。メディスクエアでは、これまでのように技術開発の成果を個別製品などに限定せず、広く都市空間のなかで活用し、同時に社会的価値を上げていく方策を組み込むことを念頭に置いている。

環境・エネルギー問題については、今後、様々な制度や規制の出現が予想される。その課程で都市全体として柔軟に対応できるような仕組みを、次世代都市にどう埋め込んでいくかということが

図 7-13　エネルギー消費量の計測

・省エネ⇒ NEDO が2001年度から行っている「HEMS・BEMS 導入事業」
  ・HEMS（家庭用ホームエネルギーマネジメントシステム）；
  IT 技術を活用し，エネルギー消費量をコストとして表示し，リアルタイムで視覚化…
  ・BEMS（業務用ビルエネルギーマネジメントシステム）；
  エネルギーマネジメントが充分に行われてこなかった事業用ビル等において，IT 技術を活用して，機器のエネルギー需要を管理…

・環境マネジメントのためのエネルギー計測
  ・HEMS/BEMS のマルチユーティリティ化
  ・HEMS/BEMS の地域ネットワーク化
  ・地域内エネルギー消費量の収集，及び地域最適化によるエネルギー管理
  ・ユーティリティへの検針データの提供

一つの課題としてさらに意識されるだろう。この問題に積極的に対応するために、メディスクエアでは、電気、ガス等のエネルギー消費や上下水、廃棄物等の実態を把握できる計測インフラ、社会的ニーズ・規制（省エネや温室効果ガス排出削減、水再利用等）に都市機能を適合させる環境マネジメントのためのシステムの設計を組み込むことを想定している。これによって、環境規制に対するリスクヘッジが行え、次世代都市としての付加価値を高めることが可能になる。

　エネルギー・セキュリティには、建物や交通等に関わる物理的セキュリティや、通信ネットワークやデータに関わる情報セキュリティを加えて、総合的にマネジメントする。

　都市におけるエネルギー需要は電気と熱である。この点については電気と熱の最適化をコージェネレーションで行うのか、それとも高効率

図7-14　エネルギー消費の最適化

エネルギー消費量の計測

●計測システムのイメージ

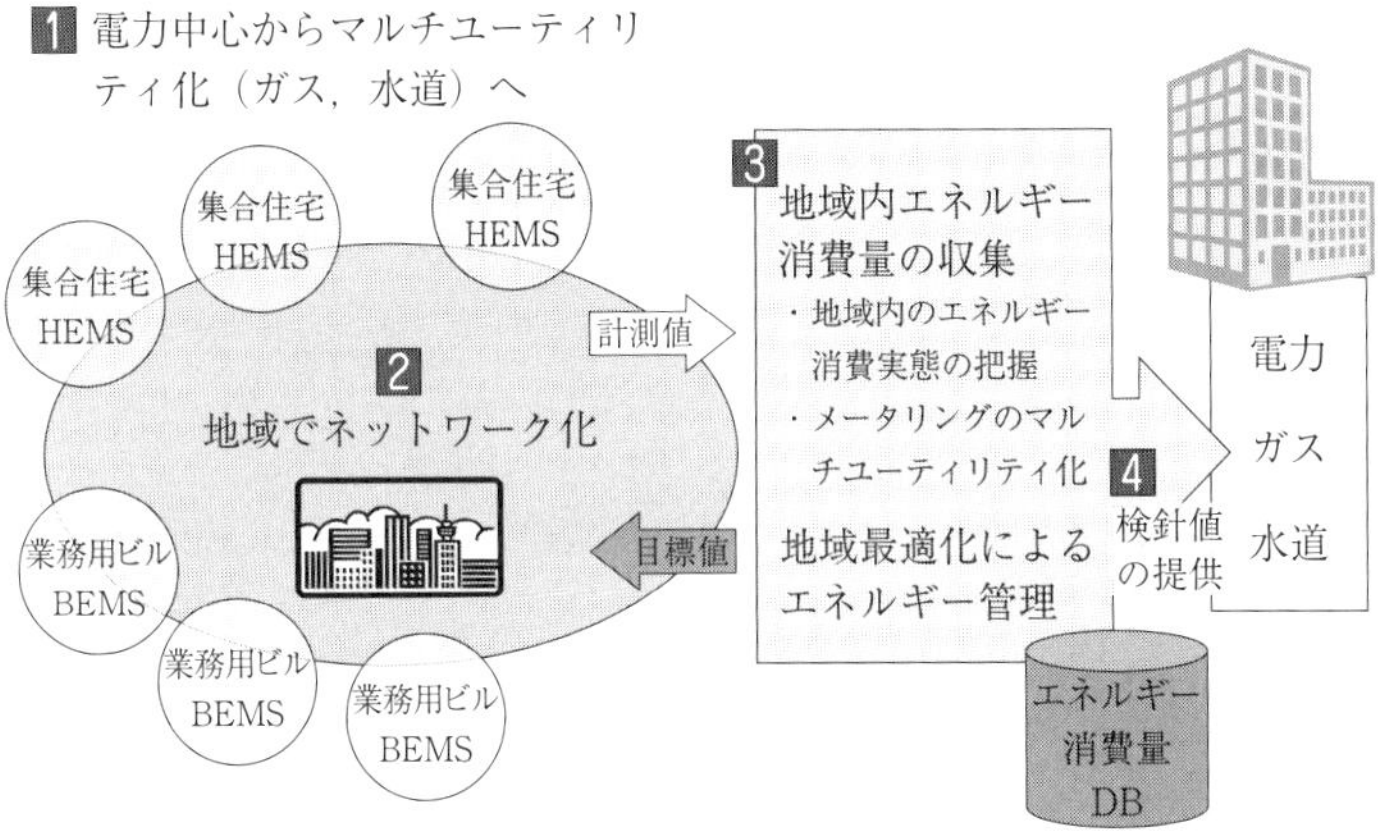

化の進む大規模集中発電による広域供給（系統電力）とヒートポンプ、冷凍機の組み合わせによる全電化システムのどれを選択するかという点が重要になってきている。欧米と比べて気候が温暖な日本では、民生用エネルギーシステムとしてはコージェネレーションによる排熱の価値は相対的に小さく、このシステムをどのように性能評価していくかという点の検討が必要である。

メディスクエアでは環境・エネルギー問題に対応するツールとして、エネルギー消費の最適化のためには消費量の計測インフラを活用する。NEDO（新エネルギー・産業技術総合開発機構）が推進するHEMSおよびBEMSのシステムに近い。HEMS（Home energy Management System）とは複数の機器を自動制御し、省エネルギーを促進させるシステムで、エネルギー消費

図7-15　エネルギー・マネジメントのビジネスモデル

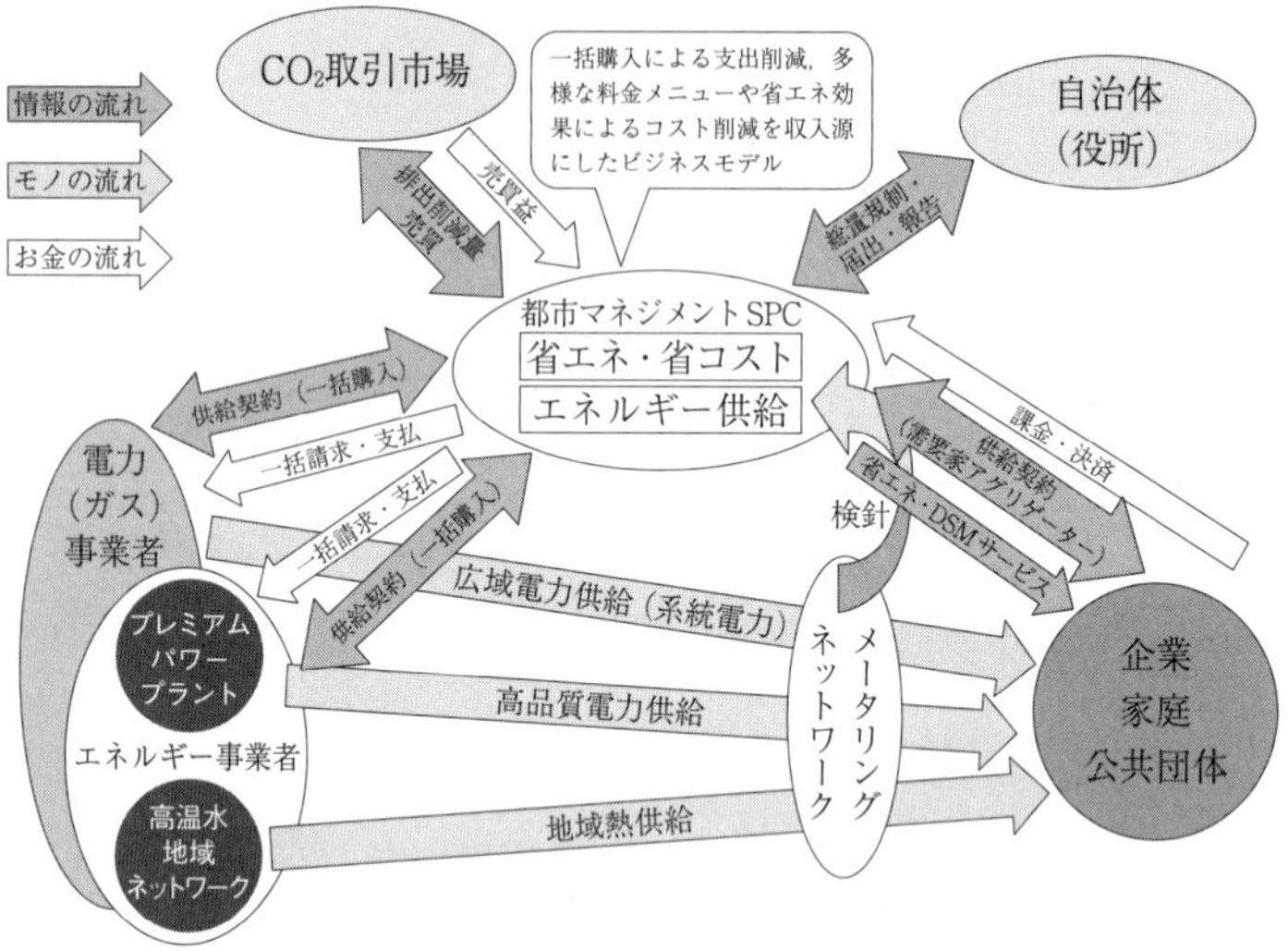

量をコストとして表示、リアルタイムで視覚化する。家電機器等の最適運転や、エネルギーの使用状況のリアルタイム使用量・電気料金表示等に使える。

BEMS（Building Energy Management System）は、業務用ビルで、室内環境・エネルギー使用状況を把握し、機器の運転管理によってエネルギー消費量の削減を図るシステムである。地域レベルでエネルギー消費を管理し、各家庭・ビル毎のエネルギー・マネジメントシステム（HEMSおよびBEMS）を通じて、地域内エネルギー消費量の変化を収集し、ゾーン別の環境評価ないしパフォマンス評価（実績評価）につなげることができる。

都市空間の最小構成単位（家庭単位および事業所単位といった細かいメッシュ）を設定し、エネルギー消費量、廃棄物排出量を計測し、需要家データベースを作れば、都市空間の情報共有インフラになる。これによりエネルギー消費を最小化するための経営と運営システムの効率化が可能になる。

メディスクエアは、このような「複数連携（面）によるエネルギー管理」に対応するものである。地域と都市マネジメント事業者が供給事業者と契約し、地域内の家庭および事業所は都市マネジメント事業者から電力供給を受ける契約を結ぶ。

このために、メータリングインフラの活用も考えられる。電力消費を計測するメータは電力会社が設置し、規制により表示機構をつけることが決められているので、この表示機構により、小口需要家にまでリアルタイムの情報の共有化が可能になる。

この高機能メーターを活用して、需要家の電力およびエネルギー消費の詳細な情報を入手することが可能になれば、ネットワークシステムは、コンパクトシティを支える新しい社会インフラとなっていくだろう。

注

（1）類似の考え方としてコンパクトシティーという考え方があるが、メディ・スクエアは技術管理サポートシステムの面から発展させ、さらに次世代へのバリューシフトを組み込んでいる。

（2）精神病床、感染症病床、結核病床を除いた療養病床、一般病床及び経過的旧その他の病床（経過的旧療養型病床群を含む）について。

（3）特定機能病院とは①高度の医療の提供、開発、研修ができる病院で、②内科・外科など主要な一〇以上の診療科、病床数五〇〇以上、医師・看護婦数に関する条件などの外的要件を満たし、③厚生労働大臣が承認したものである。本データにおける病院の種類に関する表章のうち、「小病院」、「中病院」、「大病院」については次のとおり定義した。

「小病院」　特定機能病院、療養型病床群を有する病院及び老人病院以外の一般病院で、病床規模が二〇床~九九床の病院をいう。

「中病院」　特定機能病院、療養型病床群を有する病院及び老人病院以外の一般病院で、病床規模が一〇〇床~四九九床の病院をいう。

「大病院」　特定機能病院、療養型病床群を有する病院及び老人病院以外の一般病院で、病床規模が五〇〇床以上の病院をいう。

「療養型病床群を有する病院」　病院の一般病床のうち一群のものであって、主として長期にわたり療養を必要とする患者を収容するための病床を有する病院をいう。

「老人病院」　特例許可老人病院及び特例許可老人病院以外の老人病院。

（4）（参考）動け！日本タスクフォース編［2003］。

第8章　都市型サービスの民営化モデル

1　地方公共サービスの民営化

「行政の効率化」については過去に専門的研究が数多くなされ、NPMなどの手法が開発された。ニューパブリックマネジメントの定義は、「民間企業における経営理念、手法、成功事例などを可能な限り行政運営の現場に導入することによって行政部門の効率化や活性化を図る」ことにある。この行政運営にはいくつかの検討ポイントがある。

①業績や成果による運営
②市場メカニズムの活用
③住民に対する顧客志向の活用
④運営しやすい組織編成

⑤経営資源の効率的活用

最近では、これに加えて、環境税やゴミ収集の有料化など適切な課金制度の導入が環境マネジメント上重要になりつつある。課金制度の導入は、単に収益性の改善といった目的だけではなく、有料化することによるユーザーへの環境意識の広がりやコスト意識の浸透などの面で必要不可欠な条件だととらえられるようになっている。

一方、運営効率から見て、課金制度の導入と民営化は、コストと需要量の比較を通じた効率性の判断を可能にするというメリットがある。

日本では、ＰＦＩ法などの成立を機に、公共事業などを効率的に遂行するために、一九九九年六月、「民間資金等の活用による公共施設等の整備等の促進に関する法律（ＰＦＩ法）」が可決され、民営化への準備が整った。ＰＦＩ法第二条においては道路、鉄道、港湾、空港、河川、公園、水道、下水道、工業用水道などの公共施設への水道事業への民間参入可能性を示唆している。

しかし、世界の進展しつつある民営化の流れは、建設事業のコスト負担を民間側に委託するものではなく、自治体のサービス運営部門を民間事業体として行うことを前提にしている。

特に民営化事例が最近多く見られるのは、高速道路や橋などのナショナルネットワークの一部より、都市交通、上下水道、エネルギー、通信などの地域内ネットワーク部門である。特に上下水道とエネルギー部門では、民間企業の新たな参入事例が多い。電気系統と水道系統を統合した形の契約がカサブランカで成約するなど、電気、ガス、水道などの事業を組み合わせた形で案件が成立するケースも増えている。

こういった上下水道部門を中心に民営化が進む背景には、いくつかの要因が考えられる。

①環境サービス分野での受益者負担原則の浸透。独立採算性の徹底、フルコストリカバリーなどによる料金回収方式の普及。
②水道事業会社による地域別ソリューションビジネスの浸透。
③途上国自治体の財源制約から生じた民間資本活用の必要性。
④環境基準や水質基準の明確化による自治体の水処理および管理能力の向上。
⑤バイオフィルター技術やデジタル化など技術革新の進展
⑥ニューパブリックマネジメント、ＰＦＩなど公共サービスの運営委託の広がり。
⑦途上国向け世銀の民営化のスキームの普及。

以上の要因に加えて、ビジネス全般にわたる傾向の顧客重視の傾向が公共サービス分野の市場化・民営化を推し進めている。需要側の要求を供給側がどう反映するかという側面が重要になり、顧客のニーズを細かく継続的に勉強する必要性が高まっている。

さらに、公共サービス部門への競争政策の導入というポイントがある。

これまで地域行政サービスの多くが地域独占産業として運営されてきた。例えば、電力、ガス、上下水道、ごみ処理などの公益事業、病院・介護などの福祉事業サービスには地域独占性が認められてきた。公共サービスは公共財(1)であり、民間企業の参入は無理だと考えられてきたからである。

しかし、近年これらの分野で民営化事例が増えてきたのは、地域公共財の市場性と、投資需要に関心があつまっているからである。従来から公共サービスは、国の法令や規制に基づいて、一律のサービスを提供することが多かった。その結果、行政サービスを義務として供給する構図ができあがり、価格も公共側が決定する仕組みが出来上がった。

しかし、途上国では、税収によってサービスを行うよりも、料金制を導入するほうが、自治体経営を安定化させると広く考えられるようになった。資金回収面から見ても、水道事業への投資資金不足の解消のためには、料金収入を活用したほうが、民間企業による参入を容易にするという考え方が浸透している。その結果、運営形態、料金負担水準、運営主体、運営形態も民営化形式によって多様化するようになった。

ここでは、民間主体の公共サービスの提供というテーマを通じて、インフラ部門における新しい原則を探ってみたい。

2　民営化パターン

図８－１　民営化に向けた様々な契約形態

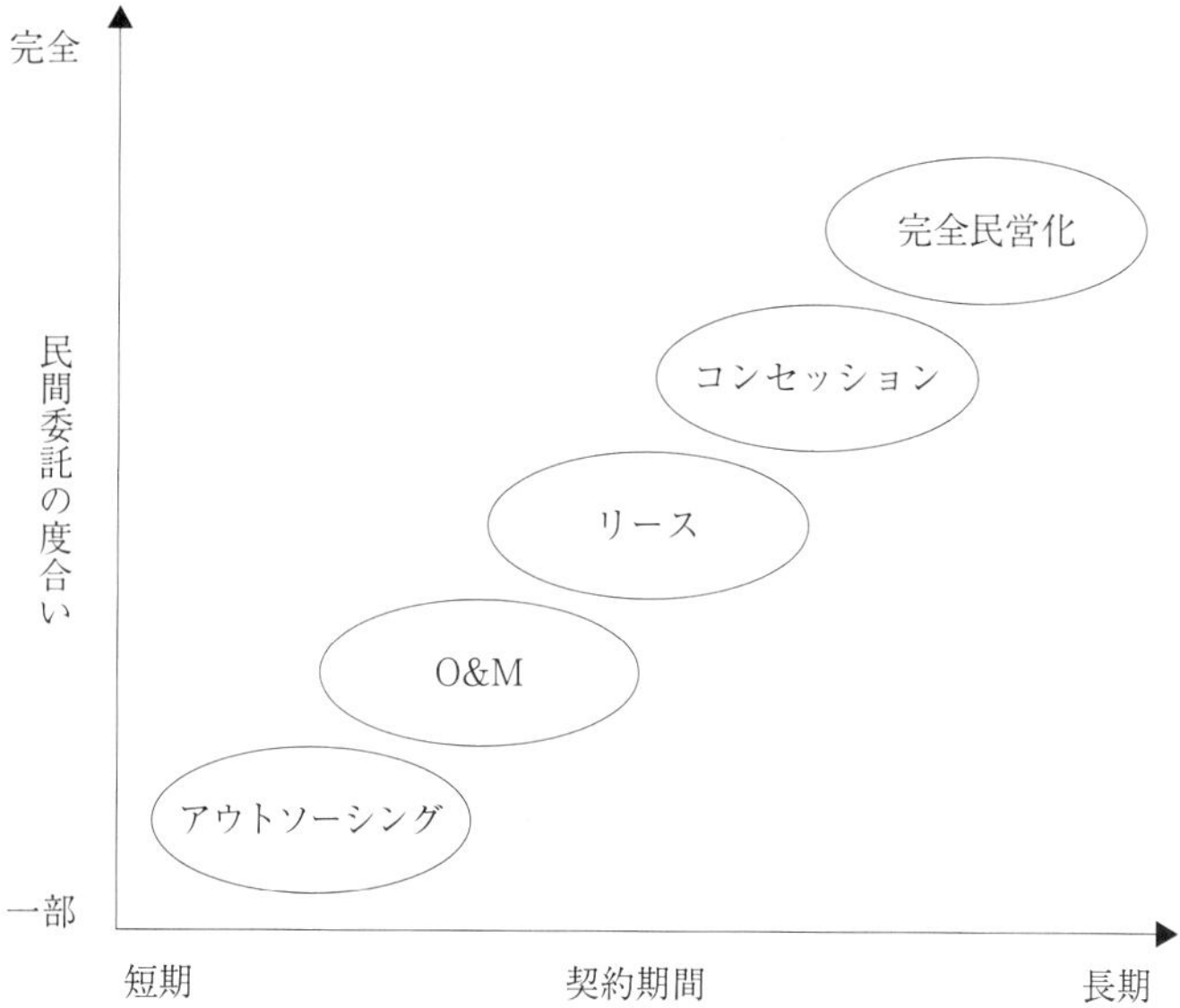

一口に水道事業への民間参入と言っても様々な形態がある。それらに関わっている検討項目をまず上げておこう。

①行政とサービス事業（水道局など）、水道事業と顧客の契約形態
②官民の機能分担
③規制機関の役割
④料金設定
⑤水資源開発・管理
⑥地域環境管理組織との関係

このうち民営化の対象となるのは、①②④の部分であり、その他の部分は民営化の対象にはならない。水道サービスの点に限ってみた場合には、図８－１にあるような形で民間委託の形態が分類され

る。以下はそれぞれの概要である。

①アウトソーシング契約

民営化の最も初期的な形態で、検針業務、水道料金徴収、処理場や管渠のメンテナンスなど一部の業務のみを民間に委託する。契約期間は短期（二〜三年）が多い。

②O&M（Operation & Mangement）マネジメント契約

民営化が進んだ形態で、水道事業を一括して民間企業に委託する。民間企業は業績に連動した委託料を公共より受け取る。メキシコシティ等で行われており、民営化の準備段階として用いられる場合もある。契約期間は五年程度。

③リース契約

各種施設を公共から民間企業にリースする形態である。民間企業は水道料金の徴収を行い、その中の一部をリース料に充てる。フランスやスペインで広く用いられており、経営の効率化が必要だが、新規資本投資の必要が少ない場合に適している。契約期間は一〇年から一五年。

④コンセッション契約

最も進んだ民間委託の形態であり、インフラの建設、修繕や改善責任まで民間企業が行う。民間企業は一定の資本投資を行い水道料金によってコストを回収する。契約期間は二五年から三〇年。

⑤完全民営化

水道事業体は民間企業に完全に売却され、所有そのもの物が民間に移行する。公共部門は水道料金やサービス水準に関わる規制業務のみ行う。

これらの選択肢は都市の自治体の財政状態、施設の老朽化度合いなどに合わせて運営形態を変化させるためである。最近注目されている形態は、完全民営化ではなく、コンセション型、リース型、あるいはマネジメント型である。これらの分野は、総称して民間代理委託（delegated management of public services）方式と呼ばれ、この分野ではフランス型モデルが普及している。

3　フランスにおける民間代理委託方式

フランスにおける民間委託方式は、英国において九〇年代移行発展したＰＦＩ方式とは異なり、一九世紀中盤から普及した企業形態が発展したものである。英国の方式が、浄水場やごみ処理場、橋など一定の施設の建設とその資金の回収に焦点をあてたものであるのに対して、フランス型では都市の公共サービスネットワーク運営が民営化の対象となる。

この代理委託形態が法令的にも整備されるようになったのは二〇世紀初頭である。国務院（最高行政裁判所：Conseil d'Etat）は、国、地方自治体の公共サービスを、一般行政サービスと企業サービスに分け、企業サービスの場合には、民間市場と同様の法令、つまり私法に従うと判示した。続いて、一九三五年のヴェジア公社の判例及び一九三八年の地方金庫（Caisse primaire: Aide et Protection）の判例により、私企業が一般行政サービスにも参入できることを判示した。これにより、地方自治体が第三者（私企業）にサービスの運営委託をするための契約形態が整うことになった。手順としてはまず、地方自治体のサービスを、一般行政サービスか事業性サービスかで区別する。次に、事業性のサービスは外部の第三者（公法人および私法人）に委託して処理させることができる。事業性サービスかどうかの基準[2]は、事業主体（受託者）の報酬が公共サービスの経営管理の結果によって変化するかどうかによる。従って、従来型入札方式とは違って、民間企業の経営能力が報酬を決める際の評価対象となる。

フランスの民営化－民間への代理委託契約の基本形はコンセッションとリース方式（アフェルマージュ）である。そこで以下、もう少し詳しく公共サービスの民間委託方式を説明する。なお、これらの方式の法的根拠は、ＥＵ競争法に基づくサパン法によって規定されている。

（1）コンセッション方式（concession：民設民営方式[3]）

コンセッションのコンセプト[4]は、自治体および事業体のすべての借入金は投資対象となる設備であるか明らかにしなければならないという原則に基づいている。この契約の成立手順は以下の通りである。

①施設整備と維持管理を行うための資金は、受託者（concessionnaire）の企業が調達する。新規借入金の場合、それが水道施設のどの部分にあたるかを明らかにする。

②コンセッション契約期間は、受託者が全責任を持って経営管理を行う。契約期間中は、人員の雇入れ、施設の維持及び補修、管理に必要な物品の調達等を行う。

③受託者は、施設の利用者から料金（使用料）を直接徴収することによって投下資本を回収し、一定の利益を得ることができる。経営努力によって生じた報酬は受託会社に帰属する。料金設定は受託会社が行うが、ケースバイケースで改訂条件を契約に盛り込むことができる。

④受託会社は、金融リスク、事故、料金徴収リスクなどのリスクを負う。

⑤必要な設備投資は受託会社がすべて責任を負う。契約成立と同時にそれまでの施設は全て受託会社のものとなる。ただし前所有者からの施設移転の過程で受託会社が権移転に必要な資金を支払うこともある。契約終了時には、基盤部分、設備等は一切受託自治体に戻すが、サービスの提供に直接関係のない財は自治体に戻す必要はない。

⑥受託会社は消費者と直接的なサービス契約関係を持つことができる。

以上のようなコンセッション方式は、時代とともに変化し、最近では、一般行政サービスにも多

図8－2

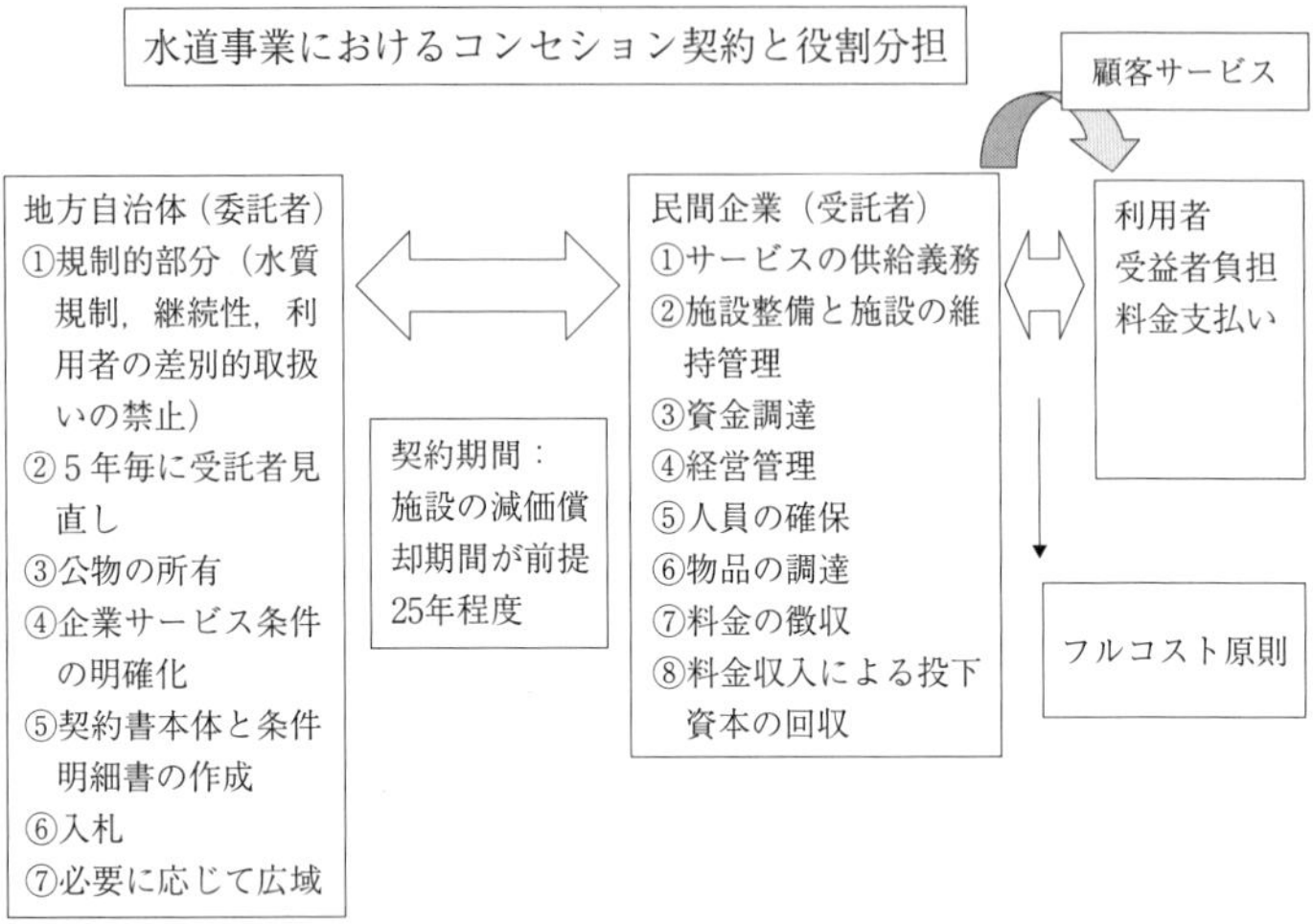

用されるようになってきている。高速道路、病院の建設管理などのほか、テレビ放送事業などにも広がっている。また、地方自治体が、受託者の財政的負担を軽減するため補助金を出すケースもこの形式に含めている。

　コンセッション契約を用いるメリットは以下のように二つに大別される。

　民間参入業者のメリットとして、次のようなものがある。

①採算性のある事業であれば投下資本を回収しつつ長期にわたる利益を確保できる。

②公共サービスであっても一定の規定を遵守（サービスの継続性、平等取扱の原則）すれば、受託者の裁量で事業を展開でき、企業家精神を発揮できる。

③受託者は、委託者の共同事業者として、初

期投資の段階で出資金、補助金などの財政的支援を受けて危険を分散することが可能である。また料金水準が低いために、赤字が出た部分を委託者と責任を分担できる。

他方、地方自治体側のメリットとしては、次のようなものがある。

①施設整備に係る初期投資の財政負担から開放される。
②直営方式による人件費などの固定費の増加による財政上の負担を軽減できる。
③外部に委託することにより、公会計の制約から免れることができる。
④契約の相手先を変えることができるので、新技術、ノウハウを用いたサービスが提供できる。

などである。

(2) リース方式（アフェルマージュ方式：affermage）

コンセッションの変形であり、受託者（fermier）は施設整備を行わず、維持管理のみを行う場合である。

この形式の特徴は、自治体側が設備投資の責任を負いつつ、投資以外の面、例えばメンテナンスやサービス提供、料金徴収部分について民間水道企業のノウハウを活用することができる点である。

表8-1

	民間の役割	民間への料金支払い	契約期間
外部委託1	管理運営の一部	自治体から定額料金	10年
外部委託2	特定のサービス（パイプ保守など）	自治体から支払い	12年
管理契約	管理運営（供給施設の民間へのリース）	重量料金を消費者から支払い，設備投資分を上乗せ徴収	12年
コンセッション	資金調達，建設，管理運営（料金徴収を含む）	すべて消費者から支払	20，ただし，5年ごとに見直し

この場合、地方自治体側に施設等の減価償却にあたる賦課金を料金収入から支払う。

この部分のコスト計算の厳密に行わないと、料金の配分に支障をきたす可能性があり、また契約上のトラブルが生じる場合がある。

フランスでは、この官民共同型の運営形態がもっとも普及している。また、コンセッション契約の期限が切れたあと、リース型に移行することもある。この形式は、水道事業だけではなく、近年、地域暖房などへも普及し、契約期間は、七～一二年である。

民間委託の特徴を記しておく。

コンセッションやアフェルマージなどの民間委託方式は、地方自治体が自由に委託の相手である民間企業を選択できるところに特色がある。しかし、一九八二年の地方分権導入以来、民間委託が地方議員の様々な汚職事件の下地になっているとの批判が強まり、ＥＵは、ＥＵ加盟国内の企業の自治体の企業サービス事業への参入を可能にする制度改革を行った。

一九九三年の「汚職の予防、経済生活の透明性及び行政手続きに関する一九九三年一月二九日法(5)」は提案者の名前を取って、サパン法（loi Sapin）と呼ばれている。サパン法は、契約総額が七〇万フランを超えるものを適用範囲としている。

サパン法では水道事業を、上水部門（取水し、浄水した水を給水する業務）と、下水部門（排水を処理・処分する事業）に分離し、二つの事業は法令基準に適合する衛生的な水を製造し、配水し、処理する「製造工程に関わっている」と解釈されている。

その上で競争法の観点からいくつか定めた。

①民間代理委託（délégation de services publics）契約の締結及び期間

地方自治体は、複数の民間企業に委託の条件を明示しなければならない。その内容は、

・事業に関する専門的能力と財政的基盤
・事業の継続性の確保と利用者の平等取扱原則の遵守
・事業の具体的内容と料金に関する条件
・地方議会の役割：委託事業の特質に鑑み、委託方式を選択し、複数の企業毎に適格性に関する意見を集約する委員会(6)を設けなければならない。
・上・下水道、ごみ処理についての契約期間は二〇年を超えてはならない。

②発注プロセスと入札：官民の機能分担とリスク分担
自治体側は公共市場における調達の原則に沿って国際入札を公開で行う。次に、ガバナンスと正当性の問題を解決するために、自治体の代表者（議会）が契約に介入し、企業の選定と、業務権限の代理（delegation）を認める合意手続きを行う。この協議プロセスは法律的手続きによって行う。

③官民のリスク分担：民営化の議論を行う際には、公共部門のうち、どこまでを民間セクターに任せるべきかを決定する。水道事業の民営化は生活環境に対する影響が大きいので、公共部門による監視や規制を民営化後も続行する。

民間企業側のメリットは、自治体のニーズ、新規投資および更新投資の規模などを契約プロセスで知ることができるため、経営資源を投入しやすくなるという点である。

4　地域経営モデルの模索

欧州型の自治体向けビジネスは、日本で議論されているＰＦＩ事業といった建設レベルではなく、自治体の直営事業すべてに応用できるモデルとして発展しつつある。この民間企業による自治体サービス運営は日本でも自治体財政悪化を回避する仕組みとして注目される可能性が高く、中央政府の補助金および財政投融資などの中央政府依存を低下させるのにも有効である。日本では個別事業ごとのリスク評価をせずに、中央政府が間接的にリスク保証をする仕組みがとられてきた。

民営化は、①組織改革、②産業技術の進歩の活用、③財務的メリットがあるが、それを確定するには、次の作業が必要となる。

①地域で潜在的に生じると考えられる公共ニーズの規模はどのくらいか。
②それらのニーズがどういう産業の特徴を有しているのか（医療、廃棄物、上下水道など）。
③その中でサービス産業のビジネスモデルに適合するものはなにか。
④プロジェクト・ファイナンスの仕組みにのってくるものは何か。

これらの分析を行った上で、地域とサービスの産業的特性を反映した地域経営モデルの導出を行うことにより、個別事業が経営分析の対象になってくる。いわゆる課金システム、つまり料金収入を用いたインフラコストの回収はその重要なツールになる。そこでまず④の課金システムとインフラの関係を整理しておく。

課金ビジネスとは通行料ビジネスともいわれ、通信ビジネスを中心にビジネスモデルとして普及している仕組みである。このモデルの特徴は所有権をユーザーに移転することなく、利用段階でユーザーに課金していくしくみである。

課金の中身としては、①使用料、②ライセンス、③定額の取引手数料、④コンテンツ消費量、⑤広告料などがあげられる。このシステムを使うと企業側にはいくつかのメリットが生じる。①毎月の現金収入、②売り入り方式のデメリットの改善、③顧客とのやりとりの継続化、④景気変動の影響の最小化などがあげられる。

サービスユーザー側にとっては、①固定費部分を変動費に変えられる、②所有権を得る場合のリスクの回避、③ノウハウの陳腐化の回避、などである。

公共サービスを民営化する場合、料金収入による設備投資コストの回収システムの設計と財務面の透明性の確保が重要である。行政サービスをこういった課金ビジネスに転換するモデルが有効性を帯びてきた背景にはいくつかの要因がある。

まず、これまで地域行政サービスの多くのものが地域独占産業として運営されてきたため、供給者とユーザー側のメリットの最大化が計れていないものがある。例えば、電力、ガス、上下水道、ごみ処理などの公益事業、病院、介護サービスなどの福祉事業、リゾート開発、美術館などの分野である。こういった分野は事業運営形態さえ変化すれば、ユーザーメリット拡大のための新規ビジネスが成長してくる可能性がある。

こういった分野で、顧客サービスの拡大を実現するための必要なフレームワークをここにあげておく。

図8-3

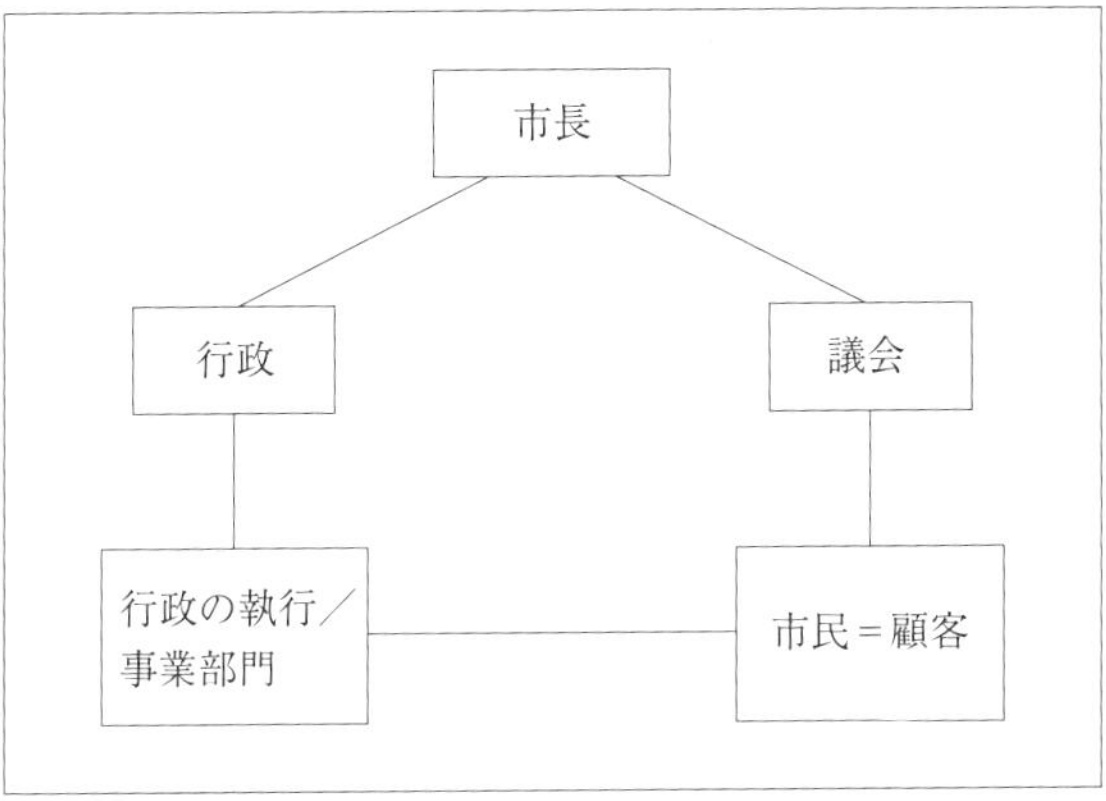

①市長と企画部門の連携。
②企画部門と執行部門の切り離しとチェックアンドバランス関係の回復。
③行政の執行部門と市民の間の双方向的な関係の回復。
④市民のニーズの吸い上げといった面での市民と議会の関係の回復。
⑤議会と市長との関係。

こういった五つの側面のマネジメントをさらに発展させるといくつかの方向が描ける。

①行政事務の管理運営手法として発展させる。
②自治体サービスの産業的属性に合わせた経営モデルを開発する。

ここで重要な視点は二つある。一つは、経済的効率の観点、もう一つは公平性の観点である。このどちらにウェイトを置くかによってモデルの発展形態が異なってくる。

先進国でもまた途上国でも、地方（都市）公共財[7]に属するサービスが都市サービス産業の対象分野として成長している。グローバルな地域間競争が激化する事で、行政サービスの対象だった環境サービスや福祉サービスなどの地方公共財が企業の投資対象になりつつある。企業や住民が地域の条件によって立地場所や住む場所を変えるという行動パターンが強まったことも、地域サービスの競争力を意識させる要因になった。

この結果、地方公共サービスの一部は行政サービスから切り離されて、市場取引が可能な公共財へと転換しつつある。その結果、地方行政サービスとして位置づけられたサービスのうち、行政として行わなければならない規制的な側面とサービス提供という事業的側面を切り分ける作業が進むようになった。特に、事業的側面が強い産業は、料金収入を伴う地方自治体のサービスは公共ビジネスモデルとして発展してく可能性が高い。

このモデルを推し進める要因には次のようなものがある。

①行政制度の差異→地方分権の進展度合い、地域主義的発想の強弱、地方自治体の経営責任の範囲、民間企業の参入度合い。

②法律的側面→ＰＦＩ法、コンセッション法の整備度合い、料金決定の権限、環境サービス分

野での受益者負担原則の浸透。独立採算性の徹底、料金回収方式の普及。
③金融的側面→資金調達とランキング、時価会計の普及など。
④文化的、政治的側面→民主主義、所得再分配をどの位認めるかという公平性や平等に対する考え方、地域格差の認識、環境・コミュニティ意識。

以上の点から日本の地方公共サービスの分野を都市政策の中で位置付けると、地方分権システムの導入のメリットを活用して、中央政府と地方政府の財政的なリスクチェック機能を強化していく方向性が描ける。

①地方分権一括法の成立、②ＰＦＩ法の成立と外部委託契約、合併など組織統合の進展、④法定外目的税の活用、⑤環境対策費用の上昇は今後の多様な地域経営モデルを発展させるきっかけになるだろう。

地方自治体の多額の債務を将来世代への移転することを避けるためには、財務リスクの拡大を回避するための経営システムと公共ビジネスのモデル化の検討が前提条件である。

注

（１）　公共財の定義としては、非競合性と非排除性がある。外部性が強く、民間企業では提供できないと考えられてきた。
（２）　一九九六年の国務院判決（ブッシュ・ド・ローヌ地方長官に関する判決）による。

（3）コンセッションは、本来は事業免許と訳すべきものであるが、日本版ＰＦＩに実例のある民設公営方式との比較で、敢えて民設民営と訳した。独立採算型ＰＦＩと類似していると言えよう。
（4）一九七五年一二月一三日付け内務省通達。
（5）loi du 29 janvier 1993 relative à la prévention de la corruption et à la transparence de la vie économique et des procédures publiques.
（6）この委員会を構成する地方議員は、各政党毎の議員数に比例して選出される。このような手続きを経て、首長（地方議会の議長）は、委託を決めた企業に関し、その理由を議会に報告しなければならないこととなった。
（7）地方公共財は準公共財である。多少の排除性・競合性を持っているが、私的財ほどではない。平均費用低減の傾向があり、競争市場を通じて供給が可能であっても、市場供給はパレート最適な結果をもたらさないため、何らかの政策的介入が必要である。選好の対象となる財の便益が地域的に限定されていること。財の消費グループに最適サイズが存在すること（ある程度の競合性があること）、最適サイズが極端に大きくないこと（居住者の奪い合い現象を防ぐ）、各自治体間の相互依存関係がないこと、人々が自己の地方自治体への選好のみを目標に何らの制約もうけず、地域間を移動できること、といった特徴がある。

第9章　アジアの都市政策——中国の都市政策を中心に

1　世界銀行からの電話

東アジアの経済の将来は、都市地域の成長パターンに大きく依存すると考えられている。都市地域の経済活動の規模は、東アジア全体の経済規模のおよそ七割に達する。その意味で、都市地域は、アジアの国々にとって、今後高い経済成長率と生産性を維持するための成長エンジンであり、また、対外的には貿易を拡大させ、外国投資をひきつける「場」である。

一方で、急激な都市化によるマイナスの面も顕在化している。都市の中心部では、老朽化した住宅やオフィスが密集し、交通渋滞が慢性化している。上下水道の整備が十分でないために、河川の水質汚染が進むと、一気に地域全体の飲料水の水質が悪化するなど、健康への影響が懸念される。特に大きな河川の流域では、上流と下流の調整が困難なために、下流に位置する都市の住民が環境汚染の被害を受けやすい状況におかれている。また都市人口の急激な増加は、都市の形をスプロール化させ、幹線道路網などのインフラの整備が間に合わないといった事態も起こっている。

アジア地域には、人口が一〇〇〇万人を超えるメガシティーといわれる大都市圏が登場し、なかでも東京、北京、上海、香港、シンガポール、ソウル、クアラルンプール、マニラ、ジャカルタなどの大都市圏は、各国の経済発展の中核を担う規模に達している。

特に中国では二〇〇一年末のWTO加盟後、外国からの直接投資とともに固定資産投資が急拡大し、都市経済が急拡大した、これにより、消費者物価や不動産価格が急騰する現象が起こり、不動産市場で一部バブル現象が起こった。このため、二〇〇五年後半以降、中国政府は、高度成長路線から緊縮的な経済政策へと軌道修正に乗り出す動きも見られた。グローバリゼーションに伴う資本の自由化の動きと、国内の金融市場の整備が間に合わないことによるアンバランスも顕在化している。

東アジア諸国にとって、都市政策を立案するということは、都市の安定的な成長路線を用意するというだけではなく、世界経済の持続的発展からみてもきわめて重要な仕事になりつつある。

以上のような背景を考えると、アジアの都市政策にはいくつかの重要なポイントがある。一つは、アジアのように主要な国が地域内で活発な経済活動を展開しているところでは、各国ごとの対応という視点ではなく、アジア域内で情報を共有するフレームを開発すべきだという点である。アジアの経済統合が進行すればするほど、ある都市の活動が他の地域への波及効果が大きい。

第二に、忘れてはならないのは、都市政策には、経済成長を促進するという経済的意味合いだけではなく、そこに住む人々の生活条件をどのように整えていくかという視点がますます重要になっているということである。

「人間の安全保障」という視点が二〇〇五年の日本の「政府開発援助に関する中期政策」において取り入れられたが、安全で安心な生活の条件をどのように整えていくかという視点は、環境問題以上に重要な意味を含んでいる。持続可能な成長という意味は、経済活動と自然環境とのバランスだけではなく、人間にとって安心な生活条件を整えていくことである。

二〇〇四年の八月、私はワシントンの世界銀行の本部から一本の電話を受けた。東アジア太平洋地域（East Asia and Pacific Region）の東アジア都市部門（East Asia Urban Sector Development Unit：ＥＡＳＵＲ）のリーダーの鈴木氏からの電話だった。

私への提案内容は次のようなものだった。中国政府は一九九〇年代、中国内陸部の四川省において、揚子江（Yangtze river）上流域の水質汚染制御のため、主要都市における都市インフラ整備を盛んに進めてきた。世界銀行側もまた、中国の都市政策との連携を進め、四川省で環境プログラムを実施し、第一主要都市郡[1]の中の四都市（成都〔Chengdu〕、楽山〔Leshan〕、徳陽〔Deyang〕、瀘州〔Luzhou〕）で、三つの河川地域（泯江の分岐点、Tuo 江の分岐点、Tuo 江と揚子江の交差点）を中心に環境管理サービスの改良作業を続けてきた。

これらのプロジェクトは、地域の未処理排水の減少や固形廃棄物管理能力を向上させ、官民の協力により水供給範囲を拡大するという環境政策に力点を置いていた。また、自治体の能力構築プログラム（Capacitiy Building）を実施し、自治体政府が策定する都市計画の改善や、持続可能なインフラ設備および運営・メンテナンス体制を整えることに力を注いできた。このような成果を、四川省の他の第二主要都市群[2]の中の四都市（攀枝花〔Panzhihua〕、綿陽〔Mianyang〕、遂寧〔Suining〕、宜賓〔Yibin〕）について広げたい。この四川省都市開発プロジェクト（SUDP〔Sichuan Urban Development Project〕）チーム参加しないかという提案だった。

特に、当該プロジェクトには、環境案件にとどまらず、人々の生活の質を改善するために、都市開発案件が含まれている。①住宅とオフィスを混合した土地利用計画の作成、都市の中心エリア（コア・エリア）の拡大、②中心エリア拡大のための複合的なインフラ整備（都市内幹線道路の整備、給水および下水網、アメニティーオープンスペースを含む）、③中心エリアの交通渋滞解決のための道路網――リンクの開発（河川の橋を含む、公共交通網の整備）、④河岸の浸食が激しいところでは、堤防の整備と住宅開発に伴う排水設備の導入、などが検討課題として含まれる。これらの複合的な都市開発への融資条件を明らかにするためには、都市全体の成長シナリオの検討や、将来の経済発展のシナリオの検討が必要になる。

特に、二〇〇〇年以降沿岸部を中心に起きた不動産価格の高騰は、オフィスや住宅への需要を顕在化させるだけでなく、土地取引の法的枠組みが不十分であることや不動産価格市場が未発達であることを顕在化させた。需要の急増を見越した住宅・工業団地への過剰投資が原因で、工業団地をつくってもその後、十分な投資が行われず、投資資金が回収できないケースが起こっている。

そういった背景から、今後世銀が融資する都市開発案件については、将来の地域需要の動きを十分に検討し、将来需要を反映したものかどうか検討する必要がある。その作業に加わってほしいというのが私への提案の内容だった。

それがきっかけで、以来、世界銀行の四川省の都市開発チームに加わることになった。四川省の成都には計四回滞在した。一回のミッションは、大体二週間から三週間程度で、成都市内のホテルに部屋をとって、そこから、四川省の成都の中心部にあるプロジェクトオフィスへ足しげく通うという生活がしばらく続いた。

融資案件を抱える四つの都市の自治体との折衝があるときには、都市開発のフィールドへのたび出向いたが、都市間の距離が長いので高速道路の長距離移動は結構大変だった。舗装が十分でないので、車がスピードを出すと、でこぼこにひっかかるたびに、車が浮いてそのはずみで身体が宙に浮いて天井にぶつかりそうになる。この連続だった。一度は、夜行列車で一三時間という旅も経験した。

調査チームの中で私が担当した仕事は、中国側が用意したフィージビリティー調査の結果を、中国のコンサルタントや学者たちと詳細な検討を行い、それを基礎に世界銀行側の融資交渉の基礎資料を作成するというものだった。

2　中国の都市政策

中国経済は、農村型経済から都市型経済への移行期にある。中国政府は、都市化政策を国家政策の中心において、農村の余剰労働力を都市に移転させる政策をとってきた。都市化率を上げることによって、都市の雇用機会を作ることによって、農村人口を吸収し、それにより都市と農村の経済格差を埋めていくことができると考えてきたのである。

中国政府にとっては、上海などの沿岸部のメガシティーの発展余力が小さくなりつつあることを考慮し、成長率が高い中規模都市の経済的潜在力に目を向けている。内陸部から沿岸部に移住した人たちが住めるように、内陸部の主要都市の住宅環境を整備し、投資活動を沿岸部から内陸部へと誘導するような政策が必要だと考えている。

中国の都市化率は、全体で約三七％、二〇二〇年には五八％から六〇％になると予想される。過去二〇年間、農村から都市の製造業やサービス産業への雇用移転が起こり、これにより中国の成長率は大きく伸びた。都市化の進展と経済成長率の相関関係はかなり高く、北京や上海の都市化率は七〇％を越え、また成長率も高い。これらの大都市の人口規模は一〇〇〇万程度に達している。中国全土で、一〇〇万を越える都市圏は七〇以上に達し、この数は二〇二〇年までに一〇〇を越えると予測されている。

都市人口の増加により、都市ＧＤＰは中国全体のＧＤＰの約六割に達しているが、急激な都市化により、都市内部ではさまざまな問題が発生している。

中国の都市政策上の問題のひとつは地域格差の是正である。中国全体の経済成長率はこれまで高い数字を維持していきたが、省や地域間で経済格差が顕在化し、均衡ある成長パターンが困難になっている。特に、過去の都市化政策により、沿岸部と内陸部の格差は拡大傾向にある。一人あたりＧＤＰは、沿岸部の上海と内陸部の成都では約四倍の差があり（上海は四万六四六元、北京は二万八四四九元に対し、成都は六三四九元。二〇〇二年のデータ）、都市中心部の高所得層を反映すると、この差は、一〇倍以上に拡大する。

つまり、グローバリゼーションの最前線にある都市の所得の伸び率は、先進国の水準に達する勢いであり、内陸部はそういった影響度が小さいために、成長率は相対的に低い。都市ＧＤＰの成長率を一九九五年から二〇〇〇年の平均で見ると、上海は一〇％を越えたが、成都は八％程度だった。これは貿易や投資などの対外取引の大きさを反映していると考えられる。

インフラ整備の専門家は、内陸部の所得の伸び率が低い原因は、沿岸部の市場から遠い点にあるからであり、格差是正のためには、沿岸部からの物理的距離を縮め、輸送コストを低下させるために、沿岸部と内陸部を結ぶ大規模な幹線網を整備させればいいと主張する。

しかし、中国政府は、沿岸部と内陸部の経済格差が縮める一つの方策は、都市化率を上げること、つまり都市人口を増大させることだと考えている。

図9-1　中国四川省の産業構造の変化

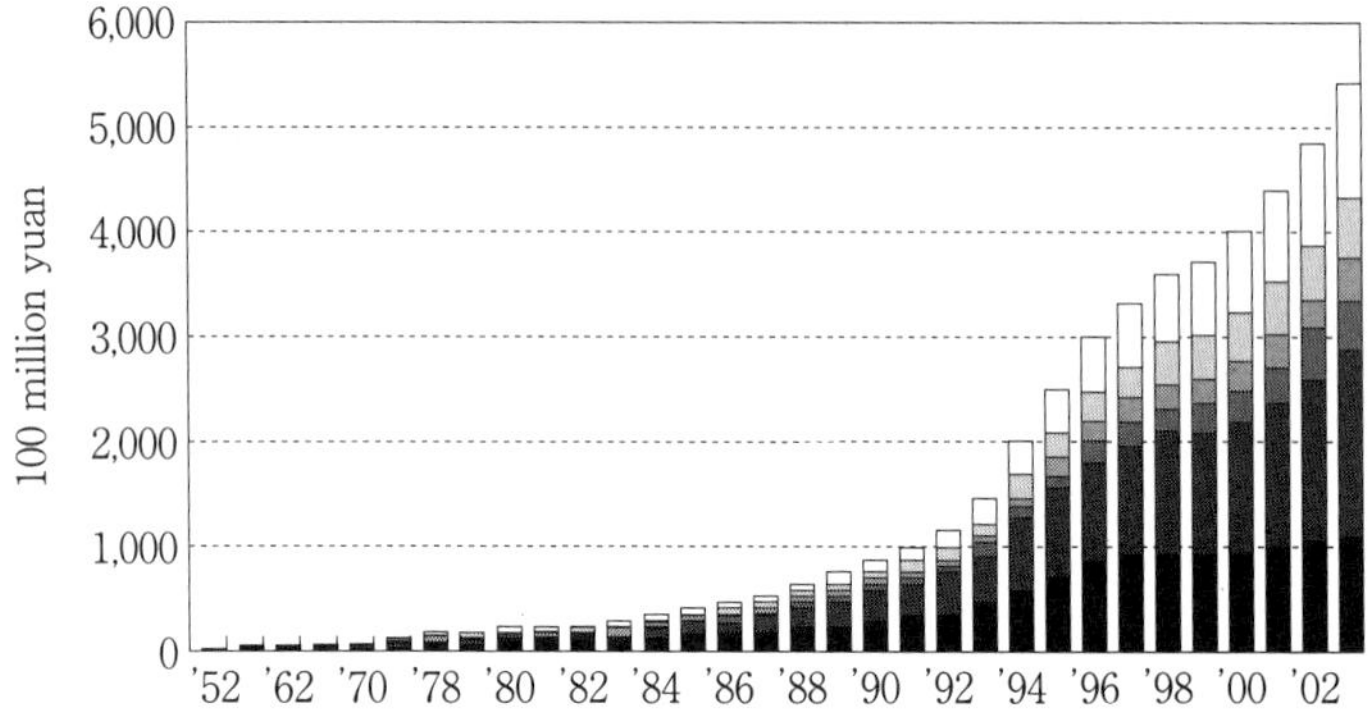

■ 第1次産業
■ 第2次産業（工業）
■ 第2次産業（建設業）
■ 第3次産業（輸送・倉庫・郵便・通信）
■ 第3次産業（小売・卸売・外食）
□ 第3次産業（その他）

中国の内陸部に位置する四川省の統計で見ると、一九九〇年代以降、都市化の動きと並行して、人々が都市に集中し、それと同時に製造業とサービス業のウェイトが上昇し、それがGDPの増大をもたらしたことがわかる。産業発展と都市化の間には高い相関関係があり、都市の経済成長率を安定的に維持していくには、都市化率を適度に高めための投資環境を整備することが先決だということになる。

(1) 東部沿岸部の圧倒的な優位と都市間連携

中国政府が推し進めた都市政策

は、沿岸部中心の経済発展のパターンではなく、内陸部の都市に新しい成長の核を作り出し、均衡ある発展を実現することである。この政策に照らしてみると、今後都市化が急激に進むだろうと思われるのは、内陸部の都市群である。この文脈で中国政府が発表した内陸部の四川省の都市政策のポイントを挙げると次のようになる。

①中規模都市クラスターの育成による都市間連携の強化
②都市型サービス産業の育成を通じた雇用機会の創出
③都市の成長戦略に一致した形のインフラ整備、および投資の集中化
④環境マネジメントの強化→上下水道の整備や環境汚染の回避

①の都市クラスターとは、内陸部でばらばらに発展してきた多数の中小都市郡を相互に結びつけて、新しい都市圏を築いていこうという戦略である。

中国のように広大な土地をもつ国では、都市が広大な空間に分散していると、人工密度が低いために、都市の間のシナジーを作り出すことが難しい。そこで都市の間の連携を作り出すことによって、都市の発展のダイナミズムを作り出し、都市環境の刷新を図ろうという戦略である。こういう戦略がないと、都市はスプロール化して、外延部に広がっていく動きが加速する。そうなると、運送コストは増大し、郊外と中心部では交通渋滞が発生しやすくなる。

そういったスプロール化を回避するには、中心的な都市を決めて、そこから第二主要都市群に都市機能を分散させ、うまく連携を結びながら、貧困削減と経済格差の是正に取り組んでいこうというシナリオである。

広義のクラスターとしては大河川を中心とした経済圏、北京を中心とする北東アジアクラスター、上海を抱える長江経済圏（Yangze River Economic Zone）、珠江経済圏（Perle River Delta Eonomic Zone）、そして成都－重慶経済圏（Chengdu-Chongqing Economic Zone）などがある。成都は、長江経済圏と成都－重慶経済圏に属している。

この重慶経済圏に、中小の都市を結び付けていくのが、都市クラスター戦略である。四川省の首都である成都の周辺に、大都市と、人口五〇万から一〇〇万の中都市、そして一六の小規模都市があるが、これらを結び付ける。産業連関的に見ても、都市間の関係は生産ラインや資材調達面の拡大を通じて強まっている。

中国における都市開発は、飽和に向かう大都市（一極集中）から中小都市を有機的にネットワーク化した都市が中心となり、(1)地域内（間）自立型、(2)役割分担・住み分け型、(3)歴史的アイデンティティの確保型を念頭に、計画が作成されつつある。

②は、国営企業中心に発展してきた都市産業群を刷新し、民間の事業者を中心とする中小企業の育成を図る方針である。都市部では、こういった都市の自営業者（Urban Private Enterprises and self employed individuals）が急激に増大し、サービス産業のウェイトが高まっている。これらの産業が

図９-２　四川省都市クラスターのイメージ図

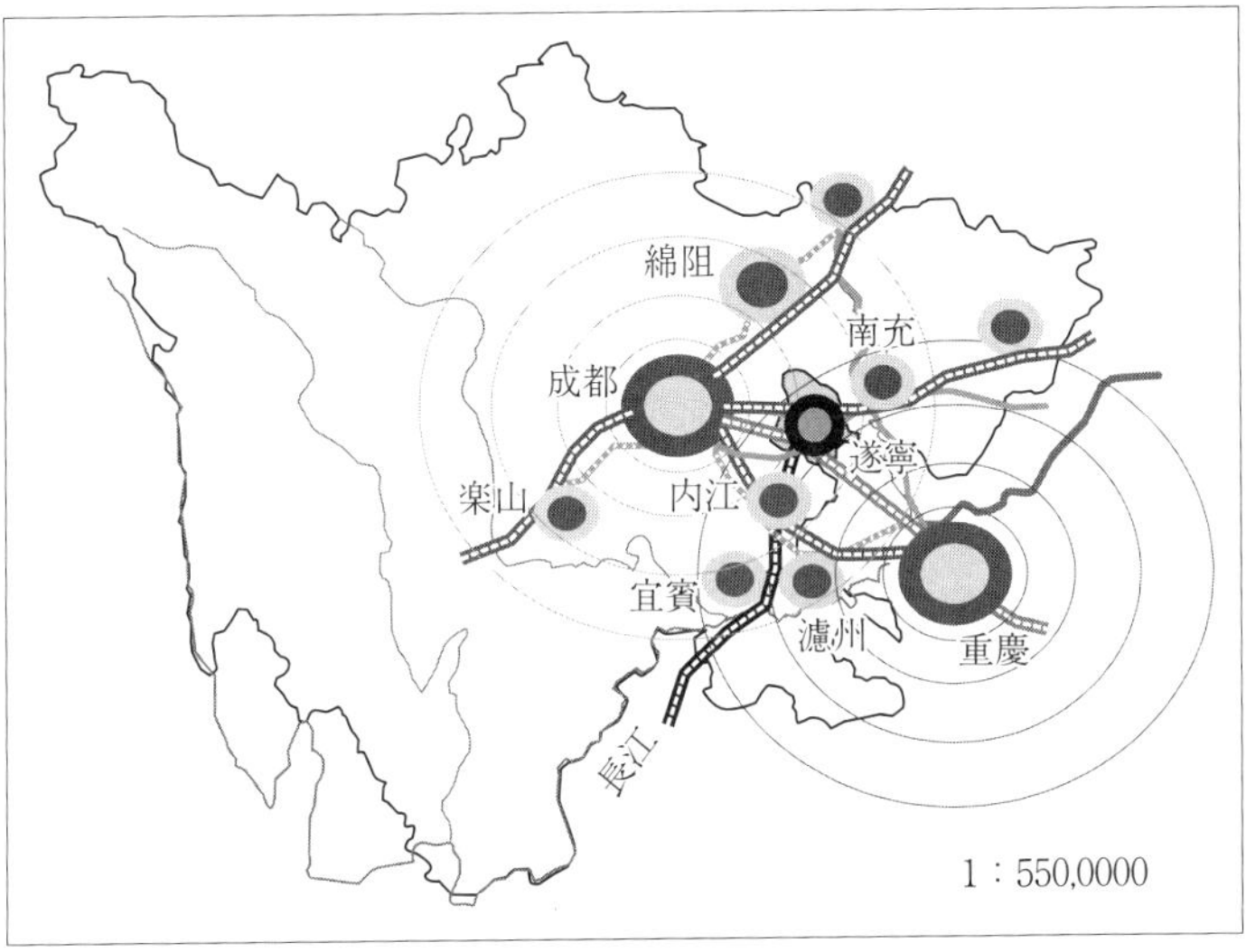

農村から移転してきた雇用を吸収し、民間経済セクターを成長させている。環境汚染度の高い国営企業が、万が一都市の中心部に位置しているような場合には移転をさせることによって、新しい知識産業やサービス産業の活動の場を提供していくという方策がとられる場合もある。

③と④は、工場やオフィスの立地を変えるために新しい都市開発案件を実施し、同時にそれを通じて環境マネジメントを強化する方向である。急速な経済発展をそのまま放置しておくと、大気汚染や水質汚染が進行し、都市周辺の森林が急激に減少する。都市の一部が住宅不足のためにスラム化すれば、公衆衛生上の被害が拡大し、ときには貧困ゆえに暴動の火種になる可能性もある。都市環境は、都市の規模が拡大すればするほど、社会問題

が発生しやすい。

したがって、環境マネジメント・プログラムを通じて、都市の環境汚染を回避すると同時に、都市内公共交通の整備など労働居住条件と整えていく多様な政策が必要である。

3 国際的な都市政策の実施主体との連携

発展途上国における幹線道路網の整備や、環境汚染の回避のために、国際機関はきわめて活発な活動を展開している。アジアにおける都市政策には、国際的な援助機関や金融機関が参加することが多く、国際機関、各国政府、地方政府、開発公社などが連携を組んでいることが多い。特に、アジアでは世界銀行、アジア開発銀行などの国際機関及び国際協力銀行が果たしている役割は圧倒的に大きい。そこで、私がプロジェクトに関わった世界銀行グループの例を挙げて、都市政策の枠組みを国際的な観点から説明しておこう。

アジアの都市開発では、国際機関が各国の都市問題をどう分析し、各国の政府と地方政府がどのような形で連携しているのか、それが政策の優先順序にどのような影響を与えているのかを知ることが大切である。特に、将来国際機関で活躍しようと思っている人にとっては、この仕組みを知ることが役立つ。

世界銀行グループには、ＩＢＲＤ（International Bank for Reconstruction and Development：国際復

興開発銀行）とＩＤＡ（International Development Agency：国際開発協会）があり、これに姉妹機関であるＩＦＣ（International Finance Corporation：国際金融公社）、ＭＩＧＡ（Multilateral Investment Guarantee Agency：多数国家投資保証機関）、ＩＣＳＩＤが加わり、それぞれの機関が世銀総裁の指揮・統括のもとで業務を遂行している。グループ内では、それぞれ融資の対象分野やノウハウの優位性が異なっているが、必要に応じて連携プレーが行われている。

ＩＢＲＤは一九四五年に設立され、単一機関としては最大の開発資金貸付機関である。ＩＢＲＤは、一人当たりＧＮＰの比較的高い加盟途上国を対象に、政府またはその他の適切な保証を得られる公的・民間機関に貸付を行っている。平均償還期間は一五～二〇年（うち据置期間五年）で、金利はＩＢＲＤ自身の借入れコストに応じて半年ごとに変動するが、私が携わった中国の融資では金利は三・五％だった。当時の中国国内の借り入れ金利は五・六％だったので、それよりはかなり低い水準である。ＩＢＲＤ貸付の原資は、資本市場からの借入、加盟国からの出資金、留保利益、ＩＢＲＤ貸付金の回収で賄われ、市場での借入が最大の資金源である。

ＩＤＡはＩＢＲＤと共通の使命、組織、スタッフのもとに活動を推進し、途上国のなかでも特に貧しい国々を支援する活動を行っている。設立は一九六〇年である。ＩＤＡの融資は、ＩＢＲＤと同様に、政府、政府またはその他の適切な保証を得られる公的・民間機関が対象だが、無利子で、償還期間も三五～四〇年（うち据置期間一〇年）と極めて緩やかな条件で融資が行われている。主要な原資としては、加盟国からの出資金および拠出金、ＩＢＲＤの純益からの移転、ＩＤＡ融資の返済金がある。拠出金は工業国と比較的豊かな一部の途上国によって提供され、通常三年ごとに増資が行われている。

ＩＦＣは世銀グループの一機関として一九五六年七月に設立され、途上国の民間セクターの活動を支援することにより、途上国の経済開発を促進することを目的としている。民間セクターの事業を支援の対象とし（政府による保証は必要としない）、途上国の民間セクター・プロジェクトへの最大の資金供給機関である。

ＩＦＣ自体がプロジェクトに少数株主として参加し、同時に民間からの資金を動員してプロジェクトを支援する触媒機能を果たすこともあるが、プロジェクトの運営に直接かかわることはない。しかし企業と緊密な連絡をとり、問題が生じた場合にはその解決策について提案や助言を行う。工業国の金融機関や企業に対してプロジェクトへの参加や融資を促すとともに、資本、経営、技術ノウハウを提供するパートナーとして活動している。さらに、金融市場および金融機関の育成を支援するなど活動の幅が広い。

ＩＦＣには、独自の業務・法務スタッフがいるが、一般管理やその他のサービスを世銀から受けている。ＩＦＣの活動の原資は、世界の資本市場での借入と加盟国による出資金で賄われる。

ＭＩＧＡは、世銀グループのもう一つの姉妹機関として一九八八年四月に設立された。途上国への直接投資の導入支援を目的とし、非商業的リスクによる損失に対して、工業国、途上国を問わず、加盟国の投資家に保証を提供することを主な業務としている。私が活動していた四川省のプロジェクトでは、MIGAが中国の都市の外資企業から見た都市の魅力度調査を同時並行的に進めていたため、そのチームとの情報交換を行うなど、グループ内の協力体制が有効に機能していた。世界銀行の融資傾向を見ると、道路、鉄道、上下水道などのインフラ整備にウェイトがかかっていたが、私が融資審査を担当した経験から見ると、都市自治体のキャパシティービルディングなどに相当力を入れている。つまり、土木エンジニアが行う設計部分は中国でも十分に仕事ができるようになり、それに代わって自治体の運営、会計制度の整備、高度技術の活用方法などの教育的な面を強化する方針が打ち出されている。

4　都市政策の提案

(1) 都市の成長率の予測や政策評価の仕組み

アジアの都市では、都市政策や開発方針は、自治体によって策定されている。一方、アジアの都市では、さまざまな国際協力機関が都市政策の改善のために自治体と共同作業をすることが多いことが大きな特徴である。

国際機関が協力する根拠は、主に、持続可能な経済の成長のシナリオを描くことと、それに必要な環境インフラの整備の必要性からである。また、国際機関が他の地域で蓄積してきたノウハウや成功例（ベストプラクティス）を伝えることによって、都市自治体の改革や事業実施能力を高めようという狙いもある。

中国側は、国際機関との連携を、資金調達というよりは、中国の地方都市が外国資本の導入を図っていくうえで、国際的な信用力をつけていくための手段として有効だと考えているように見える。一方、個別の国際機関は、都市インフラ事業への協力の根拠や戦略的な重要性をまず明らかにする必要がある。その作業手順をみてみよう。

まず、都市の成長率予測の指標が必要な場合には、いくつかのマクロ的指標を活用する。人口、GDP、一人当たりGDP、産業構造、インフラ投資額などが一般的である。これを都市間、国家間で比較する。ただし、中国のようなところでは、人口全体の伸びは一人っ子政策などの影響で〇・五%程度にとどまるため、成長指標としては十分ではない。一方、都市の人口の伸びは四%、都市の中心部では五%以上にも達するので、こういった個別な成長指標を用いたほうがいい。

都市政策のように、都市の成長を支えるという課題と、人口が密集している地域のインフラをどうやって整えるかが課題の場合には、都市内の水質の汚染や過密住宅、都市内の交通網の整備状況に焦点を合わせる必要がある。

世界銀行のプロジェクトでは、プロジェクトを企画するにあたり、世銀内でCAS（Country Assistance Strategy）(3)に照らして、以下のような基本的なコンセプトを設定した。

①市場経済への移行を加速するために、外国投資や他地域からの投資を促進するために中規模

都市の良好な投資環境を整備する。また雇用創出源である中小企業（SMEs：Small and Medium sized Enterprises）の活動基盤を整える。

②経済・都市人口の成長の可能性を考えて、十分な労働環境を整える。それには、都市の中心エリアにおける利用可能な土地と、将来必要になる土地需要を用途別に分けて検討する。[4]

③上記に付随する要素としては、住宅・工業団地への不経済な投資を避けるために、新開発地域の規模やタイミングが、需要を反映したものであるかを慎重にチェックする。

④上下水道など、環境面で持続可能な開発を支援する環境インフラ投資に着手する。

⑤最終的な融資受け入れ先である都市自治体の財政状況を審査する。海外の援助機関からみると、融資交渉先は中国政府ではあるが、最終的な貸出先は都市自治体である。したがって、都市自治体の財政状況を見る必要がある。

これらの課題を検討するために、自治体の政策がどのような持続的成長のシナリオを描いているのか、環境保全のニーズとどうバランスさせているのかといった観点を検討し、そのためにいくつかの統計指標を定量的指標として採用した。

①国家レベル→中央政府の都市政策：ＮＤＲＣ（中国国家開発改革委員会：the National Development and Reform Commission）やＣＰＤＦ（China Project Development Facility）の政策。

②省政府の都市政策→中国には二三の省がある。
③都市自治体の政策→行政的な自治体という単位の政策と統計。これは公表されている。
④地区や開発ゾーンの都市政策→都市の中心部に位置する地区を対象とした政策。通常は統計の単位ではないので公表データはないが、自治体の税収には地区の管理委員会に入るものがあるため、税収データから一定の成長率を抽出することができる。
⑤その他、都市開発公社や、水道運営会社の政策や、売り上げなど。

(2) 都市開発に用いる評価指標と収益チェック

都市経済の発展シナリオを見るには、都市化(城市人口)の動向を調べる必要があるが、実は、都市化人口は、農業以外の職業に従事している人々の割合、つまり非農業人口 non-agriculture population をあたるものである。これは行政区レベルの都市であり、都市の中の雇用状態を示しているにすぎない。

これでは、都市開発への投資需要を測る指標として、範囲が広すぎるため、開発地域への需要を測定するためには、都市人口全体ではなく、都市の中心部つまり、人口密度の高い地区レベルの指標を組み合わせるのも一案である。

この範囲を、コア・エリアという概念をもってきて、分析指標とすることにより、今後の都市開発需要の変動分を抽出することができる。

都市開発プロジェクトの財務分析については、投資費用と投資利益を比べる費用便益分析が用いられるが、収入面としては、新規の投資企業数を確定する作業が難しい。中国の場合には、そもそも土地が国有だったことから、不動産価格の初期値がほぼゼロのため、開発された土地の「利用権」の販売収入をそのまま事業収益とすると、投資収益率が非常に高く出る傾向がある。これは、あまり評価指標としては適切ではない。最近自治体財政の中で「基金収入」という項目が、「土地使用権」の販売による収入にあたるが、この収入が急速に伸びている。今後住宅および土地の価格をどのように設定するかが、新しい都市を開発していくためには、きわめて重要な項目になる。

また、開発期間を何段階かに分けて、開発のフェーズごとに収益率を見ながら、投資のスピードを調整するという方法もある。開発地域が段階ごとに明確に区切られていない場合には、都市経済や中心市街地部分の都市渋滞、過密度などのデータをとりながら、影響度を測るといった作業を補足的に行うことも一案だろう。

次に、都市環境マネジメントの面からは、どのように料金制度を導入していくのかが課題である。水道料金を有料化するのと、水道事業体を自治体の直営にして税収でまかなうのでは、効率性などの点で差が出る。中国政府は、民間資本を活用した形の独立の事業体に水道事業を転換していく方針なので、直営の場合には、独立事業体への転換のプロセスをデザインする。資本投資分を料金で徴収していく場合、コストリカバリーの原則(5)に照らして、水道料金の徴収制度や、都市住民の最低所得の変化を考慮する。そのプロセスで、自治体財政で用いられる会計原則などの整備、メンテナンス体制の責任者を確定する。

また都市インフラの資金調達面では、自治体の借り入れ分のうち、公的な機関からの借り入れ分と民間銀行からの借り入れ部分とのバランスが重要である。特に、商業ベースの銀行の場合には長期融資には積極的ではないため、自治体側が長期資本として借り入れた原資で短期資本を返済するといった方式がとられることのないよう、留意する必要がある。

(3) 途上国の都市政策と国際的な援助動向

アジアの安定的成長を支えるには、都市の環境インフラ改良が必要だという認識はますます強くなっている。これらの動きは、国際的な協力機関のこれまでの開発目標の中にも反映されている。

途上国の都市化が加速され、都市問題が一層深刻化する状況のなか、国連が中心となり、国際的な開発戦略目標が設定されてきた。都市・地域開発に関する最近の国際的会議及び宣言は以下のとおりである。

①第二回国連人間居住会議3 (Habitat II)

この会議は一九九六年六月にトルコ・イスタンブールで開催され、都市を中心とする人間居住についての課題・政策・取り組みを含む包括的な宣言を定めた"Habitat Agenda"が採択された。目標は「持続的発展可能とする人間居住の将来像を示し、すべての人が人間としての威厳を保ち、健康・安全・幸福で、希望に満ちた生活を送ることができるような住居を世界と共に造り上げること」である。二〇〇一年六月にはそのレビュー会合がニューヨークにて開催された。

②ミレニアム開発目標（Millennium Development Goals：MDGs）

二〇〇〇年九月、ニューヨークにおいて、国連加盟国代表は、二一世紀の国際社会の目標を示し、国連ミレニアム宣言を採択した。二〇一五年までに達成すべき八つの目標が提示されたが、そのうち、七つ目の目標として「環境の持続可能性の確保」が示され、さらに「二〇二〇年までに最低一億人のスラム居住者の生活を大幅に改善する」としている。

③持続可能な開発に関する世界サミット（The World Summit on Sustainable Development：WSSD）

WSSDは、二〇〇二年八〜九月、南アフリカ共和国ヨハネスブルグで開催された。本会議では「環境と開発を両立させるため、限りある資源を効率的かつ公平に共有することを目的とし、大都市問題への取り組みを強化する」とするヨハネスブルグ宣言を採択した。

④国際的プログラム

こうした国際的宣言に基づき、国連をはじめ各ドナーは都市・地域開発関連で多くのプログラムを提供している。そのうち、代表的プログラムとしては、次のものがある。

・シティ・アライアンス（Cities Alliance）

UN-HABITATや世界銀行などが中心となり一九九九年に設立されたシティ・アライアンス（Cities Alliance）は、会議・ワークショップ・調査からなる知識普及活動である。各都市と開発パートナー国との連帯により、都市貧困層の生活環境の改善と、環境的に健全な都市の社会経済活力の増進を目指し、過去四年間で二五カ国八〇都市をサポートしてきた。

シティ・アライアンスは二つの戦略を提示しているが、そのうちCDS（City Development Strategies）は地方政府の活動を指導・支援することによって行政の技術・能力・意識の向上を図るアプローチであり、都市ガバナンス・マネジメントの改善、経済成長・雇用の拡大・投資の増大、貧困削減を目的としている。また、CWS（Cities without Slum）では「二〇二〇年までに少なくとも一億人のスラム居住者の生活改善を図る」というミレニアム開発目標に基づき、スラム・アップグレード・アクション・プランを策定し、スラム改善に取り組んでいる。

・アーバン・マネジメント・プログラム（UMP）

UN-HABITATや国連開発計画（United Nations DevelopmentProgramme：UNDP）、世界銀行によって一九八六年に設立された都市セクターにおける国際的技術支援プログラムである。重要分野を都市貧困削減、都市環境管理、参加型都市統治とし、政策・行動計画の策定を支援している。五八カ国一四〇都市をカバーするネットワークを有し、参加者に対して、都市マネジメントに関する国際会議や情報共有の場を提供している。

・日本の援助方針

日本の援助は「政府開発援助大綱（旧ODA大綱）」（一九九二）、「政府開発援助に関する中期政策」（一九九九）、「政府開発援助大綱（新ODA大綱）」（二〇〇三）に基づいて行われてきた。このなかでは、特に「都市・地域開発分野」での援助について明示されていないが、二〇〇三年の「新ODA大綱」六では、その重点課題として、

①貧困削減
②持続的成長
③地球規模の問題への取り組み
④平和構築

が掲げられている。

二〇〇五年には新たに「人間の安全保障」の視点が導入された。そして、「貧困削減」、「持続的成長」、「地球的規模の問題への取り組み」、「平和の構築」を重点課題として示し、特に都市・地域開発分野に関連する項目として以下に言及している。

・「貧困削減のためのアプローチ及び具体的取り組み」基礎的社会サービスの拡充、均衡のとれた発展
・「持続的成長のアプローチ及び具体的取り組み」経済社会基盤の整備、政策立案・制度整備
・「平和構築」紛争後の復興支援

ＪＩＣＡでは、一九九三〜二〇〇三年度に六一六件の技術協力プロジェクトが実施され、そのうち、都市・地域開発に該当すると考えられる案件は一一件（一・八％）と低い割合である。地域別ではアジアの七件が最も多く、次いでアフリカの五件となっている。さらに、国別ではインドネシアの三件、ケニアの三件が多い。

開発調査については、一九八〇〜二〇〇三年度に一九七六件実施されたが、このうち都市・地域開発に該当すると考えられる案件は一二五件（六・三％）と少ない。都市・地域開発と関連が深いと思われる開発調査案件は五九八件あり、そのうち道路が一四一件、港湾が九八件である。都市・地域開発分野では測量・地図（三四％）が最も多く、総合地域開発計画ではマスタープランづくりが大半を占めている。地域別にみると、アジアが最も多く、全体の五〇％を占める。国別ではインドネシアで一四件、タイ一一件、フィリピン一一件などとなっている。

こういった国際援助の流れを見ると、日本の都市環境系のエンジニアの育成にあたっては、技術面より、マクロ・ミクロ経済学や社会学の両方がわかる人材の育成が今後ますます必要になろう。また、公共マネジメントスクールでは、国際機関で活躍できる人材の育成を目指すべきであり、アジア諸国の現状を把握し、都市自治体の能力を高めるための事業提案ができるような人材教育が望まれる。

注

（1）都市の人口規模が五〇万から一〇〇万程度の都市。
（2）都市の人口規模が五〇万人に達していない都市。
（3）地域バランス：regional balance、能力構築：capacity building、資源の持続可能な利用：sustainable use of resources などいくつかの点が考慮されている。
（4）行政、大学などの公共施設、住宅用地、商業・金融用地、工業用地などがある。
（5）フルコストリカバリーとは、将来の一定期間の料金収入の予測を立てて、その総計を現在価値に直し、投資金額を見合うようにすること。これを財務分析という。

第10章　都市の文化資産の継続

1　京都きまぐれ日記――桜の季節

京都に住むようになってから、四季おりおりのものを楽しもうという気持ちが自然に芽生えて、仕事の合間の時間を見つけては、あちらこちらへ足を伸ばすようになった。とは言っても、花見の余裕がでてきたのは、京都に住み始めて一年ほど経った桜の季節だった。

手始めに、平安神宮のお庭にある紅枝垂桜《べにしだれざくら》を見に行った。名前の通り、紅色の桜の枝が何層にもしだれている姿がとても優雅である。こちらの桜は谷崎潤一郎の「細雪」に登場するという桜で、女性に例えれば気品があふれていて、やや背筋がすっと伸びた凛とした感じの女性を連想させる。桜を評するというのは、どうやら美人の表現と重なるところが多い。さっと散ってしまうところもまた美のはかなさを感じさせる。

枝垂桜を見に行ってからしばらくして、今度は仁和寺の桜を見に行った。ここの桜の種類は御室桜というもので、八重桜の一種である。根元から枝が何本も広がっていてそこに大きめの桜がたくさん連なって咲いている。平安神宮の庭園の中にある繊細な桜と比べると、仁和寺の桜は若い娘のような勢いがあって、少々粗野だが、ぱっと華やいだ雰囲気がある。

花見の帰りに、西陣のあたりをタクシーで通りすぎたが、運転手が「このあたりは、昔、機織の音があちらこちらでしてたものですけどね。今は中国製の西陣が多くなって」とため息まじりに言う。西陣織は危機的状態に陥り、再生の道のりは見えていない。

しばらく走ると、のどが渇いたのでお抹茶と和菓子でもいただこうと、和菓子の店に入った。京都には和菓子の老舗がいくつもあるが、職人さんが一人でやっているような店がこじんまりとして落ち着ける。

その日は、丸太町と烏丸通りの角にある、甘楽「花子」という店に立ち寄った。京都の和菓子は、素材の小豆の味を生かすのがポイントで、いい素材を使っているかどうかは、甘味の使い方でわかる。そこで、この店のぜんざいを一口いただいで、職人さんに話しかけた。

「この店の小豆は豆の味がよく出てきますね。大量に菓子を作っているところは小豆の味がしませんね」。

これを聞いて、職人さんががぜん張り切って話しにのってきた。

「お客さん、よく気がつきますね。京都の味は素材の良さで決まってきます。せっかく京都で商売をしているんだから、地元の素材の良さを生かさないとね。うちの店は丹波の上等の小豆を使っているんです。ただし、いいものになると量がとれないので値段が高い。でも、うちの黒小豆は丹波ものです」。

「大きな店は、餡子（あんこ）の製造を外に出したりしてますけど、うちは、材料の仕入れからお客さんに売るまで、すべて自分の目で確かめながらつくってます」。

京都という都市の魅力はこういったこだわり職人との会話の中で、商売の感覚やモノの見方を学べることである。会話を通じて、京の街で何が起きているのか、老舗の商売よりも少しでもいいものをつくろうとする独立心旺盛な職人の心意気を知ることができる。伝統産業の中の新陳代謝の競争を支えているのは、素材から販売まで一人の目で把握するという職人根性である。

「素材の性質」「仕入れ先の状態」「値段の動き」「素材の季節の変化」までの変化を作業工程に組み込んでいく流れが、和菓子職人さんの頭のなかで常に把握されている。

「今年の小豆は、昨年の台風で値段がずいぶん上がったんです」。

「それじゃ今年は値段を上げないとやっていけませんね」と私が言う。

「そうはいきませんよ。小豆の値段が上がったからといって、それを値段に転嫁したんじゃー、菓子は売れなくなってしまいます。小豆は値段が高いときもあるしそういうときもあるし、安くなるときもある。そういうことを調整して工夫するのが職人の腕です」。

そうかそうかとうなづいた。職人というのは、技術を体得しているということだけではなく、素材の質の変化、値段の変化を良くわかったうえで、そういった変化を製造工程の中で吸収していく。

こういう商売の仕方が、京都という風土によって育まれたモデルのひとつかもしれないと思った。

そうこうしているうちに、店の主人が小豆の粒を奥からもってきた。

「ほら見てください。小豆の粒がこんなに小さくなっているでしょ。二〇年前はもっとふっくらしていたんです。これも環境の影響です」。

次は環境学の勉強となった。日本人が経済成長だと浮かれているうちに、人間の生活を支える基盤はすでに侵食されている。こういうことを何気なく会話を通じて教えてくれる場があることが私にとって京都の魅力である。

(1) 伝統産業と先端産業

素材を生かす職人技に思いをはせると、街中で耳にする職人さんの発想と、京都で発展し続ける先端企業の経営者の発想はどこかでつながっているはずだと考えるようになった。都市という「場」は技術の継承とどんな関係があるのかという疑問が湧いて、村田製作所の村田屋泰隆社長に、

「京都の職人さんの生き方と村田製作所のような先端企業はどこかで考え方がつながっていますか」。

と聞いてみた。

「うちの会社は、すべての生産工程と流れを把握して、その動きを情報ラインに乗せて管理しています」。

という。確かに村田の工場では、素材の選び方から最後のチェックまで、京都の職人技が生産ラインの随所にちりばめてあった。

以前にお会いした堀場製作所社長の堀場厚さんもそういえばそんなことを指摘していた。

「京都にいるのはなぜかというと、偶然おいしい店を見つけたりする面白さなんです。必ずすごい職人がいて、いろいろ哲学を教えてくれる。名の通った店というのはあまり面白くない。観光客なんかが押し寄せたりしたらもうだめですよ」。

「ベンチャーや学生のやっていることを応援したりするというのも同じような心境です。いかに有名でない素材を見つけ出して、育てるか、この辺に楽しみがあるんです。それと京都ビジネスの特徴は文化に自信を持っていること、文化とは土の匂い、空気の匂いをかぎわける感性です。これをもっているかどうかです。だから、土地の匂いがしない全国ブランドには興味がない、ANTI-NATIONALなんです。地元を離れて有名になったら終わりです。だからこそ、レベルの高いものに関心を持って、そこを目指して頑張るんです」。

磨かれていない人材を偶然見つけては育てていく面白さ。逆に社会的に地位が確立しているもの、大規模化生産には警戒感を示す。逆に人間的スケールへのこだわりが強い。こんなところに京都らしさがある。職人と経営者の目線には共通点がある。

京都に立地する企業が他の土地に引っ越さないのは、伝統の力、革新性という見えない資産を活用できるからである。そう考えると、実は都市と先端産業は近い関係にあるのではないかと思う。

2　対話能力の高い都市

「都市には、世界経済というシステムに対して地域経済循環というアゴラが、官僚主義的な保障というシステムに対して地域や近所づきあいによる助け合いというアゴラがなければならない」。建築家であり都市学者でもあるドイツ人のトーマス・ジーバーツは、システムとアゴラは、未来都市の中では共存し、重なり合っていくだろうと指摘した。アゴラとは、古代ギリシャにおける都市の広場のことで、自由な空の下で市民の評議会の会合が行われ、都市生活の中心となっていた場所である。

アリストテレスは、都市の中心部に国家の様々な建物や彫刻を集中させることにより高い価値を維持し続けることを強調した。「ギリシャ都市のアゴラは自由な空の下で市民の評議会の会合の行われた場所であった。古代都市には広場、すなわち市場があり、……広場は公共建築物によって囲まれ、その中心には何もない。周辺にはモニュメント。空間の周囲は閉ざされ、未知の流入は制限する。古代広場は都市全体にとって個々の家族に対するアトリウム（中央の大広間のこと）にあたる」。

パウサニアスは「都市の中心点とは、偉大な民俗の世界を見る（世界観照）の知覚的表現」であり、都市の中心には、普通の建築群でなく、幾世代を経て受け継がれる芸術表現を置くべきであると指摘した。

芸術性にとどまらず古代ギリシャやローマの時代以来、広場は市民の政治への参加を促す場であり、市民のモラルを高め、自分たちの街に起こってくるさまざまな社会問題を直接的に解決しようという意識を醸成する場ととらえられてきた。

だからこそ、ジーハーツは産業発展によってその歴史性がかき消されてしまった都市は、都市の中心部にアゴラ的性質を付与して都市システムの変化と人間的な近接性というベクトルを取り戻すことが大切だと説いた。このことは、ギリシャ時代のアゴラ思想と見事に重なっている。

一九九七年のジーハーツの著書のタイトル「Zwischenstadt」は彼の発案した新語だそうである。Zwischen は英語の between、Stadt は city に相当する言葉であるが、英訳版のタイトルは between-city ではなく、「Cities without Cities」であり、この新語のニュアンスの難しさが表れている。

この「Zwischenstadt」は、ドイツのライン・マイン地域にあらわれはじめた独特の都市形態、すなわち都市（Stadt）と自然（Landschaft）の中間的性質を持つ空間を指してつくられた言葉である。ジーバーツは都市を自然や田舎と対比するような二元論ではなく、現代社会において人類の暮らしている生活空間に焦点を合わせることで都市のもつ内面的な影響の重要性を表現しようとした。

この指摘は、伝統の継承を重んじる欧州と日本の都市の両方にとって共通の課題であるように思われる。都市の計画や制度を支える文化的コード、都市の中心性を重んじること、時代に応じた適度な生産性を実現すること、この考え方は日本の都市論でも注目されている。

都市の中心性の回復や文化資産の継承といった問題は、これまで政策担当者によって市街地活性化対策といったレベルで議論されてきた。しかし、都市の文化資産の維持といったテーマを、商業政策の一部として議論するのは間違いだろう。都市の中で繰り返される会話がもつ意味や文化的価値の発掘、これらは日本の都市政策のなかでの中心課題である。

3 都市文化の創造

フィレンツェやパリの歴史は、都市政策の中心に都市文化の創造を位置付けた先駆的例である。フィレンツェのメディチ家（Medici）は、ルネサンス期に銀行家、政治家として台頭し、その財力でボッティチェリ、レオナルド・ダ・ヴィンチ、ミケランジェロなどの多数の芸術家をパトロンとして支援した。建築家としては、フィリッポ・ブルネッレスキがいる。

このブルネッレスキと一五世紀初頭に活躍した建築家達のおかげにより、フィレンツェは〝ルネッサンス都市〟としての発展を遂げた。文学、科学、芸術、人文学において最先端のものがヨーロッパ中から集まり、ドナテッロ（Donatello）、マザッチョ（Masaccio）、フィリッポ・リッピ（Filippo Lippi）、ドメニコ・ギルランダイオ（Domenico Ghirlandaio）、ベアト・アンジェリコ（Beato Angelico）、など数え切れないほどの芸術家達がこのルネッサンス都市で活躍した。そして、メディチ家が、すべての芸術作品をこの都市の外へ持ち出すことを禁じることにより、フィレンツェの町は、一五世紀、一六世紀に建てられた建築物や広場を含めて文化資産が、外形的に都市の中に残っている。

フィレンツェやパリは、個人の財産を、金融的な資産として残すのではなく、都市の文化資産として残すことが、都市の輝きを継続させ、人々をひきつける原動力だということを認識させてくれる。都市に文化と人材をひきつけ、そこに時代の最先端の文化表現の舞台をつくる。都市資産とはそういうものである。こういう文化資産を作ることが最高レベルの都市政策と位置づけられる。

一九世紀のオースマンによるパリの大改造も、新しい富の担い手である中産階級の消費を演出する舞台を作り出すことによって、都市を再構築した例である。都市の企業家の勃興に合わせて、その資金力を都市開発に活用し、文化や生活価値創造型の都市戦略の可能性を示した。

フィレンツェもパリも、古い上層階級に代わって新しい市民階級が生まれる時代に対応して変革を遂げた都市である。

また、一九世紀のパリ改造においては、都市政策の思想の明確な変更があった。当時の最高責任者だったナポレオン三世は、内乱や暴動が頻発に起こる不安定な時代には、インフラ整備（鉄道、道路、公共交通）だけではなく、健康な生活を保障する福祉政策（上下水道や街路、公園の整備、病院や福祉施設など）が、政治の安定につながると考えた。それが、パリの都市インフラを一新する原動力になったのである。国威発揚ではなく、福祉という観点を都市環境整備に持ち込んだ一つの例である。

（1）都心再生からコンパクトシティへ——ドイツ、ダルムシュタット市の例

一九六〇年代、欧州各地では大規模小売店の展開や郊外へのスプロール現象がおこり、都心の空洞化という問題が日本よりも一足早く深刻化した。郊外型スーパーマーケットの増大、自動車利用を不可欠とする郊外生活の普及が、モータリゼーションの促進に拍車をかけ、結果的に旧来の都心の活力を衰退させたのである。

その後、地方分権が進んだ一九七〇年代から一九八〇年代にかけて、都市のスプロール化という問題に対する手法が各都市で考え出されるようにいたった。都心の荒廃問題の最大の原因は都市の発展を、経済至上主義に任せたことにあると認識するようになったからである。

一九六〇年代の都市問題を受けてまず各地で講じられた対策は、郊外への大規模小売店の出店規制だった。このような規制的手法からはじまった都市マネジメントの成果として、「ドイツのまちづくり」（春日井道彦著、学芸出版社）に紹介されたダルムシュタット市の事例は好例の一つである。

人口約一四万人を擁するダルムシュタット市は、フランクフルト市の南方約四〇キロメートルに位置する。戦前はヘッセン・ダルムシュタット大公国の首都であり、工業都市だったが、第二次大戦時にほぼ全壊の大被害を受けた。街の中心から一〇分ほど歩くと、名所として市民にもこよなく愛されているマチルダの丘がある。マチルダの丘は二〇世紀初頭につくられた「芸術化村」の跡であり、今はユーゲントシュティール（アールヌーボー）の美しい建築が散在する、静かな高級住宅街となっている。

ダルムシュタット市では一九七〇年代に市の郊外にショッピングセンターを建設するという話が持ち上がり、紆余曲折の末、これを都心の一等地に誘致するに至った。

大型ショッピングセンターの建築許可申請を受けたダルムシュタット市の都市計画局は、その誘致に成功するや、これをきっかけとして都心の大改造に着手した。それまで都心を横断していた幹線道路を地下にもぐらせるという交通計画を柱に、その地上部分を広場として歩行者空間にし、都心の景観を様変わりさせたのである。現在、この広場はバスや路面電車などの市内公共交通の要としての役割を果たすと同時に、市民が自由に歩き、憩い、夏にはオープンカフェを楽しむことのできる快適な空間になっている。

出店規制といういわば受身の手法から、都心大改造という積極的な姿勢へと展開した一連の流れの背景には、都心の中心性への指向がある。ダルムシュタットに限らず、一九七〇年代に展開した欧州各地の都市マネジメントには、計画や制度の整備とともに、都心の中心性の回復を指向する側面が共通に見られる。

(2) 文化的多様性に向かうベクトル——フランス、ストラスブール市の例

ストラスブール市は、ドイツとの国境に接したアルザス地方の中心都市であり、ＥＵ圏のほぼ中心に位置し、欧州議会の所在地でもある。人口は市内で約二七万人、広域都市圏で約四七万人を擁する。広域都市圏とは近隣自治体同士の協力体制のことである。

都市問題は一九六〇年代フランスにおいて深刻な状況に陥り、ストラスブール市でも、都心の衰退化傾向は明らかだった。当時、都市計画局が実際に講じた策は、郊外の大規模店舗の出店規制と計画策定によるインフラ整備だけだった。

しかし、現在のストラスブール市には、ユネスコの世界遺産に指定されている都心の歴史地区を中心に、生き生きとした街並みが広がっている。衰退した都心の活力をここまで回復させる原動力とはなんだったのか。これに対する当市の現職員の答えは、

「都心には潜在的な魅力があり、一時的に経済的活力が衰えたとしても、戦略的にそこに入ってこようとする小売店が必ず出現します。一九七〇年代、一九八〇年代には全国展開型やフランチャイズ系の小売店が積極的にそのような動きをみせたわけです」。

というものだった。これらの小売店は、元気のなかった都心に新鮮な空気と活力を吹き込んだが、街の独自性や多様性を喪失させるという結果も同時にもたらした。

ここで注目したいのは、都心の潜在的な魅力を都市再生の核にするには、交通インフラと商業政策を同時に押し進めることが必要だという指摘である。つまり、衰退した都心に残された小規模小売店を都市整備の手法によって活性化する方策は残されている。

ストラスブール市の中心にはクレベール広場があり、そこにはデザインのいい超低床トラムが南北方向と東西方向に走っている。この二つの路線はちょうどクレベール広場の脇で交差し、この二路線によってクレベール広場が持つ中心性が強調されるようになった。一九九四年の第一号線開通

までは商店街組合が大反対したが、市民も巻き込んで協議会や説明会を繰り返した結果合意にこぎつけた。

当初、都心の商工業者はトラムの導入にともなう自動車の都心部への乗り入れ規制が売り上げの低下につながると懸念したが、売り上げは上昇した。第二号線の導入に伴って都心から自動車が減り、快適な歩行者空間が広がり、オープンカフェの数も増えた。

クレベール広場で、広場に面して建っている建物の中庭を、ショッピング・モールにしようという計画が持ち上がった時には、古い建物を利用し、一階部分をブティックやレストランに、二階以上を住宅にすることで、長いこと忘れ去られていたこの空間を生き返らせようという戦略が日の目をみた。

第二の繁華街として、都心から少し離れたところにショッピングや文化の複合センターを建設する計画や、広域都市圏へトラム・システムを拡大する計画も実施され、新しい複合センターも誕生した。

これらのプロジェクトをみれば、都市計画の中心的課題が、歴史的な旧市街地、郊外の景観を美しくすることによる広域都市圏再生に移りつつあることがわかる。その基底には、都心との適切な連携によって都市全体の魅力を高めようとする発想が貫かれている。

(3) 都市を再構築し、修復する理論——イタリア、ローマ市の例

イタリアの都市計画制度は一九四二年の都市計画法以来、ゾーニングと規制に移り、規制の強化とともに自治体の権限は拡大しつつある。一九四二年の都市計画法には、自治体の実施計画である Piano Regoratore Generale（PRG：市基本計画）と詳細計画、および歴史的な都心部のための Piano di Recupero（修復計画）が盛り込まれた。

しかし、六〇年代、都心の荒廃がひどく悪化した頃は、自治体の計画能力の不足などによって、この計画策定権を行使しない自治体が多かった。その後、手続きの簡素化、「計画なくして開発なし」という理念が押し出され、詳細計画を策定するための膨大な現状調査を行ったことにより、ようやく七〇年代後半以降、自治体がその権限を積極的に行使するようになった。七〇年代は、社会経済構造を含めた都市全体の構造をきめ細かく再構築するということに主眼をおかれ、都市計画制度と商業政策の手法を組み合わせによってイタリアの都心再生論が活発になった。

一九五六年に文化財と自然環境を守るために知識階級の人々によって設立された国民協会「イタリア・ノストラ」の活動は、関心の高い市民組織を巻き込んで活発化した。歴史的都心部の美しい景観は、まず市民みずからが生活環境として享受すべきであるものであるという主張が、都心再生のための商業政策を生み出す大きな原動力となった。

一九七一年の自治体による商業計画という手法は、自治体が計画を策定し、「その地域内の大規模店舗から零細店舗までを体系的に管理する」ことを可能にした。

この計画は、街の小売ネットワークの発展と適正化により、小売業やサービス業を、時代に対応した新しい都市型産業として鍛え上げることを目的としていた。「時代に合った適度な生産性」は、都心を市民のための快適な生活空間によって可能になるという考え方が、計画制度に反映されている。それが都市内の「質的な自由競争」を促進することにつながった。つまり、イタリアの都心再生の手法は、建造物等の外形的な側面と、社会経済構造への適応という二つの側面から、都市の「再構築」を指向している。

民岡順朗がまとめた「修復理論と近代思想」「ローマ修復留学記 その1——修復の一般概念」にはこう書いてある。

一九九九年一〇月、イタリアでは文化財・環境に関する法令の集大成として、法律第四九〇号が施行された。この中に「修復とは、あるものの物質的無欠性を維持するため、また、その文化的価値の保全や保護を保障するために実施される処置のことを指す」と記されている。ここに、個々の美術品や建築物の修復のみならず、歴史的都心の再生に通じる基本的な考え方が表れている。

一九三九年に創立されたローマ中央修復研究所の初代所長チェザーレ・ブランディは、「美術品」を対象とした「修復理論」を一九六三年に出版した。まずは美術作品の修復についての原則を列挙した上で、「修復するにあたっては、（中略）美術品が有する、いわば、潜在的レベルで残っている統一性を回復することを目指さなければならない」としている。

この理論によれば、美術品は欠損や損傷があったとしても美術品であり、修復されなかったとしても歴史的・美的価値を失うことなく美術品でありつづけるということになる。なぜ修復が必要なのかという問いに対しては「潜在的レベルで残っている統一性を回復するため」と答えた。先に述べた一九九九年の法律は、この定義が法的拘束力をもつものとして規定されたことを意味する。

この概念により、修復対象範囲は美術品から文化財へ、すなわち絵画・彫刻・家具・調度品にとどまらず、建築、広場や都市構造、地区構造、景観へと拡張された。この現代修復理論を踏まえてローマの都心再生の流れを見直すと、きめ細かな調査に基づく計画手法が社会経済構造の再構築には不可欠であることは、明解になる。

(4) 都市システムの質的評価——ベルリン市のオープンスペースの質的評価指標

ドイツ統一後、ベルリンで進められた大規模な建設プロジェクトの一つに、中央駅の建設がある。ドイツの都市には、ある程度の規模がある都市であれば、たいていの場合 Hauptbahnhof 中央駅があるが、ベルリンには中央駅と名のつく駅がなかった。そのかわりに、旧東ベルリンの東駅と、旧西ベルリンの動物園駅が事実上中央駅としての役割を果たしている。

西の動物園駅の前にはドイツ最古の動物園があり、その向こう側に広大な公園ティア・ガルテンがつづいている。ティア・ガルテンはかつての狩猟園を市民に開放して公園になったもので、その後市民の生活にとって重要な役割を果たしている。都心に二〇〇ヘクタールを越える面積を占めるその空間は、緑地行政に力を入れる「緑の都市」ベルリンのシンボルとしての意味合いが大きい。

ベルリン市は、その総面積の四六・七％がオープンスペースであり、その内訳は樹林地一七・六％を筆頭に、農地、水面、公園、クライン・ガルテン（家庭菜園場）、街路樹等、墓地、スポーツ施設とつづく。公園・緑地行政の歴史は長く、一八七〇年にはすでに緑地の計画、管理等すべての仕事をする造園局が存在していた。この造園局の開設は、造園の分野を土木計画局から分離・独立させることに意味があった。

一九〇八年に行われた大ベルリンの都市発展に関するコンペでは、ヤンセンによって提案された計画、すなわち大小二つのグリーンベルトと、放射状緑地や公園からなるオープンスペースのネットワーク案が首位を獲得し、大ベルリン計画がドイツ各地における緑地計画の道標となった。

一九二〇年代には、市内各地区に造園局が設けられ、緑地を体系的に配置することによって都市環境の悪化を最大限回避する（緩和する）に力点が置かれた。

ドイツの都市内オープンスペースは、それ以来、市民一人あたりの緑地面積というような量的指標より、質的指標により評価されるようになった。現在では、この二〇世紀初頭につくられた緑地遺産を、多角的に再評価するようになり、都市のシステムとして活用し続ける方針が明確にされている。

都市計画は、一九六〇年に連邦建設法が制定され、そこでFプランとBプラン(1)による二段階の建築誘導制度が確立された。「ドイツの都市計画史」として計画手法の変遷を一概に論じることは難しいが、Fプラン、Bプランと名のつくものに着目して歴史をさかのぼってみると、実はFプランよりもBプランの方が早い時期に成立している。

Fプランが二〇世紀以降に登場するのに対し、Bプランはすでに一九世紀には存在していた。しかし、当初のBプランは道路計画が主であり、社会基盤計画の意味合いが強かった。それに対して、現在のBプランは建築法定に基づく規定のほかに、州法や他の法令の通知による指定を書き込むことが可能であり、公的権力による計画の実施という意味合いから、市民生活にとって必要な質的な生活情報を組み込む形へと変質していった。

日本では、Bプランの特徴として建築形態や外観に関する細かい指定が真っ先に挙げられる傾向がある。この計画手法の特徴は、都市基盤の整備と生活空間の質の両者を重視している点にある。

この傾向は、緑地政策に関する手法においてもみられる。Fプラン（土地利用計画）には、レクリエーションとオープンスペースプログラム、景観プログラム、生態系システム・環境保護プログラム、自然環境維持プログラムという四種類の景観プログラムが付属している。これは、各テーマの現状を詳細に示したものだが、行政側が環境アセスメントや交通政策の指針に用いるという行政計画の意味合いだけでなく、住民がみずからの生活空間の改善状況を把握するという双方向の流れを作り出すことを意図している。

この双方向性が緑地面積のような行政側の数値的達成度を示すだけではなく、緑地のネットワーク化など、都市緑地の広域的な質的評価を助けている。

例えば、前掲の景観プログラムのうち、レクリエーションとオープンスペースプログラムでは、住民一人あたりの緑地面積が示されているが、そこでは、私有地の有無、家族構成など、住民のレクリエーション行動にかかわる重要なパラメータが加味されている。このことは、質的評価という観点から注目に値する。

市民が都市内のオープンスペースに求めるものはなにかを評価しなおすことは、今後さらに重要になってくるであろう。ヴェルナー・ノールが指摘しているように、都市住民の生活スタイルは社会構造とともに大きく変化し、それがオープンスペースの使い方に及ぼす影響は大きい。

この影響を読み取る一つの手がかりとして、都市住民の価値観の変化を解釈してみると、次のようなことが言えるだろう。二〇世紀は個人の生活水準への限りない欲求が、経済活動の拡大や賃金の向上といった経済的な生産性の向上を目指した。その結果、社会的階層の格差も顕在化した。

それに対して、オープンスペースがもたらすゆとりは人々のつながりをより水平的に広めていくベクトルをもっている。オープンスペースでは、社会的階層の差や所得の差というものは極力捨象され、だれにでも自由で安価なアクセスが確保されている。産業のためや生産性の向上ではなく、街の空間の一部を共有することによって、逆に一人一人の生活価値を高めることができる。このことを日常的なレベルで再確認できる手段が与えられることによって都市生活がもたらす無形の学習効果が高まっていくのである。

その流れから見れば、緑地ネットワークを構築するための外形的な計画論とオープンスペースの質を評価することは、現代の社会においてもまた重要な意義がある。異なる生活意識を持ちながらも地域レベルで価値観を共有する方策を自治体の緑地政策に盛り込むべきではないか。

情報化社会によってオープンスペースが持っていた機能のうち社交や憩いの場といった役割や価値を再検討する必要がある。文化的、人間行動学的な議論の裏づけのない都市計画論は単なる産業化のひとつのプロセスに組み込まれてしまう危険性があるだろう。

4　都市のための文化論の必要性

都市の文化という見えない資産を都市政策の中でどのように活かしているか、欧州都市の事例からまとめてみたい。

一つは、都心部の持つ中心性の維持を指向する方向である。これに沿って、出店規制や計画策定といった自治体の権限を適切に行使している。

ローマ市では、「潜在的に持つ統一性」を顕在化させることによって社会経済構造の歴史的階層性を再構築することを狙っている。この潜在的資産を視野に入れたミクロなレベルでの修復作業が都心の再生作業を支えている。

第二に、時代の変化に応じた市民のための空間の創出である。ベルリン市は緑地計画の作成プロセスを通じて、個人の生活の質の向上という仕事に力を注いできた。オープンスペースの多角的評価の中にはこういった視点が入っている。

これらの事例は、都市計画や制度の策定は、未来価値を先取りしながら、それが「適度な」経済的生産性とどう折り合うのか、それを模索していった過程だということを教えてくれる。そこから学ぶべきもっとも重要な点は、都市計画や制度を支える価値基準には、都市のための文化論が必須条件だということである。(2) こういう認識が世界の各都市には、芽生えつつあるように思われる。

都市の中心にある広場は、民主主義の原点であり、また地域の文化的なアイデンティティを育む拠点である。二〇〇〇年の時を経ても、都市政策の出発点はあまり変っていない。都市の中心を維持し、生活空間の価値をどう高め、市民が都心の潜在的魅力をどう発揮するかということが地方自治体の中心的な仕事になるだろう。

世界のどこの都市政策においても、共有財産に対する明確な認識が醸成されているように見える。個人の価値観を優先する共有の生活空間を持つことによって、結局はグローバル経済の不安定な動きから個人の生活を守ることができる。国家の社会保障制度によって提供されるセーフティネットよりも、都市の公共空間の質やサービスのほうが大事である。

個人と国家という単位の間に新しい価値共有空間を持てるかどうかは、都市生活者にとってきわめて重要である。このことが市民の認識として根付いていけば、都市政策は、政策的な意図から、市民の意識的な参加を促す形へとさらに変化していくだろう。公共の利益と個人の利益は、対立する二つの概念ではなく、その間に都市の共有空間という中間的な範囲を持ち込むことによってバランスをとることができる。それによって、金融や経済の無味乾燥な動きから、ヒューマンな価値を守ることができる。

共有空間を重視する欧州の都市政策の手法は、日本でも中心市街地活性化や都市景観整備のための計画・制度づくりの参考とされてきた。しかし、日本における都市再生の議論は計画や制度の表面的な枠組みに大きく偏り、文化的背景や哲学的背景がすっぽりと抜け落ちているように思われる。

都市空間を「未来価値」を生み出す原動力とすること、社会的なニーズに即応した形に都市を変換させていくこと、これが都市政策の根幹である。


（注記）この章のドイツ、ダルムシュタット市の例、文化的多様性に向かうベクトル――フランス、ストラスブール市の例、都市を再構築し、修復する理論――イタリア、ローマ市の例は、佐瀬優子さんの取材によるものです。都市景観学者として、さらなる発展という気持ちで、一部のエッセイを使わせていただきました。

注

（1）Ｆプランと Ｂプラン（概略説明）
一九六〇年にドイツの都市計画の基本法として制定された連邦建設法により、準備的建設誘導計画であるＦプラン（Flaechennutzungsplan：土地利用計画）と、拘束的建設誘導計画であるＢプラン（Bebauungsplan）の二段階の法定都市計画制度が確立した。その後、部分的な変更はあったものの、基本的には現在まで受け継がれている。Ｆプランは、市町村の全域について、都市を発展させようとする意図に従って、将来の必要に応じ、都市利用の基本を表示するもの（建設法典第五条）で、市町村全域を対象とした唯一の都市計画である。

Ｂプランは、都市の秩序のために必要な法的拘束力のある指定を行うもので、Ｆプランから展開される計画されるもの（建設法典第八条第二項）である。つまり、Ｆプランの内容は、Ｂプランを経由して、間接的に一般市民に影響を与えるようになっている。ＦプランとＢプランという二段階を経ることで、はじめて実行力のある都市計画になる構造となっている。

あとがき——都市との出会い

私が都市空間というものに関心を持ち出したのは三〇代後半からである。当時、パリの応用数理経済研究所というところの研究員をしていた。渡仏前の大学院時代の専門はフランス経済理論だったので、フランス構造主義などをかじっていた。当時読んだ本のコンセプトとして強く印象に残ったのはジャック・ブードヴィルの『経済空間——地域開発計画の理論と実践』（山岡春夫訳、クセジュ文庫）に登場する「経済空間」という概念だった。

その後フランスに渡り、研究者たちと話していると、彼らはマクロ経済学とか、ミクロ経済学といった発想にはほとんど関心を示さなかったが、より具体的な空間の範囲を特定した形で、「場」とか、「都市空間」という概念を使うと、大変な関心を示した。

実際にパリという町に住んでみてまず気に入ったのが、朝市や生鮮食品などの店がならんでいる市場《いちば》である。生活観があふれていて、朝市とかアンティーク家具などが並ぶ「蚤の市」などには、たくさんの人たちが集まる。

ヘンリー・ミラーはパリについてこんな書き方をしている。「パリを感じるには金持ちである必要はない。市民である必要すらない。……パリには貧しい人々が多すぎる。しかし、かれらは、パリに住み着いて故郷であるかのような錯覚をもっている。パリ人を他のあらゆる大都市の市民と区別するのはこのことだ」と。「海の向こう（米国のこと）ではだれもがいつの日か大統領になることしか考えない。しかし、ここでは違う。あらゆる人間が潜在的にはゼロなのだ。うまくいくのは偶然のこと、チャンスが万人にないからこそ、ほとんど希望がないからこそ、ここパリでは人生が楽しいのだ」とある。

確かに、パリ人は「これが人生だ。セラビ」という言葉を口ずさむことが多い。何かうまくいかないことがあったり、難しいことに直面するとこのせりふが出る。

ゼロ感覚で人生を見るという発想。それをパリの街が教えてくれる。私がパリに最初に住み始めたときに感じたのもこの感覚である。どのように人生を楽しむかということは、こういう現実感覚を理解する人たちと人生について語り、何かを共有することである。

人生が楽しいという感覚は、何かを達成して楽しいというのもあるかもしれないが、ゼロが見えている楽しさというものがある。都市論というものは、こういう情緒を伴った学問領域だと私は考えている。

都市政策は、転換期を迎えている。都市政策は政府が考えるべきものだという時代から、市民が自分たちのネルギーを使って都市を良くしていこう、自分たちの人生の舞台として理想に近づけていこうという発想が主流になりつつある。

そういう視点から、この本には新しい視点やコンセプトをふんだんに盛りこんだつもりである。もともと私はフィールドワークを好むので、題材は大学の研究室で用いる都市理論を説明するというより、自ら関わったプロジェクトなどから引き出してみた。とくに本書の作成にあたっては、都市開発の現場で生じている問題意識を共有するためにさまざまなプロジェクトに関わらせていただいた。なかでも、三菱地所のスタッフには丸の内エリアの資産評価でお世話になり、また世界銀行のアジア太平洋地域・都市部門のスタッフには、ワシントンと四川省を結んで展開される国際プロジェクトの面白さを教えていただいた。フランスについての記述が出てくるが、これらはフランス滞在時のメモからとったものである。コンセプトノートとして活用していただければ幸いである。

最後の文化資産の継承の場としての都市の章は、十分こなれた内容ではないが、都市というものが人間同士のなにげない会話によって成り立っているものだということを示したかった。この部分は、自分のエッセイもあるが、私が東京大学工学部で指導した学生で、博士号をとるためにドイツに渡った佐瀬優子さんの現地での取材メモが活用されている。この場で佐瀬さんに改めて感謝したい。これからも、ドイツや日本をフィールドとして、都市のコンセプト作りで活躍してもらいたいと思っている。

東京大学大学院の博士課程に在籍中の田中麻里さんには、丸の内エリアの膨大なデータ収集などを手伝ってもらった。細かくて地道な作業だったが大変ていねいに対応してくれた。二人とも都市分野で仕事を得て活躍することを目指して頑張っておられるので、その意志を失わずに、存分に活躍できるように応援していきたい。

最後に今回の国際公共政策叢書執筆でお声をかけて下さった進藤榮一先生に感謝申し上げたい。伝統的な行政論の枠組みを超えて、いま動いている都市政策を描くきっかけをつくって下さった。本を書くという知的な活動は、いまだ未知の領域を進んでいくために膨大なエネルギーを使うが、その長い道のりを力強く進むよう激励された。

本書は、最初から書き始めて二年ほど経過した。後半はすこしエッセイ風の部分が混じってしまったが、都市論というのはむしろエッセイ風に書いたほうが本質を伝えることができるのかもしれない。しかし、今回は若い方々にコンセプトをなるべく理解してもらうために、教科書風にまとめてみた。好きなところからページをめくってもらえれば幸いである。

京都にて

竹内佐和子

参考文献

会田武文、土屋和男［1996］『都市デザインの系譜』鹿島出版会。

青木英一［2000］「電気メーカーの事業所配置と地域的生産連関」『人文地理』第五二巻第五号。

東一真［2001］『シリコンバレーのつくり方』中公新書ラクレ。

石井彰、藤和彦［2002］『21世紀のエネルギーベストミックス』ぎょうせい。

石倉洋子、藤田昌久、前田昇、金井一頼［2003］『日本の産業クラスター戦略――地域における競争優位の確立』有斐閣。

石津勝馬、林紘一郎［1972］『データ通信による流通システムの設計』日本経営出版会。

磯部力［1999a］『地方政府のガバナンスに関する研究』NIRA報告書。

――［1999b］「基礎自治体の規模適正化の課題――市町村合併と広域連合」『地方政府のガバナンスに関する研究』総合研究開発機構。

稲垣京輔［2003］『イタリアの起業家ネットワーク――産業集積プロセスとしてのスピンオフの連鎖』白桃書房。

井上宇市、高田秋一［1992］『コージェネレーション技術入門』オーム社。

今井賢一［1984］『情報ネットワーク社会』岩波書店。

今川拓郎［2001］「IT化、都市の競争加速」『日本経済新聞』（「経済教室」欄）、三月二一日付朝刊。

岩井克人［1997］『資本主義を語る』ちくま文庫。

植田和弘、落合仁司、北畠能房、寺西俊一［1991］『環境経済学』有斐閣ブックス。

大方潤一郎［1984］「インナー・シティ問題再考」『地域開発』一二三七巻。

尾島俊雄監修［1983］『日本のインフラストラクチャー』日刊工業新聞社。

海道清信［2001］『コンパクトシティ――持続可能な社会の都市像を求めて』学芸出版社。

鹿島茂［2004］『怪帝ナポレオン三世』講談社。

春日井道彦［1999］『大切にするドイツのまちづくり』学芸出版社。

片方信也［2000］『住む――都市と居住空間の設計』つむぎ出版。

加藤敬弘［1999］『環境と経済学』八朔社。

加藤寛編［1999］『入門公共選択』三嶺書房。

金子郁容［1986］『ネットワーキングへの招待』中央公論社。

金本良嗣［1997］『都市経済学』東洋経済新報社。

――、齊藤裕志［1998］「東京は過大か――ヘンリー・ジョージ定理による検証」『住宅土地経済』第二九号。

川島哲郎［1986］「経済地理学の課題と方法」川島哲郎編『経済地理学』朝倉書店、所収。

環境省総合環境政策局環境経済課［2003］『社会的責任投資に関する日米英三か国比較調査』環境省。

久世公尭［1998］『地方自治制度』学陽書房。

鞍谷雅敏、遠藤幸彦［2003］「東京は知識経済化の主舞台となりうるか」『知的資産創造』四月号。

クルーグマン、ポール著、北村行伸・妹尾美起・高橋亘訳［1994］『脱「国境」の経済学――産業立地と貿易の新理論』東洋経済新報社。

――著、北村行伸・妹尾美起訳［1999］『自己組織化の経済学――経済秩序はいかに創発するか』東洋経済新報社。

――他著、小出博之訳［2000］『空間経済学――都市・地域・国際貿易の新しい分析』東洋経済新報社。

国土交通省［2000］『高度情報化時代における企業立地の動向等に関するアンケート調査』。

――［2001］『ターミナル周辺駅に集積するソフト系ＩＴ産業』。

財団法人日本住宅総合センター［1998］『地方都市中心市街地での都市居住再生方策に関する調査』。

財団法人日本情報処理開発協会［2003］『情報化白書二〇〇三』株式会社コンピューターエージ社。

サールマン、ハワード著、小沢明訳［1983］『パリ大改造――オースマンの業績』井上書院。

ジェイコブス、アラン・B. 著、蓑原敬訳［1998］『サンフランシスコ年計画局長の戦い』学芸出版社。

ジェイコブズ、ジェーン著、中江・加賀谷訳［1971］『都市の原理』鹿島出版会。

――著、黒川紀章訳［1977］『アメリカ大都市の死と生』SD選書、鹿島出版会。

――著、香西泰・植木直子訳［2001］『経済の本質――自然から学ぶ』日本経済新聞社。

ジッテ、カミーロ著、大石敏雄訳［1983］『広場の造形』鹿島出版会。

ジーハーツ、トマス著、蓑原敬監訳［2006］『都市田園計画の展望――「間にある都市」の思想』学芸出版社。

塩野七生［2001］『ルネサンスは何であったのか』新潮社。

下条美智彦［1996］『フランスの行政』早稲田大学出版部。

神野直彦［1999］「地方分権と合併の両義性――効率性の観点から」『地方政府のガバナンスに関する研究』総合研究開発機構。

コンラッド、ジョン・M. 著、岡敏弘、中田実訳［2002］『資源経済学』岩波書店。

高橋勇悦［1992］『大都市社会のリストラクチャリング――東京のインナーシティ問題』東京都立大学出版会。

竹内佐和子［1992］『ヨーロッパ的発想とは何か』ＰＨＰ出版。

――［1999］『21世紀型社会資本の選択――ヨーロッパの挑戦』山海堂。

――［2002］『公共経営の制度設計』ＮＴＴ出版。

――［2003］『日本の産業システム〈8〉都市デザイン』ＮＴＴ出版。

民岡順朗［2001］『修復理論と近代思想』学芸出版社。

田中啓一［1994］「転換期を迎えた都市行政と都市財政」『計画行政』第一七巻第三号。

民岡順朗［2001］『ローマ修復留学記その1――修復の一般概念』学芸出版社。

中西準子［1995］『環境リスク論』岩波書店。

中根千枝［1967］『タテ社会の人間関係』講談社。

西尾勝［1993］『行政学』有斐閣。

バート、クリストファー著、横山徳爾訳［1991］『ローマ——ある都市の伝記』朝日選書。

林紘一郎［1985］「情報の構文と意味——地域の情報化に寄せて」『人と国土』一月号。

原田博夫［1994］「地方自治の公共選択」加藤寛編『入門公共選択』三嶺書房。

ハワード、E. 著、長素連訳［1968］『明日の田園都市』鹿島出版会。

日笠端、日端康雄著［1998］『都市計画』第三版、共立出版。

ドラッカー、ピーター著、上田惇生編訳［2000］『イノベーターの条件——社会の絆をいかに創造するか』ダイヤモンド社。

藤井隆［1992］「いま問われる「集権」「分権」政治と行政のコストベネフィット」『計画行政』第二三号。

藤末健三［2004］『技術経営入門』改訂版、日経ＢＰ社。

フランシス・ファーガソン著、堀池秀人訳［1985］『システムとしての都市——都市分析の手法』井上書院。

マイケル・E. ポーター著、竹内弘高訳［1999］『競争戦略論』ダイヤモンド社。

———著、土岐坤・小野寺武夫訳『国の競争優位』〈上・下〉ダイヤモンド社。

蓑原敬［2000］『中心市街地活性化とは何か』学芸出版社。

———［2001］『都市計画の挑戦——新しい公共性を求めて』学芸出版社。

———、河合良樹［2000］『街は要る！ 中心市街地活性化とは何か』学芸出版社。

三船康道＋まちづくりコラボレーション［1997］『まちづくりキーワード事典』学芸出版社。

ミルグロム、ポール＆ロバーツ、ジョン著、奥野正寛他訳［1996］『組織の経済学』ＮＴＴ出版。

武藤武彦［1992］「産業政策における分権と統合」『計画行政』第三三巻第一号。

宗田好史［2000］『にぎわいを呼ぶイタリアのまちづくり』学芸出版社。

山地憲治［2002］「分散エネルギーシステムへの期待と課題」『これからの分散型エネルギーシステム』研究資料第六三号、エネルギー・資源学会。

山本大輔、森智世［2002］『入門 知的資産の価値評価』東洋経済新報社。

依田直監修、電力中央研究所編［1998］『次世代エネルギー構想』電力新報社。

レブ、バルーク著、広瀬義州・桜井久勝監訳［2003］『ブランドの経営と会計――インタンジブルズ』東洋経済新報社。

渡邊俊輔編著［2002］『知的財産』東洋経済新報社。

Albertini, Jean Benoit［1996］*Contribution à une théorie de l' Etat déconcentré,* these, Paris V.

――――［1997］*Deconcentration,* Economica.

――――, C. Berenguer, J. L. Marx［1993］*Pouvoirs Locaux,* Coll. Dictionnaire juridique, Dalloz,

Amin, A., M. Dietrich［1995］*Golbalization, institutional thickness and the Local Eocnonomy,* Edgard Elgar.

Auby , J. B. et. J. F.［1985］*Organization administrative terrioire,* Sirey, Bibliotheque des Coll.

――――［1990］*Droit des collectivités locales,* PUF, coll. Themis.

Avril, P.［1970］*L' Arrondissement devant la réforme administative,* Berger Levrault.

Brynjolfsson, Erick & Lorin M. Hitt［1998］'Beyond the Productivity Paradox', *Communications of the ACM,* August.

D'Arcy, Prat［1985］"Les politiques du cadre de vie", *Traite de Science Politique et les politique publiques,* Paris, PUF.

Fujita, M., P. Krugman, and A. Venables［1999］*The Spatial Economy: Cities, Regions and International Trade,* Cambridge, MA : MIT Press.

———, and J-F, Thisse [2002] *Economics of Agglomeration: Cities, Industrial Location, and Regional Growth,* Cambridge, MA : MIT Press.

Gasper, J., and E. L. Glaeser [1998] "Information Technology and the Future of Cities", *Journal of Urban Economies,* vol. 43, pp. 136–156.

Hanson, G. H. [1997] "Increasing Returns, Trade and the Regional Structure of Wages", *Economic Journal,* vol. 107, pp. 113–133.

Henderson, J. V. [1985] *Economic Theory and the Cities,* Academic Press. inc.

Jacobs, J. [1968] *The Economy of Cities,* New York : Random House.

——— [1992] *The Death and Life of Great American Cities,* Vintage Books.

Kanemoto, Y. [1980] *Theories of Urban Externalities,* Amsterdam : North-Holland.

———, T. Ohkawara and T. Suzuki [1996] "Agglomeration Economies and a Test for Optimal City Sizes in Japan", *Journal of the Japanese and International Economics,* vol. 10, 379–398.

Koopmans, T. C. [1957] *Tree Essays on the State of Economic Science,* New York : McGraw-Hill.

Marshall, A. [1890] *Principles of Economics,* London : Macmillan (8th ed., 1920).

Meny, Y. [1984] *Centre et péripherique : le partage du pouvoir Economica.*

Motte, Allan [1995] "Le Schéma Directeur dans un conteste Transforme", *Shéma Directeur et Projet d' Agglomération,* JURIS.

Nonaka, Ikujiro & Hirotaka Takeuchi [1995] *The Knowledge-creating Company,* Oxford University Press.

Padioleau, J. D., R. Demester [1989] *Politique de développment et demarches strategiques des villes,* Paris.

Remond, B., J. Blanc [1992] *Collectivite Locales,* Dalloz.

Safirova, E. [2002] "Telecommuting, traffic congestion, and agglomeration : a general equilibrium model", *Jour-*

nal of Urban Economics, vol. 52, pp. 26–52.

Solow, Robert M. [1987] "We'd better watch out", *New York Times Book Review* July 12.

Toffler, A. [1980] *The Third Wave,* New York : Morrow.

Starrett, D. [1978] "Market Allocations of location choice in a Model with Free Mobility", *Journal of Economic Theory,* vol. 17, pp. 21–37.

Turpin, Dominique [1998] *Droit de Decentralization,* Principes-Institution-Competeces Gualino Editeur.

ラ行

ナ行

ハ行

マ行

ヤ行

サ行

タ行

索　引

[著者略歴]

竹内　佐和子（たけうち・さわこ）

1975年，早稲田大学法学部卒．工学博士，経済学博士．1987年よりパリ大学法律経済学部客員教授，フランス国立ポンゼショセ工科大学国際経営大学院副所長，1992年より長銀総合研究所主席研究員，1998年より東京大学大学院工学系研究科助教授を経て，2004年より世界銀行アジア太平洋都市開発部門エコノミストを務める．現在は，京都大学客員教授（工学研究科都市環境工学専攻），および，外務省参与・大使．

主な著書：『都市デザイン』日本の産業システム第8巻（ＮＴＴ出版，2003年），『公共経営の制度設計』（ＮＴＴ出版，2002年），『21世紀型社会資本の選択』（山海堂，2000年）など多数．

国際公共政策叢書　第13巻

都市政策

2006年10月20日　第1刷発行

定価（本体2000円＋税）

著　者　竹内佐和子

発行者　栗原哲也

発行所　株式会社日本経済評論社

〒101-0051　東京都千代田区神田神保町3-2

電話03-3230-1661　FAX03-3265-2993

振替00130-3-157198

装丁・渡辺美知子　　印刷：文昇堂　製本：美行製本

落丁本・乱丁本はお取替えいたします　Printed in Japan

TAKEUCHI Sawako 2006

ISBN4-8188-1882-8

「国際公共政策叢書」刊行にあたって

9・11以後世界は混迷を増し、日本政治はなお戸惑い続けています。政局はあっても政策はなく、政策はあっても市民の顔が見えない。テクノクラートの官房政策学はあっても、世界とアジアに開かれた市民のそれはいまだ芽吹いていません。グローバル化の進展した世界で日本は、いまだ再生の契機をつかめず、バブル崩壊の瓦礫の中で衰退の途すら辿り続けているように見えます。いったい私たちは、グローバル化の波にどう対応し、日本再生の青写真を描くべきなのか。そしてあるべき公共政策はいかにつくられなくてはならないのか。この一連の問いに答えるため私たちは、個々の専門領域を越えて公共政策のあり方を議論し、それを日本再生の政策構想につなげたいと思います。

私たちの試みは、三つの意味で、新しい知の挑戦をねらいとしています。第一に、市民生活の各政策分野が抱える問題群に関して、あくまでグローバルな比較の視点に立ってとらえる、いわば国際的な視座を貫くこと。第二に、直面する諸問題群について、グローバルであれローカルであれ、持続可能な発展をどう実現し、内なる市民社会の強化につなげていくのか、いわば市民主義的な方途を明らかにしていくこと。第三に、各分野で濃淡の違いはあれ、それを二〇世紀型冷戦世界像の中ではなく、可能な限り脱覇権主義的な二一世紀型アジア共生の世界像の中に位置づけ直す、いわば脱近代の手法に依拠しようとしていることです。そしてそれら三つの視点のいずれをも、歴史の射程の中でとらえ直していきたいと思います。そうした意味を込めこの政策叢書の試みは、シビル・ソサエティとグローバル・ガバナンスをつくりながら、アジア共生の途を模索し、公共性復権への道筋を見出す試みだと約言できましょう。

本叢書は、政策関連学徒のスタンダード・テクストたることを企図し、広く実務家や官僚、NGO、ジャーナリストなどおよそ公共的なるものに関心を持つ市民各層の政策啓蒙書としての役割をも果たします。いま気鋭の第一線研究者とともに、グローバルな市民の目標に立って新しい政策知の地平を切り拓くべく、長肆の支援を得て叢書刊行に踏み切るゆえんです。

二〇〇三年三月

進藤榮一

内田義彦先生――その生涯と思想

鈴木信雄

内田義彦先生は、一九一三年二月二五日に、内田正義氏の五男として愛知県名古屋市に生まれ、暫くして兵庫県岡本村に転居する。地元の尋常高等小学校を卒業後、二年間の結核の療養生活を挟み、甲南高等学校尋常科・文科を経て、三四年四月、東京帝国大学経済学部に進学する。しかし、先生は、帝国大学入学後も、結核療養のために二年間の休学を強いられる。三九年三月に、経済学部経済学科を卒業し、同年四月帝国大学大学院に進学する。大学在学中に、野間宏、武谷三男氏といった戦後の日本を代表する知識人と交流を深め、大学院では馬場敬治教授のもとで工業政策と技術論を学ぶ。技術論は後に内田先生の歴史認識やマルクス理解に大きな影響を与えることになり、先生の前半生の思想の核心をなす生産力論の母体となる。四〇年四月、財団法人東亜研究所所員となり、東南アジアの資源調査に従事し、四三年には東京大学嘱託として世界経済研究室に勤務する。四四年八月に招集令状を受け佐世保海兵隊に入隊、間もなく除隊するが、同年一二月治安維持法違反容疑に問われ、約四カ月間拘禁される。その後、紅陵大学講師などを経て、四六年一〇月以降、定年退職される八三年三月まで専修大学に勤務された。七四年に病に倒れ、その後闘病生活を続けながらも次々と研究成果を公表されたが、八九年三月一八日に呼吸不全のため順天堂病院で亡くなられた。

先生は、五三年一一月に、価値＝剰余価値学説史の観点からのスミス研究とイギリス市民社会形成史の観点からのスミス研究という二つの流れを発展的に統一しようとした代表作『経済学の生誕』（未来社）を刊行する。『生誕』において、先生は、経済学を生み育て

評論 No.157
2006. 10

日本経済評論社

てきたものは、多様な具体的な現実と広汎な社会哲学・社会科学などの諸思想であるとし、一方で、旧帝国主義戦争たる英仏の七年戦争（これには先生の太平洋戦争体験が色濃く影響している）、さらにはアメリカの独立戦争などといった壮大な歴史ドラマのなかに、他方で、ルソーやヒュームなどといった思想家群像のなかに、初期スミスから『道徳感情論』を経て『国富論』へと昇華していくスミス経済思想の成立過程を、リスボン地震などの挿話を交えながら重層的に把握し、『国富論』が旧帝国主義に対する批判の書であったことを明らかにしている。

また、六七年一〇月に、先生は、『日本資本主義の思想像』（岩波書店）を刊行し、毎日出版文化賞を受賞する。本書は日本思想史に関する業績を編ん

は「歴史に貫徹するものの存在形態の探索」を、すなわち「人格的依存関係」から「物的依存関係」への発展のような人間の活動の社会的形態の「発展」の探索を意識しつつ、超急速度に超近代化された「日本のなかにある前近代的なもの」の摘出の必要性を強調している。それは、先生が日本の歪んだ形での超近代化の原因を「前近代的なもの」の残存に見ているからである。さらに、先生は、八一年二月に、最終消費者である読者の消費に価するか否かを生命線とする、その意味で、生産財としてではなく消費財として真価を世に問うた論集を『作品としての社会科学』（岩波書店）というタイトルで刊行し大佛次郎賞を受賞する。

才気煥発で多面的な思想家である内田先生の思想を簡潔に要約することは大変難しいことであるが、敢えて先生が追い求めてきたものを一言で表現するとすれば、それは日本における「人間の解放と生産力の発展」の問題であったと思う。近代的なホモ・エコノミクスの日本における現れを執拗に追い、また民主主義の制度やルールを生み育ていく精神を涵養する学問・教育の必要性を説く先生の努力は、「経済法則」の歴史的貫徹や生産力の発展に伴って「古くさいものが、ことごとく資本の要求にしたがって徹底的に鋳なおし造りなおされる」とする資本の文明化作用への信頼と裏腹のものであり、それらは先生の用語で言えば「主体的自然法の世界」と「客体的自然法の世界」という二つの学問的世界を構成している。だが、先生のお仕事を振り返って見れば、「客体的自然法の世界」＝「生産力論視点による歴史分析」は次第に背景に退き（無論、消え去ってい

れてはない」――「主体的自然法の世界」＝「一人一人が学問的な試行錯誤を重ねながら自由人の連合へと成熟していく」ための方策の探究が中心になっていったように見える。

先生の生涯に亘る全仕事は、一九四五年の『大学新聞』四四号に寄稿した「新聞と民主主義」における、「民主主義下の社会的意志形成の本質は、……それぞれの立場にある民衆が、能動的な主体として自らの責任において自らの眼で見、自らの頭で考えるとともに、それぞれの立場からの意見が自由に交換せられ相互に浸透を受けることによって深化し、民衆自身が巨大な社会的複眼を構成する点にある」という主張を具現化するための努力を身をもって示したものであったと思う。その意味で、先生の思想は終始一貫している。あるいは初期の思想に向かって先生の思想は完成されていったとも言える。

「全面的な個性の開花は、すべての人間が学問を自分のものにするということをおいてはあり得ない」という考えから、知識によって眼を開かれた「自立した個人」の存在意義を説き、学問の生産過程自体において「素人との対話が鋳込まれている」社会科学の必要性を説きつつ、「学問以前の眼と学問の眼」を交錯させて、「学界の通念と世間の常識」をともに打ち破っていくためのフォルシュングの能力を身につけた一人一人が、学問的な試行錯誤を重ねながら「自由人の連合」へと成熟していくことが可能な社会のあり方を、他ならぬこの日本で構想した先生の思想を、私は「人間的平等の感覚に裏打ちされた市民社会論」と呼びたい。こうした主張に関して、先生は約五〇年に亘る研究生活においてブレることはなかった。先生の作品をほぼ全作通読してみて、このことは確認できる。（なお私は、編著『経済思想 第一〇巻 日本の経済思想2』に「人間的平等の感覚に裏打ちされた市民社会論」と題して「内田義彦論――序章」のようなものを書いたが、現在、内田義彦論を一書に纏めるべく準備を進めている）。

［すずき のぶお／千葉経済大学教授］

今、なぜ竹内好なのか
——『竹内好セレクション』刊行に寄せて

孫歌

近頃、竹内好が、忘却から蘇ってきたかにみえる。彼ひとりのことに限らない。最近の日本には、危機感の中で過去の時代を想起する、という動きがみられる。しかし、「過去の時代」というものは、果たしてあるのか。あるとしても、自然な時間だけではないのか。歴史的時間としての「過去」も、どこかに「ある」わけではない。要するに、それは「実体」ではなかった。

竹内好は、一貫してこの考え方に拘っていた。過去は重苦しい所与ではなく、あくまでも分解可能な構築物である——「学者の責任について」という論文の中で書かれたこのテーゼは、竹内の生涯の仕事を貫いていた。

それは、「歴史修正主義」とどこが異なるのであろうか。

歴史修正主義者といえば、それらは竹内好の時代にもすでにいた。「大東亜戦争肯定」論から、「明治百年」を全面肯定する風潮まで、いずれも過去を丸ごと肯定し、賛美するものであった。それらは史料や史料の複雑な文脈を無視し、イデオロギーによって過去を単純化したという意味で、歴史を捏造した。今日の「新しい歴史教科書をつくる会」のやり方も、突然現れたのではなく、その後を継いでいるものであろう。

竹内は早い時期から「歴史を書き換える」ということを言い続けた。それは、一見、「歴史の真実を守る」という、当時の進歩派の闘争戦略とはずれていたし、また、明治によって専制と侵略を代表させ、「戦後」によって平和と民主を代表させるという、歴史を図式化した発想法とも対立していた。かといって、竹内のアジア主義に対する再検討、「近代の超克」への腑分けなど、それら一連の進歩的知識人に首をかしげさせた言動は、決して保守派ないし右翼とは同軌ではなかった。歴史をノッペラボウに肯定する当時の風潮の中で、彼は、肯定–否定という二元対立を突破し、マルクス主義歴史学の「実体史学」に批判を投げかけると同時に、歴史修正主義者に対しても独自の批判を投げかけた。要するに、竹内の歴史に対する認識論は、歴史修正主義の論理やその真向かいに立っている進歩派の認識論の、いずれとも衝突するものであった。

一九六〇年代前後に、竹内は四〇年代に提出した「歴史を書き換える」というテーゼを具体化した。そのきっかけは、戦後の特殊な社会状況から醸し出された「日本の誇りをつくる」という雰囲気であった。そういった中で、たとえば林房雄の「大東亜戦争肯定論」などが、一時期的に流行を見せていた。「明治維新百年祭」を最初に唱えた一人として、竹内は「肯定＝否定」という枠組みを突破するための道を模索したが、その困難な作業はついに社会に受け入れられず、竹内は「明治維新百年祭」の提唱から身を引いたが、「歴史を書き換える」という意志を捨てたわけではなかった。

竹内はいう。「明治国家は一つの選択にしか過ぎず、もっと多様な可能性をはらんでいたと考える。その可能性の探求を通して、日本国家そのものを対象化できるし、したがって未来のヴィジョン形成が可能になると考える」と。竹内は、明治ナショナリズムを、ネーション形成の失敗例と見なし、明治維新に遡ってほかの可能性を探求し、未来につながる「健全なネーション」を求めていた。今日において、このテーゼは危険のように見えるが、「肯定か否定か」という構図が突破されない限り、竹内の真意は的確に理解できないであろう。彼はネーションを固定した「実体」として見てはいなく、さまざまに矛盾しあう要素の結合として扱い、したがって、そこからさまざまな可能性を抽出できると考えたのに違いない。そのような集合体を、彼は「分解可能」な構築物と名づけたのだ。

竹内の時代は過ぎた、と思われる。しかしその時代の課題はまだ残されている。その課題とは、肯定か否定かという認識論の有効性を吟味し、歴史の複雑さと複雑さのままに向き合うことである。歴史をノッペラボウに肯定するという歴史修正主義を、真っ向から否定するという行為によって正す――このような思想闘争の戦略は、すでに限界に来ているかもしれない。厳しい現実に有効に向き合うために、かつて竹内が処理しようとして、うまく処理できなかった課題を継承し、観念的な「スタンス」に立つのではなくリアリティをもつ政治的立場を構築することこそが、時代から要求されているのだ。

［そんか／中国社会科学院文学研究所研究員］

竹内好著、丸川哲史・鈴木将久編
『竹内好セレクション』全Ⅱ巻
四六判　予価　各二二〇〇円

曹石堂著『祖国よ　わたしを疑うな――政治犯から大学教授となった「兵隊太郎」の戦後』の出版に寄せて

老川　慶喜

山崎豊子の作品で、テレビドラマにもなった『大地の子』などを通じて戦後中国に残された日本人残留孤児の話はよく知られているが、戦時中に日本の軍人の援助によって来日し、日本で大学教育まで受けた中国人孤児の話は、そう多くはない。中国山西省の省都大原市にある山西大学の元助教授曹石堂先生は、そうした中国人孤児の一人であった。

曹先生は太原南方の沁県で、一九二九年に生まれ、日本との戦争で両親を失い孤児となったが、一九三九年、九歳か一〇歳のときに日本の鉄道部隊に拾われ、かわいがられながら育てられ、四四年に日本にわたった。加藤家の世話になって、日本の学校に通い、戦後の四七年には立教大学経済学部に入学した。大学二年のとき、新中国の建設に役に立ちたいという一心で帰国した。しかし、祖国は曹先生を受け入れなかった。それどころか、スパイ容疑をかけられ、二〇年もの長い間牢獄や炭鉱・農場での暮らしを余儀なくされた。

スパイ容疑が解けたのは、田中角栄内閣の時代に日中国交回復がなされたときであった。日中国交回復に伴って、中国に日本語ブームが起こり、山西大学に日本語の教師として招かれたのである。山西大学に職を得た曹先生は、自らの青春時代を過ごした立教大学を思い出し、立教大学と山西大学との留学生の交流協定の締結に力を尽した。その後、現在まで立教大学と山西大学との間では学生や大学院生、教員の活発な交流が行われている。

私は、二年ほど前の二〇〇四年三月二八日、立教大学時代の様子や立教大学と山西大学の交流協定が結ばれるまでの経緯などをお聞きするため、山西大学のキャンパス内にある曹石堂先生の自宅を訪ねた。私は、立教大学の「立教学院史資料センター」のセンター長をしており、同センター研究員の文学部助教授奈須恵子氏（当時）および同じく学術調査員の豊田雅幸氏とともに、曹先生のヒアリングを行った。通訳は、山西大学で曹先生に日本語を教わり、立教大学大学院に入学して日本経済史を専攻し、学位取得後経済学部助手となった高宇君が務めてくれた。

実は、数年前に私のゼミに曹小平君という山西大学からの留学生がいた。迂闊にも、私はこの留学生が曹先生の息子さんであったことを、曹先生を訪ねるまで知らなかった。ということは、曹先生のこと自体も全く知らなかったのである。自らの不明を恥じるばかりであるが、ヒアリングの中で曹先生が回想録を書かれていることを知り、何とかこれを世に出したいと考えるようになった。

いろいろ調べてみると、曹先生の動静は「兵隊太郎」として、しばしば日本の新聞紙上をにぎわしてきた。戦争と革命の時代を生きた「兵隊太郎」の人生とはどのようなものであったのか、私でなくても興味をそそられるであろう。

曹先生は、回想録の日本での出版を躊躇しておられた。自らの体験を公にすることによって、再び危害が及ぶのではないかと危惧していたからである。私も、回想録の出版をあきらめかけていたが、帰国してしばらくすると曹先生から回想録の原稿が送られてきた。手紙には、自分も高齢だから危害が及ぶこともないだろうと書かれており、日本の出版社から出版したいという希望が述べられていた。

早速、日本経済評論社の栗原哲也社長に相談した所、社長自ら出版を引き受けてくれ、この秋に刊行される運びとなった。また、立教大学経済学部は二〇〇七年に開設一〇〇周年を迎えるが、その記念シンポジウムの一環として、曹先生の回想録を素材とするシンポジウムを計画したところ、獨協大学の雨宮昭一教授と大東文化大学の内田知行教授が基調講演を引き受けてくれた。山西大学経済学部の容和平教授も曹先生が生きた時代を、中国人としての立場から話してくれることになった。

こうして、曹石堂著『祖国よ わたしを疑うな』が多くの方々の協力によって日の目を見ることになった。立教大学でのシンポジウムは一二月八日に開かれる。憲法改正が叫ばれ、日中関係がギクシャクしている現在、曹先生の回想録から学ぶべき問題は決して少なくない。

（立教大学で開催されるシンポジウムについては、同大学経済学部のホームページを参照して下さい。また、お問い合わせは立教大学社会科学系事務室経済学部分室〇三‐三九八五‐二三二七まで）

［おいかわ よしのぶ／立教大学経済学部教授］

曹石堂

『祖国よ わたしを疑うな』

四六判 一八〇〇円

『明治期私鉄営業報告書集成』（五大私鉄）をどう読むか

星野誉夫

今年は、一九〇六（明治三九）年三月公布の鉄道国有法により、主要私鉄一七社の鉄道の国有化が決まってから、丁度百年になる。鉄道の買収は、同年一〇月から翌年一〇月にかけ七回に分けて行なわれた。その結果、日本の鉄道輸送における私鉄の割合は、一九〇五年度末と一九〇七年度末とを比較すると、営業哩では六九％から九％に、旅客延人哩では六二％から一六％に、貨物延噸哩では七一％から九％に減少した（各年度『鉄道局年報』〔日本経済評論社刊『明治期鉄道史資料』所収〕）。国有化以前、鉄道網の重要な部分を担当していた私鉄は、国有化以後は官鉄を補完する存在に変わったのである。

また、国有化以前の私鉄各社は、銀行や紡績会社などとともに日本の各地に近代的会社制度を普及させる役割を果たした。当時、鉄道会社の株式は証券市場でも重要な銘柄であった（野田正穂『日本証券市場成立史』有斐閣、一九八〇年）。全国株式会社払込資本金中において鉄道会社資本金の占める割合は、他業種で株式会社が増加した一九〇五年度末でもなお二六％を占めるほどであった（朝日新聞社編『日本経済統計総観』一九三〇年）。

このように国有化前の私鉄は、全国の鉄道輸送において重要な役割を分担し、近代的会社制度・組織や証券市場の発達を促進した存在であったが、鉄道会社の研究には不十分な領域が残されていた。どの分野においても解散した組織の資料探索には苦労するが、北海道炭礦鉄道（北海道炭礦汽船として存続）を除き解散した五大鉄道会社の場合も例外ではなかったからである。

今回刊行された『明治期私鉄営業報告書集成』には、北海道、本州、九州の幹線鉄道を経営していた五大私鉄（北海道炭礦鉄道、日本鉄道、関西鉄道、山陽鉄道、九州鉄道）の営業報告書が収録されている。六人の研究者が苦労して所在を確認した営業報告書が所蔵者の協力のもとに刊行されたものである。鉄道史のみならず、広く経済史、経営史、地方史など広範囲の研究にとって有用であろう。収録された営業報告書には、各社ごとに丁寧な「解の意味ももっている。各社の概要と経営動向、所収資料については、「解説」で知ることができるので、ここでは資料利用の意義・方法について述べたい。

戦前に鉄道省から発行された『日本鉄道史』（全三巻、一九二一年）は、簡潔な優れた通史であるが、鉄道省所蔵の史料を鉄道省的史観で分析したという限界をもっていた。『日本国有鉄道百年史』（全一九巻、一九六九～一九七三年）にもそれから自由ではない部分が残った。例えば、明治初期以来の私鉄政策に関する部分である。一九七〇年代以後、国鉄所蔵資料以外に国立公文書館や地方文書館などの所蔵資料を利用できるようになると、『日本鉄道史』の再検討が進行し、鉄道政策史は書き換えられてきた。鉄道政策の背景、効果については中央政府の側からのみ見るのではなく、地方や民間の側からも見る必要があることを我々は主張してきたが、その際営業報告書の分析は重要な意義をもった。今回の『営業報告書集成』は、このような研究を前進させるであろう。例えば、各社への政府補助金は、不採算路線を建設する私鉄に民間資金を導入するための手段であったことが改めて確認されると思われる。

また、私鉄の線路建設、車両、運輸、営業収支は『鉄道局年報』で概略を知りうるが、営業報告書所収の報告・諸表を読めば理解を深められる。二つの資料を併用すれば、各路線や駅ごとの運輸の状況をより詳しく知ることもできる。各社の鉄道路線が存在した都道府県、市町村の人々にとって興味深い記述や統計を発見できるであろう。

さらに、営業報告書は、各社の発起人、株主、経営者・技術者、従業員、金融、建築・保線、車両、運輸営業、経営方針・組織、会計・会計諸表などさまざまな問題についての生の情報を含んでいる。各社の株主にとっての国有化の意義について考えることもできる。『営業報告書集成』は、以上の問題の研究の進展に貢献できる資料である。広く利用されることを期待する。

［ほしの たかお／武蔵大学教授］

アメリカの芸術団体と寄付

片山　泰輔

日本やヨーロッパの劇場とは異なり、アメリカでオペラやバレエ等の公演に行くと、プログラム冊子が来場者に無料で配布される。出演者や舞台場面を写した綺麗なカラー写真もなく、広告の頁数が非常に多い粗末な紙質・製本の冊子ではあるが、出演者や演目解説など、鑑賞に必要な情報はこれで十分だ。アメリカで頻繁に劇場通いをするようになって最も驚いたことの一つは、この冊子に寄付者の名前がぎっしりと掲載されていることだ。メトロポリタン・オペラでは実に一〇頁以上にわたってパトロン名簿が続いている。しかも、寄付金額の多い順にグループ分けされ、ランキングされている。それでも名前が掲載されるのは、一定金額以上の寄付者に限られているので、掲載されない小額寄付を含めると寄付者の数はさらに多いということになる。名前の掲載はプログラム冊子だけではなく、ロビーや劇場外壁等に掲示されることもある。中には、座席に寄付者のプレートを貼りつけているような劇場もある。政府が巨額の財政支援を与えるヨーロッパ大陸諸国とは異なり、アメリカでは芸術が民間寄付によって支えられていることは有名であるが、こうしたパトロン名簿はそのことを強く実感させてくれる。非営利団体への寄付は、株式会社への出資とは異なり、金銭的な配当は得られないが、名誉という配当が与えられるのである。

アメリカの芸術団体は寄付を集めるために様々な努力を行っている。寄付額に応じて様々な特典が得られるパトロンプログラムをつくり、毎回の公演会場では寄付を呼びかけるパンフレットやちらしの配布、ホワイエでのパトロン受付デスクの設置、開演前や休憩時間の字幕スーパーでの呼びかけなど、様々な手段を駆使して寄付獲得に努めている。「目標百万ドル」、「今日の公演は、鑑賞者の皆さん一人あたりいくらの寄付金によって支えられています」といった具体的な数字が示されることも多い。しかも、「大変申し訳ございませんが、ご協力いただけませんでしょうか」と言うのではなく、「私たちの団体はこのような素晴らしい活それをさらに発展させるためにぜひあなたの支援を！」という具合に明るく堂々と求めるのがアメリカ流である。こうした光景を眺めていると、芸術活動にとっての資金の重要性にいやでも気づかされる。先生に引率されてやってくるティーンエージャーの鑑賞者たちもこのような風景を目の当たりにすることになる。このようなアメリカ社会においては、芸術家が「霞」を食べて生きている、と思う人はいないであろう。芸術と経済・社会の関係をほとんど教えない日本の学校における芸術鑑賞教育と大きく異なる点である。

インターネットが普及した近年では、世界中どこからでもオペラやコンサートのチケットを簡単に購入できるようになった。こうした中、アメリカの芸術団体のサイトもアメリカが寄付社会を感じさせてくれる。オンラインでのチケット購入の際、合計金額の下にもう一行入力ボックスがあらわれ、そこに寄付金額の入力を促す、という具合である。もちろん、0を入力しても良いのだが、横に「10ドル・推奨」などと書いてあると、なんとなく0以外の数字を入れたくなってしまう。期待を込めて「15ドル」、あるいは前回の公演が今ひとつだったときは、「5ドル」などという感じで、ちょっとした採点者の気分にひたる。レストランで食事をして、カード伝票のチップ欄に数字を書き入れるのと似た感覚だ。大富豪が何万ドルを寄付するというだけでなく、普通の鑑賞者が日常的に小額の寄付をしているのである。これは、おそらくストリートアーティストにコインを投げ入れる行為とも共通するものが根底にありそうだ。サービスが良くても悪くても一律にサービス料一〇パーセントが加算されたり、他社が出すなら、と横並びで寄付にお付き合いをするのとは大きく異なる。鑑賞者側が主体的に相手を評価し、それをささやかながら行動において意思表示する、というコミュニケーションがここには存在する。

アメリカの創造性をもたらすダイナミクスの原点がここにあるように思える。

［かたやま たいすけ／静岡文化芸術大学文化政策学部助教授］

片山泰輔（アメリカの財政と福祉国家8）

アメリカの芸術文化政策

Ａ５判　3400円

装幀：奥定泰之

◆新連載

〈日本文化映画批判〉に向けて①

「文化映画とは何か」とは何か

藤井　仁子

もともと昭和十年代の日本映画を研究していた者として、当時の文献を系統立てて調べるうち、そこであるひとつの話題が盛んに取り沙汰されていることにいやでも気づくことになりました。「文化映画」というのがそれです。

むろんこの言葉が主に戦時期の記録映画を指すことは、映画史を多少学んだ人間であれば知っておくべき事柄ですし、それが一九三九年に施行された映画法にもとづき、「国民教育上有益ナル特定種類ノ映画」に対してもちいられた呼称である事実を知らない私です[illegible]、「国民精神ノ涵養又ハ国民智能ノ啓培ニ資スル映画（劇映画ヲ除ク）ニシテ文部大臣ノ認定シタルモノ」だけが「文化映画」と呼ばれたのですが、にもかかわらず、実際に当時の文献中に見られる「文化映画」の取り上げられ方は、そうした辞書的な定義をはるかに超える、ほとんど馬鹿馬鹿しいまでの拡がりを見せていたのです。映画雑誌だけでなく、総合雑誌まで巻きこんだその言説の広範な拡がりは、個々の文章そのものは今日熟読に堪えるものとは思われなかったにもかかわらず、私には[illegible]視できない、重要な現象であるように映りました。その担い手が映画関係者のみならず、柳田國男や長谷川如是閑、保田與重郎といった知識人や文学者、自然科学者、官僚、政治家にまで及んでいたことも重要な一因ですが、それ以上に日本が「大東亜戦争」へと突入していくこの危機的な時期に、たかが――とあえていいましょう――映画ごときにこれほどの知性と労力が費やされているという事実が、私には素通りできるものとは到底思えなかったからです。

こうして私は、「文化映画」そのものではなく、「『文化映画』を語る言説」の研究に着手したのですが、この研究を進めるにあたっては、「文化映画」というものにかんしてこれまでに持っていた知識をひとまずご破算にする必要がありました。というのも、当時の「『文化映画』を語る言説」は、驚くべ文化映画とは何か?」という問いかけからはじまっていたからです。つまり「文化映画」について語っている当人も、「文化映画」が何か、よく知らないらしいのです。昭和十年代における「『文化映画』を語る言説」の氾濫がいかに異常なものであるかがあらためてわかりますが、そうである以上、「文化映画」にかんする辞書的な定義をいったん忘れて、そのひとつひとつの用例を辛抱強く吟味していくことが肝要となります。

このことを理解するうえで、「文化映画」と関連が深い「ドキュメンタリー(documentary)」という語の最初の用例を見ておくことは無駄ではないでしょう。「記録」「文書」を意味する"document"から派生したこの語には、「記録的・資料的価値を有する映像」という含意があるものと今日では了解されていますが、この語が英語圏で普及するきっかけとなった、ジョン・グリアソンによる有名な『モアナ』(一九二六年、ロバート・フラハティ監督)評を実際に見てみましょう。

もちろん、ポリネシアの若者とその家族の日常生活での出来事を眼に見えるかたちで報告する『モアナ』にはドキュメンタリー的な価値がある。しかし、私の信じるところでは、清々しい空気同様に温かなすばらしい海に洗われた、太陽の照りつける島から届いたやわらかな香気としてのこの映画の価値にくらべれば、それは二次的なものにすぎない。『モアナ』は何よりもまず、自然が美しいというのと同じように美しいのだ。
(『ザ・ニューヨーク・サン』一九二六年二月八日号初出、拙訳)

「ドキュメンタリー」という語の英語での記念すべき最初の用例として知られる文章ですが、実際にはこのとおり、映画の「記録的価値」には二次的な価値しか認められていない。この語の使用者であるグリアソンにとっては、そこに映し出された南洋の自然の美のほうがはるかに重要だったのです。

経験が教えるように、言葉は使用されるたびにその意味を変化させます。昭和十年代の「『文化映画』を語る言説」に向きあおうとする私にとって、この研究は、映画研究者としての私自身を根底から問い直すものともなったのですが、そのことを私が理解するのは、まだもう少し先のことでした。

[ふじい じんし/早稲田大学他非常勤講師]

神保町の窓から

▼定年を過ぎたある教授と飲む機会があった。もう数年も「定年後」を過ごしている（一九二四年生まれ）。退職された折に、「もう仕事なんかしないで、悠々と生きていってください」なんて分別面をして申しあげたが、本心では、これから好きなことができるんだな、羨ましいなとも思ったものだ。その後、傍目には、好きなことをしていて、嫌なことは断って生きているように見えた。だから「楽しい老後でございましょう」なんて気軽に言ってしまったのだ。それが、夏の一宵、新宿の星の下で聞いたのは、そのお追従が恥ずかしくなるようなお話だった。

「あのねえ、君が考えているように定年後を生き抜くのは気楽なことではないんだ。職場があったときは、公的、あるいは社会的な仕事がきりもなく流れてくる。それを片付けながら自分の仕事にも取り組んでいたんだ。それが、定年の翌日からなくなった。これで好きなことができる、と思っては大きな誤解だ。好きなことって何なんだ、何をしてもいいってどういうことなんだ。本当に困った。何しろ四六時を全部[illegible]かなければならないのだ。これはまた[illegible]ろいぞね……」と。

「独楽鼠《こま》のように働かされて、と言うが、あれは規定のことをこなしていけばいいのだ。仕事と名付けられた様々なこと、時間のつぶれることが、目の前に次々と運ばれてくる。時間割が用意されているのだ。これは楽と言っては、過ぎ越し人生に申し訳ないが、グータラでも息はしていけるということだ。ところが、自分で世のためにか、人のためにか時間割を設計し、実行していくことは相当な覚悟の要ることと知った。自由になりたい、と口では言っていたが、自由とは如何に苦痛なことかも知った。そんなことを考えながら、もう七年だ。今オレは、残り少ない時間の中だがヒト（動物）としてこの世に棲息するのではなく、人間としてこの社会を活きていこうと、考え込んでいる」。

そんなものかねと思いつつも、この老先生《おじいさん》あまり真剣に話すものだから、ついその気になってつりこまれてしまった。定年は勝ち取ったものだろうか。ボンヤリしていてもやってくるものでもある。定年は「迎え撃つ」くらいの気構えがないと、厄介な代物のようだ。八十三歳で逝った経済学者・柴田敬さんは臨終の床で「時間が足りない」と呟いたという。それまでどんな謎掛けだったのだろうか。

▼今の人、三日に靖国神社行きをやめた。それを知ってか（笑）小泉首相が公約を果しに行った。記念集会行きも断って、ビデオを観ていた。『日本のいちばん長い日』『軍旗はためく下に』『最後の特攻隊』おまけに『アリ』も観た。寅さんは三本も続けざまに観ると草臥《くたび》れてくるが、この組み合わせは飽きるどころの騒ぎではなかった。

「戦争責任」というが、どういう責任か。戦争を始めた責任、戦争に敗れた責任と考えながら、戦争をやめなかった責任は大東亜戦争の場合重大なことと気がついた。もう勝てない、必ず負けると知りながら、「降参します」を言う時機を失し、体面ばかり気にしているうちに、大空襲にさらされ、広島、長崎は野っ原にされ、さらに悔しいのは、終戦前日の八月十四日の晩、鹿島灘から飛び立った敵機に関東一円が空襲されていることだ。埼玉県児玉の飛行場からは、その夜、銃後の人々に送られて迎撃機さえ飛び立っている。わが故郷の家では、大黒柱がメラメラ燃えているさなか、終戦の玉音放送を聞いたのだ。

『最後の特攻隊』の中で鶴田浩二が言う。「お前ら、十日も前に敗けると決めていたくせに、オレ達を突っ込ませていたんだな」と。敗け方に美学などあるものか。敗戦の年の正月以来の八カ月は死ぬため、殺されるための狂気の八カ月ではなかったか。指導者も人民も、思考力がなくなってからでは、打つ手がない。継続は力ではない、この場合はバカとしか言いようがない。

四十歳前後の若い親達と話す。子どもたちに戦争のことや安保のことなどを話し聞かせているか、と問う。ぜ〜んぜん、だって親からそんな話、聞かされていないモン、だと。そうだ、われわれが話して聞かすべきだったのに、それこそ、ぜ〜んぜん語り聞かせていないのだ。稼ぐのに夢中で。今からでも遅くない、どこかで聞いたセリフだけれど、戦争はビデオでもいい、映画でもいい、芝居でもいい、子どもたちと一緒に観よう。醜い日本軍のやり方も「教育に悪い」なんて言わず、正座して観せて茶の間で戦争を語ろう。

▼五月の末に刊行した『昭和史論争を問う』（大門正克＋戸邉秀明・和田悠・鬼嶋淳・檜皮瑞樹・木下路子の集団格闘本）が、予想通り（裏切って？）大増刷となりました。執筆者や編者の手元に沢山の礼状や感想・批判などがよせられているようです。特に年輩者、あの岩波新書が出た頃、若い研究者だった方々からです。「お若いのによくやってくれた」と。連帯と慚愧の入り交じった感想でしょうか。　（吟）

新刊案内

価格は税別

装幀・渡辺美知子

〈経済思想〉　A5判　各三二〇〇円

日本の経済思想1（第9巻）

大森郁夫編　明治期から戦前期に至る経済思想家たちの現実との格闘を検証し、日本資本主義の相貌を浮かび上がらせる。

日本の経済思想2（第10巻）

鈴木信雄編　時代と格闘しつつ、独創的な業績をあげ、国際的にも高く評価されている思想家から何を学ぶか。

〈アメリカの財政と福祉国家〉　A5判　各三四〇〇円

アメリカの貧困と福祉（第4巻）

渋谷博史／C・ウェザーズ編　アメリカの貧困の実態と共に医療、住宅、都市再開発等を実証的に分析する。

アメリカの芸術文化政策（第8巻）

片山泰輔　民間支援拡大に不可欠な芸術団体のアカウンタビリティ向上への連邦補助金の触媒効果を明らかにする。

〈国際公共政策叢書〉　四六判　二〇〇〇円

中小企業政策（第9巻）

黒瀬直宏

ベンチャー精神！　ものづくり！　中小企業政策のあり方についての議論はいまだ深まっていない。

〈明治期私鉄営業報告書集成5〉　セット定価一六〇〇〇〇円

九州鉄道会社（第1、6、7、8巻）

B5判　全8巻

[illegible]

日本カメラ産業の変貌とダイナミズム

矢部洋三・木暮雅夫編　技術革新、生産・流通過程の構造調整と経営多角化を推進し、貿易摩擦を招くことなく世界市場を制覇した産業の実態を解明。

A5判　三五〇〇円

貿易からみる「アジアのなかの日本」

―自分の居場所を探る

青木健　今、日本のプレゼンスは低下しつつある。中国の台頭による東アジア内貿易の変化を詳細に分析する。

A5判　二八〇〇円

ドル円相場の政治経済学―為替変動にみる日米関係

加野忠　米国金融覇権の基盤は何か。日本はそれに対抗して国益を守れたか。アジアでの指導力維持・拡大に何が必要か。提言を試みる。

A5判　五五〇〇円

金融自由化と金融政策・銀行行動

斉藤美彦　金融自由化が進展する過程でわが国の金融政策がどのような変遷を辿ったか、その影響を受けて銀行がどのように行動し、金融システムの大変革へと結びついたかを検討する。

A5判　三二〇〇円

進化する欧州中央銀行―ユーロ番人の素顔

齋藤淳　バイアスのかかった情報を排しアジア中央銀行の展望を見据えた迫真のレポート。

四六判　一八〇〇円

地方分権と自治体農政

村山元展　国農政とのせめぎ合いの中で自治体農政は何を[illegible]

A5判　三二〇〇円

評論　第157号 2006年10月1日発行　発行所　日本経済評論社
〒101-0051 東京都千代田区神田神保町3-2　電話 03(3230)1661
E-mail:nikkeihy@js7.so-net.ne.jp　FAX 03(3265)2993
http://www.nikkeihyo.co.jp　〔送料80円〕